技能実習法の実務

弁護士 **山脇康嗣**【著】

日本加除出版株式会社

は し が き

平成28年11月28日，外国人の技能実習の適正な実施及び技能実習生の保護に関する法律（技能実習法）が公布され，平成29年11月１日から施行されます。我が国の外国人法制の根幹法たる出入国管理及び難民認定法を，条文数で大幅に超える大型立法です。

技能実習法１条は，「この法律は，技能実習に関し，基本理念を定め，国等の責務を明らかにするとともに，技能実習計画の認定及び監理団体の許可の制度を設けること等により，出入国管理及び難民認定法その他の出入国に関する法令及び労働基準法，労働安全衛生法その他の労働に関する法令と相まって，技能実習の適正な実施及び技能実習生の保護を図り，もって人材育成を通じた開発途上地域等への技能，技術又は知識の移転による国際協力を推進することを目的とする。」と規定しています。技能実習の適正な実施及び技能実習生の保護を図るために，弁護士，行政書士，社会保険労務士等の法律家が果たすべき役割は極めて重要です。例えば，監理団体に対する外部監査業務，監理団体や実習実施者に対する継続的な助言指導業務（顧問的業務），監理団体等が改善命令等の行政処分を受けたときの法的対応業務，被害を受けた技能実習生の保護業務等です。これらの業務を迅速かつ的確に遂行するためには，高度の法的専門性が求められます。

技能実習法に基づく新制度は，不正行為に対するペナルティーが非常に重いことが特徴です。監理団体や実習実施者が不正行為を行った場合，①監理団体の許可や実習認定の取消し，②監理団体や実習実施者に対する改善命令，③監理団体に対する事業停止命令，④①ないし③の場合の事業者名等の公表といった厳しい制裁措置がとられます。また，⑤改善命令や事業停止命令に違反した場合の罰則も規定されています。監理団体や実習実施者が，上記のような措置を受ければ，場合によっては回復不能な極めて深刻なダメージを受けることとなります。新制度のもとにおいては，定期的な実地検査，技能実習生からの相談・申告，労働基準監督機関や地方入国管理局等からの通報等が端緒となり，外国人技能実習機構や主務大臣による実地検査等が行われ，不正行為が容易に発覚します。監理団体や実習実施者は，不正行為が絶対に起きないようにするとともに，万が一起きてしまった場合にも迅速かつ的確に対応できるようにすべく，技能実習法に通じた弁護士等の法律専門家から継続的に助言指導を受けられる体制を構築しておかなければなりません。

ところで，技能実習法１条が規定する技能等の移転による国際協力を目的とすることと，適正な技能実習実施の結果として国内産業の人手不足の解消にもつながることは，必ずしも矛盾するものではありません。我が国の外国人政策として，完全な単純就労従事者は受け入れないとしつつも，著しい少子高齢化の中で，国内産業の空洞化を防ぎ，国の経済力を全体として維持するためには，適正化を図った上での技能実習制度は，現実として必要不可欠です。

また，我が国の外国人政策は，大きな流れとして，「一定程度以上の専門性ある人材のみを受け入れる」というものから，「（求める専門性のレベルを緩和して）日本社会が真に必要としている人材は受け入れる」というものに移行しつつあります。つまり，外国人労働者受入れの選別基準が，「専門性」から「必要性」へと変化しつつあります。これまでの出入国管理法制下においては，一定程度以上の専門性がないと評価されるため受入れが認められてこなかった人材であっても，今後は，真に必要性が認められる限りは，受け入れる方向に進むことになると思われます。そして，その際の受入れの枠組みは，技能実習法に準じた制度となるか，あるいは，技能実習法に基づく技能実習を修了したこと等が前提となると見込まれます。技能実習法は，日本社会が真に必要としている限りは，求める専門性のレベルを緩和して外国人材を受け入れても問題が起きないかを確認するための試金石ともいえます。

技能実習法は，上記のような多くの意味において極めて重要な法令であるにもかかわらず，法律家による解説書が刊行されていません。そこで，これまで出入国管理及び難民認定法や国籍法等の外国人法制を特に専門として取り扱ってきた私が，本書を執筆することとしました。本書が，少しでも技能実習の適正な実施及び技能実習生の保護に貢献し，将来の外国人政策の検討のための土台となることができれば幸いです。

末筆ではありますが，本書の企画・編集の全般にわたってご尽力頂いた日本加除出版の宮崎貴之氏及び野口健氏のご厚情に，心から感謝申し上げます。

平成29年９月

弁護士　山　脇　康　嗣

凡　例

入管法	出入国管理及び難民認定法
入管法施行規則	出入国管理及び難民認定法施行規則
基準省令	出入国管理及び難民認定法第七条第一項第二号の基準を定める省令
技能実習法（法）	外国人の技能実習の適正な実施及び技能実習生の保護に関する法律
技能実習法施行規則（規則）	外国人の技能実習の適正な実施及び技能実習生の保護に関する法律施行規則
要領	技能実習制度運用要領
政令	外国人の技能実習の適正な実施及び技能実習生の保護に関する法律施行令
機構Q&A（監理団体許可関係）	外国人技能実習機構よくある御質問（監理団体の許可申請関係）
機構Q&A（認定関係）	外国人技能実習機構よくある御質問（技能実習計画の認定申請関係）
漁船漁業及び養殖業告示	漁船漁業職種及び養殖業職種に属する作業について外国人の技能実習の適正な実施及び技能実習生の保護法務省に関する法律施行規則に規定する特定の職種及び作業に特有の事情に鑑みて事業所管大臣が定める基準等
漁船漁業及び養殖業要領	特定の職種及び作業に係る技能実習制度運用要領―漁船漁業職種及び養殖業職種に属する作業の基準について―
自動車整備告示	自動車整備職種の自動車整備作業について外国人の技能実習の適正な実施及び技能実習生の保護に関する法律施行規則に規定する特定の職種及び作業に特有の事情に鑑みて事業所管大臣が告示で定める基準を定める件
自動車整備要領	特定の職種及び作業に係る技能実習制度運用要領―自動車整備職種の自動車整備作業の基準について―

目　　次

第1章　技能実習法の概要

第2章　技能実習制度の基本的仕組み

第3章　監理団体の許可制等

第4章　監理団体の変更の許可・届出等

第５章　技能実習計画の認定

第6章　実習実施者の届出制等

第７章　技能実習生に対する保護方策

第８章　自動車整備の特則

第9章　漁船漁業及び養殖業の特則

第10章　介護の特則

巻末資料

第1章
技能実習法の概要

法の目的，基本理念

第1 法の目的

技能実習法は，技能実習に関し，基本理念を定め（法３条），関係者の責務を明らかにするとともに（法４条ないし６条），技能実習計画の認定（法８条）及び監理団体の許可（法23条）の制度を設けること等により，技能実習の適正な実施及び技能実習生の保護を図り，もって人材育成を通じた開発途上地域等への技能，技術又は知識（以下「技能等」といいます。）の移転による国際協力を推進することを目的とします（法１条）。

なお，技能実習法は，法務省及び厚生労働省の共管です（法103条１項）。

第2 これまでの制度との違い

1 間接規制から直接規制へ

これまでは，技能実習の内容や技能実習生の受入機関の基準等は，入管法に基づく省令等において，技能実習生の入国等の条件として規定されていました。そのため，基準を満たしていないときも，技能実習生の入国を認めないという処分による対応しかできず，その意味で間接的な規制にとどまっていました。そこで，技能実習法による新制度では，技能実習計画の認定や監理団体の許可の制度を設けるなどして，受入機関を直接規制するというスキームを構築し，制度の適正化を図ることとされたものです（法務省入国管理局参事官室「「外国人の技能実習の適正な実施及び技能実習生の保護に関する法律」の概要」法律のひろば2017年３月号13頁）。

2 不正行為に対する厳罰化，法律専門家への継続的相談体制の必要性

(1) 不正行為に対する厳罰化

技能実習法に基づく新制度は，不正行為に対するペナルティーが非常に重いことが特徴です。監理団体や実習実施者が不正行為を行った場合，①監理団体の許可や実習認定の取消し（法37条１項，16条１項），②監理団体や実習実施者に対する改善命令（法36条１項，15条１項），③監理団体に対する事業停止命令（法37条３項），④①ないし③の場合の事業者名等の公表（法37条４項，16条２項，36条２項，15条２項）といった厳しい制裁措置がとられます。また，⑤改善命令や事業停止命令に違反した場合の罰則（法111条１号，３号，109条３号）も規定されています。

(2) 法律専門家への継続的相談体制

監理団体や実習実施者が，上記(1)のような措置を受ければ，場合によっては回復不能な極めて深刻なダメージを受けることとなります。新制度のもとにおいては，定期的な実地検査，技能実習生からの相談・申告（検査権限を持つ外国人技能実習機構に相談・申告窓口が設置されます），労働基準監督機関や地方入国管理局等からの通報等が端緒となり，外国人技能実習機構や主務大臣による実地検査等が行われ，不正行為が容易に発覚します。

監理団体や実習実施者は，不正行為が絶対に起きないようにするとともに，万が一起きてしまった場合にも迅速かつ的確に対応できるようにすべく，技能実習法に通じた弁護士等の法律専門家から継続的に助言指導を受けられる体制を構築しておくことが，必要不可欠です。

また，監理団体は，外部監査（法25条１項５号ロ）については，弁護士等の法律専門家（法律資格者）に依頼すべきです。外部監査業務は，監理団体の役員の監理事業に係る職務の執行について，事実を調査し，証拠を評価した上で，技能実習法や技能実習法施行規則等を遵守しているかどうかを専門家として監査するものです。よって，外部監査は，まさに，「事実認定」及び「証拠評価」（書証，人証）を行った上での「法律判断」です。事実認定能力や証拠評価能力に基づく法的判断能力が低い法律無資格者が外部監査を

行っても，実効的な監査は行われず，監理事業の適正な実施は担保されません。

3 行政手続法及び行政不服審査法の適用

⑴ 行政手続法の適用

入管法に基づく旧制度においては，行政手続法３条１項10号により，行政手続法が適用されないと解釈されてきました。しかし，技能実習法に基づく新制度においては，行政手続法が適用されます。

ア　聴聞，弁明の機会の付与

行政手続法上の不利益処分（行政手続法２条４号）にあたる技能実習法に基づく処分については，事前手続として聴聞（行政手続法13条１項１号）又は弁明の機会の付与（行政手続法13条１項２号）が行われます。

具体的には，監理団体や実習実施者に対する改善命令（法36条１項，15条１項）については，聴聞（行政手続法13条１項１号ニ）又は弁明の機会の付与が行われ，監理団体の許可の取消し（法37条１項）については，聴聞（行政手続法13条１項１号イ）が行われ（法26条３号，５号ニ参照），一般監理事業許可から特定監理事業許可への職権変更（法37条２項）については，聴聞又は弁明の機会の付与が行われ，監理団体に対する事業停止命令（法37条３項）については，聴聞（行政手続法13条１項１号ニ）又は弁明の機会の付与が行われ，監理団体に対する取扱職種範囲等変更命令（法27条２項，職業安定法32条の12第３項）については，聴聞（行政手続法13条１項１号ニ）又は弁明の機会の付与が行われます。

イ　審査基準，処分基準

現時点においては，技能実習法に関し，行政手続法５条に基づく審査基準及び行政手続法12条に基づく処分基準は，いずれも設定されていません。行政手続法５条に基づく審査基準は，設定及び公表が義務付けられているので（行政手続法５条１項，３項），今後，設定，公表されます。行政見解によれば，技能実習制度運用要領は，行政手続法５条に基づく審査基準ではなく，解釈基準であるとされます。

⑵ 行政不服審査法の適用

入管法に基づく旧制度においては，行政不服審査法７条１項10号により，行政不服審査法が適用されないと解釈されてきました。しかし，技能実習法に基づく新制度においては，行政不服審査法が適用されます。従って，監理団体や実習実施者に対する改善命令（法36条１項，15条１項），監理団体の許可の取消し（法37条１項），一般監理事業許可から特定監理事業許可への職権変更（法37条２項），監理団体に対する事業停止命令（法37条３項），監理団体に対する取扱職種範囲等変更命令（法27条２項，職業安定法32条の12第３項）のいずれについても，不服がある者は，行政不服審査法に基づき審査請求（行政不服審査法２条）することができます（事業区分変更通知書（省令様式第21号），取扱職種範囲等変更命令通知書（省令様式第13号）参照）。

第３ 基本理念

技能実習法３条は，基本理念として，①技能実習は，技能等の適正な修得，習熟又は熟達（以下「修得等」といいます。）のために整備され，かつ，技能実習生が技能実習に専念できるようにその保護を図る体制が確立された環境で行われなければならないこと（法３条１項），②技能実習は，労働力の需給の調整の手段として行われてはならないこと（法３条２項）を定めています。

技能実習制度に関して，例えば，監理団体がそのHP やパンフレット等で，「人手不足の解消のために技能実習制度を活用する」などと勧誘・紹介するのは，技能実習法３条の趣旨に沿いません。このような行為を行うことは，監理団体の業務運営基準（規則52条４号）に違反します（要領）。

技能実習制度の適正化と拡充

技能実習法は，①技能実習制度の適正化に係る規定と②技能実習制度の拡充に係る規定とで構成されています。

第1　技能実習制度の適正化

技能実習法は，技能実習制度の適正化を図るため，以下のとおりの措置を講じています。

1　基本方針の策定等

技能実習の基本理念及び関係者の責務規定を定めるとともに，主務大臣が技能実習に関し基本方針を策定します（法３条ないし７条）。

なお，技能実習生については，技能実習法６条において，技能実習に専念することにより，技能等の修得等をし，本国への技能等の移転に努めなければならない旨の責務が規定されています。従って，入管法上の資格外活動許可（入管法19条２項）を得て，他所で就労活動を行うことは認められません（要領）。

2　技能実習計画の認定制

技能実習生ごと，かつ，技能実習の段階ごとに（第１号，第２号及び第３号の区分を設けて）作成する技能実習計画について認定制とし，認定の基準や認定の欠格事由のほか，報告徴収，改善命令，認定の取消し等を規定しています（法８条ないし16条）。第３号技能実習計画に関しては，実習実施者が，「技能等の修得等をさせる能力につき高い水準を満たすものとして主務省令で定める基準に適合していること」（法９条10号）が認定の基準となります。

認定申請は，外国人技能実習機構の地方事務所・支所の認定課に行います（法12条３項，８条１項）。

技能実習計画について認定を受けた場合であっても，その後に，認定の基準を満たさなくなった場合や，認定計画のとおりに技能実習が行われていない場合等には，実習認定が取り消されることになります（法16条１項）。また，実習認定が取り消された場合には，その旨が公開されます（法16条２項）。従って，常に法令等の基準を満たして技能実習を適正に行わせなければなりません。

3 実習実施者の届出制

実習実施者について，届出制としています（法17条ないし22条）。実習実施者が技能実習を開始したときには，遅滞なく届け出なければなりません（法17条）。この届出は，外国人技能実習機構の地方事務所・支所の認定課に行います（法18条２項）。

4 監理団体の許可制

監理団体について，許可制とし，許可の基準や許可の欠格事由のほか，遵守事項，報告徴収，改善命令，許可の取消し等を規定しています（法23条ないし45条）。監理団体が許可を受けた場合であっても，その後に，許可の基準を満たさなくなった場合には，監理事業の全部又は一部の停止（法37条３項，１項１号）や，監理事業の許可の取消し（法37条１項１号）が行われることになります。また，事業停止命令や許可の取消しを受けた場合には，その旨が公開されます（法37条４項）。よって，常に法令等の基準を満たして監理事業を適正に行わなければなりません。

監理団体の許可には，一般監理事業の許可と特定監理事業の許可の２区分があります（法23条１項）。一般監理事業の許可を受ければ，第１号から第３号までの全ての段階の技能実習に係る監理事業を行うことができ（法23条１項１号），特定監理事業の許可を受ければ，第１号技能実習及び第２号技能実習に係る監理事業を行うことができます（法23条１項２号）。監理団体の許可申請は，外国人技能実習機構の本部事務所の審査課に行います（法24条３項，23条２項柱書）。事実関係の調査は機構が行いますが（法24条１項ないし３項），最終的な許否判断は，主務大臣が行います（法25条１項）。

5 技能実習生に対する人権侵害行為等への対処

技能実習生に対する人権侵害行為等について，禁止規定を設け違反に対する罰則を規定するとともに，技能実習生に対する相談や情報提供，技能実習生の転籍の連絡調整等を行うことにより，技能実習生の保護等に関する措置を講じています（法46条ないし51条）。

6 関係者間の協力体制

事業所管大臣等に対する協力要請等を規定するとともに，地域ごとに関係行政機関等による地域協議会を設置します（法53条ないし56条）。

7 外国人技能実習機構の設立等

外国人技能実習機構（以下「機構」といいます。）を認可法人として新設し（法第３章），機構に，①技能実習計画の認定（法12条），②実習実施者・監理団体に報告を求め，実地に検査すること（法14条），③実習実施者の届出の受理（法18条），④監理団体の許可に関する調査（法24条）等を行わせるほか，技能実習生に対する相談・援助等も行わせます（法87条）。

第２ 技能実習制度の拡充

1 第３号技能実習生の受入れ

優良な実習実施者・監理団体に限定して，第３号技能実習生の受入れ（４～５年目の技能実習の実施）を可能としています（法２条２項３号，４項３号，９条10号，23条１項１号，25条１項７号）。

2 拡大された人数枠での受入れ

優良な実習実施者については，通常より拡大された人数枠で技能実習生を受け入れることを可能としています（法９条11号，規則16条２項）。

3 複数職種・作業の許容

一定の要件のもとで，複数職種・作業の技能実習を可能としています（法９条２号，規則10条３項，４項）。

図１　技能実習法の全体構成

技能実習制度の適正化	技能実習制度の拡充
①　基本方針の策定等（法３条ないし７条） ②　技能実習計画の認定制（法８条ないし16条） ③　実習実施者の届出制（法17条ないし22条） ④　監理団体の許可制（法23条ないし45条） ⑤　技能実習生に対する人権侵害行為等への対処（法46条ないし51条） ⑥　関係者間の協力体制（法53条ないし56条） ⑦　機構の設立等（法第３章，87条）	①　第３号技能実習生の受入れ（法２条２項３号，４項３号，９条10号，23条１項１号，25条１項７号） ②　拡大された人数枠での受入れ（法９条11号，規則16条２項） ③　複数職種・作業の許容（法９条２号，規則10条３項，４項）

第2章

技能実習制度の基本的仕組み

企業単独型と団体監理型

技能実習には，技能実習生の受入機関別に，企業単独型と団体監理型の２類型があります（法２条１項）。

第１　企業単独型

１　企業単独型の２区分

企業単独型とは，日本の企業等が，①海外の現地法人・合弁企業又は②一定の密接な関係を有する機関（大口取引先企業等）の職員を受け入れて技能実習を実施するものです（法２条２項）。

⑴　①海外の現地法人・合弁企業の職員を受け入れる企業単独型

ア　代表的該当例

この①の区分は，「本邦の公私の機関の外国にある事業所」（法２条２項１号括弧書）の職員を受け入れるものです。具体的には，本店・支店の関係にある事業所，親会社・子会社の関係にある事業所，子会社同士の関係にある事業所，関連会社の事業所等の職員です（要領）。

イ　定　義

㋐　「親会社」の定義

上記アの「親会社」とは，会社法の規定に従い，「株式会社を子会社とする会社その他の当該株式会社の経営を支配している法人として法務省令で定めるもの」（会社法２条４号）を指します（要領）。ここでいう「法務省令で定めるもの」とは，「会社等が同号（＝会社法２条４号）に規定する株式会社の財務及び事業の方針の決定を支配している場合における当該会社等」（会社法施行規則３条２項）を指します。

(イ) 「子会社」の定義

上記アの「子会社」とは，会社法の規定に従い，「会社がその総株主の議決権の過半数を有する株式会社その他の当該会社がその経営を支配している法人として法務省令で定めるもの」（会社法２条３号）を指します（要領）。ここでいう「法務省令で定めるもの」とは，「同号（＝会社法２条３号）に規定する会社が他の会社等の財務及び事業の方針の決定を支配している場合における当該他の会社等」（会社法施行規則３条１項）を指します。なお，ここでいう「会社等」とは「会社（外国会社を含む。），組合（外国における組合に相当するものを含む。）その他これらに準ずる事業体」（会社法施行規則２条３項２号）を指し，「財務及び事業の方針の決定を支配している場合」とは，会社法施行規則３条３項が規定する場合を指します。

(ウ) 「関連会社」の定義

上記アの「関連会社」とは，財務諸表等の用語，様式及び作成方法に関する規則（以下「財務諸表規則」といいます。）の規定に従い，「会社等及び当該会社等の子会社が，出資，人事，資金，技術，取引等の関係を通じて，子会社以外の他の会社等の財務及び営業又は事業の方針の決定に対して重要な影響を与えることができる場合における当該子会社以外の他の会社等」（財務諸表規則８条５項）を指します（要領）。また，ここでいう「子会社以外の他の会社等の財務及び営業又は事業の方針の決定に対して重要な影響を与えることができる場合」とは，財務諸表規則８条６項が規定する場合を指します。

(2) ②一定の密接な関係を有する機関の職員を受け入れる企業単独型

この②の区分は，「本邦の公私の機関と主務省令で定める密接な関係を有する外国の公私の機関の外国にある事業所」（法２条２項１号括弧書）の職員を受け入れるものです。密接な関係を有する機関とは，具体的には，ⓘ日本の公私の機関と引き続き１年以上の国際取引の実績又は過去１年間に10億円以上の国際取引の実績を有する機関（規則２条１号）又はⓘⓘ日本の公私の機関と国際的な業務上の提携を行っていることその他の密接な関係を有する機関として法務大臣及び厚生労働大臣が認めるもの（規則２条２号）を意味します。技能実習法施行規則２条２号の「密接な関係を有する機関として法務大臣及び厚生労働大臣が認めるもの」の適用を受けようとする場合には，必要書類を提出し，密接な関係を有することを立証する必要があります。当該密接な関係を有する機関として認められる有効期間は，技能実習計画が認定された日から３年間です（要領）。当該期間が経過した場合には，再度その該当性について，必要書類を提出して立証する必要があります（要領）。

技能実習制度運用要領は，ⅱの代表例として，以下のような事例を挙げています。

●日本の公私の機関と国際的な業務上の提携を行っていることその他の密接な関係を有する機関の代表例

（例１）　Ａ国のＹ社と蒸気タービンの定期検査及び保守に係る技術提携契約を締結している日本のＸ社が，Ｙ社から技能実習生を受け入れて蒸気タービンの据付けの技能等を修得させようとする事例。Ｘ社は今後数年間にわたってＡ国の発電所への蒸気タービン部品の納入を予定しており，Ｙ社はそれに伴って蒸気タービンの部品の取付け工事を行うもの。Ｙ社は発電設備の据付け等の技術力に乏しく，Ｘ社に職員を派遣して技能実習を行わせることにより，据付け工事を成功させることができればＡ国内での今後の据付け工事の受注において有利な実績となり，他方，Ｘ社はＹ社の職員に対して技能実習を行うことにより，不足する技術アドバイザーを確保できることから，事業上のメリットがあるもの。

（例２）　日本のＸ社が，Ａ国のＹ社から技能実習生を受け入れて経営ノウハウを修得させようとする事例。Ｙ社はＸ社のＢ国現地法人であるＺ社（会計上Ｘ社と連結決算方式）と商標権提供契約を締結しており，Ｙ社は売上げに応じて商標権の使用料をＺ社に支払うこととされている。Ｘ社はＹ社から技能実習生を受け入れて経営ノウハウを修得させることによって，Ｙ社の売上げが増加するとＸ社の増収となることから，事業上のメリットがあるもの。

図２－１　企業単独型の類型及び区分

受け入れる職員が所属する機関との関係		
①本邦の公私の機関の外国にある事業所	②本邦の公私の機関と主務省令で定める密接な関係を有する外国の公私の機関の外国にある事業所	
本店・支店の関係にある事業所，親会社・子会社の関係にある事業所，子会社同士の関係にある事業所，関連会社の事業所等	ⅰ日本の公私の機関と引き続き１年以上の国際取引の実績又は過去１年間に10億円以上の国際取引の実績を有する機関（規則２条１号）	ⅱ日本の公私の機関と国際的な業務上の提携を行っていることその他の密接な関係を有する機関として法務大臣及び厚生労働大臣が認めるもの（規則２条２号）

2 確認対象書類

上記１の該当性（法２条２項，規則２条１号，２号）に係る主たる確認対象書類は，次のとおりです（要領）。

①　技能実習計画認定申請書（省令様式第１号）
②　技能実習生の履歴書（参考様式第１－３号）
③　外国の所属機関の概要書（企業単独型技能実習）（参考様式第１－11号）
④　外国の所属機関による証明書（企業単独型技能実習）（参考様式第１－12号）
⑤　技能実習法施行規則２条１号の基準への適合性を立証する資料
　※　技能実習法施行規則２条１号の適用を受けようとする場合
⑥　理由書（参考様式第１－26号）及び技能実習法施行規則２条２号の基準への適合性を立証する資料
　※　技能実習法施行規則２条２号の適用を受けようとする場合

第２　団体監理型

団体監理型とは，非営利の監理団体（事業協同組合，商工会等）が技能実習生を受け入れ，傘下の企業等で技能実習を実施するものです（法２条４項）。

図2－2　技能実習の受入機関別類型

技能実習制度の受入機関別のタイプ

【企業単独型】 日本の企業等が海外の現地法人，合弁企業や取引先企業の職員を受け入れて技能実習を実施

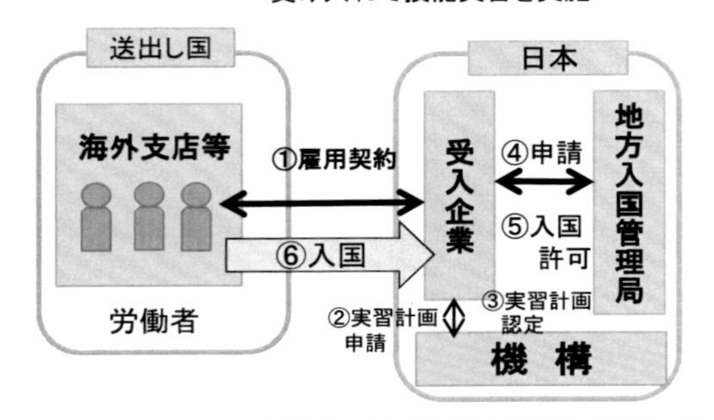

【団体監理型】 非営利の監理団体（事業協同組合，商工会等）が技能実習生を受け入れ，傘下の企業等で技能実習を実施

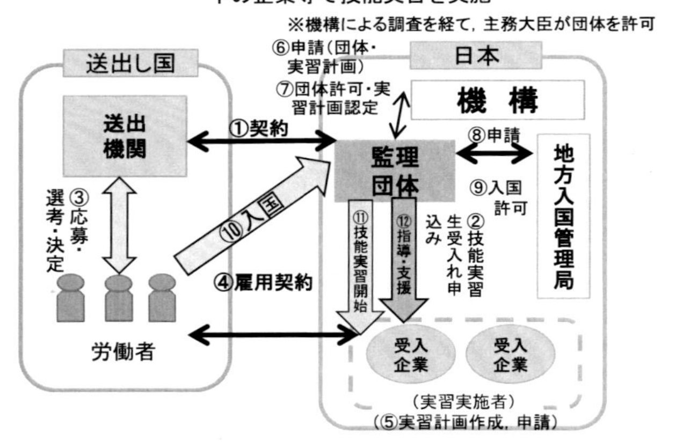

第２節 技能実習のフロー

第1 第１号技能実習から第３号技能実習まで全体

1 「技能実習１号～３号」及び「イ，ロ」の各区分

技能実習制度は，企業単独型及び団体監理型のいずれについても，その段階ごとに，在留資格が，「技能実習１号」（１年目），「技能実習２号」（２～３年目），「技能実習３号」（４～５年目）に分かれます。これらは，いずれも別の在留資格です（入管法２条の２第１項括弧書，２項括弧書）。

また，「技能実習１号」，「技能実習２号」，「技能実習３号」のうち，企業単独型（「技能実習１号イ」，「技能実習２号イ」，「技能実習３号イ」）と団体監理型（「技能実習１号ロ」，「技能実習２号ロ」，「技能実習３号ロ」）の区分も，それぞれ別の在留資格です（入管法２条の２第１項括弧書，２項括弧書）。

2 技能実習生の受入れに必要な手続全体の流れ

第１号技能実習から第３号技能実習まで在留を継続したまま技能実習を行わせる場合に必要となる手続全体の流れは，図２－３のとおりです（要領）。

第2 第１号技能実習

1 第１号技能実習の概要

「技能実習１号」（第１号技能実習）は，技能等の修得活動であり，講習と実習から成ります（入管法別表第１の２の表の「技能実習」の項の下欄１号イロ，法２条２項１号，４項１号）。「技能実習１号」に係る上陸許可を受ける必要

図２－３　技能実習生の受入れに必要な手続全体の流れ

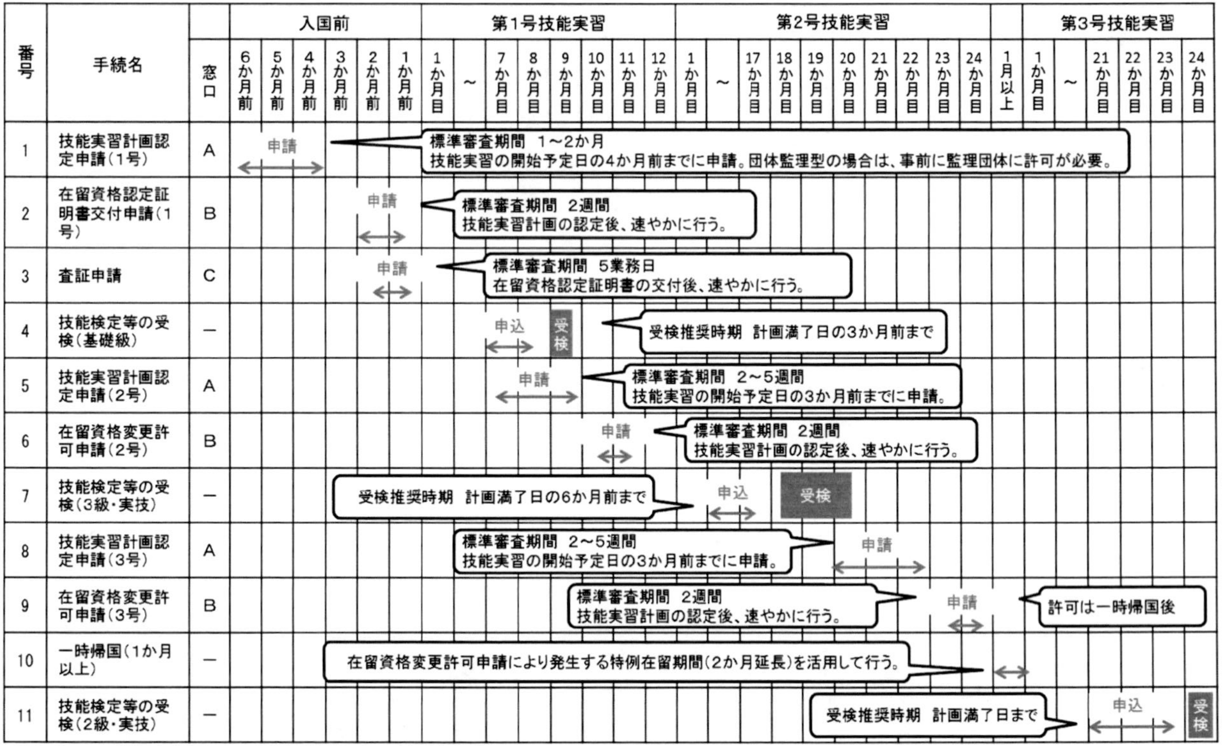

Timeline columns: 入国前 (6か月前, 5か月前, 4か月前, 3か月前, 2か月前, 1か月前); 第1号技能実習 (1か月目 ～ 7か月目, 8か月目, 9か月目, 10か月目, 11か月目, 12か月目); 第2号技能実習 (1か月目 ～ 17か月目, 18か月目, 19か月目, 20か月目, 21か月目, 22か月目, 23か月目, 24か月目); 1月以上; 第3号技能実習 (1か月目 ～ 21か月目, 22か月目, 23か月目, 24か月目)

番号	手続名	窓口	Timeline entries (text printed in the chart)
1	技能実習計画認定申請（1号）	A	申請; 標準審査期間　1～2か月 技能実習の開始予定日の4か月前までに申請。団体監理型の場合は、事前に監理団体に許可が必要。
2	在留資格認定証明書交付申請（1号）	B	申請; 標準審査期間　2週間 技能実習計画の認定後、速やかに行う。
3	査証申請	C	申請; 標準審査期間　5業務日 在留資格認定証明書の交付後、速やかに行う。
4	技能検定等の受検（基礎級）	－	申込; 受検; 受検推奨時期　計画満了日の3か月前まで
5	技能実習計画認定申請（2号）	A	申請; 標準審査期間　2～5週間 技能実習の開始予定日の3か月前までに申請。
6	在留資格変更許可申請（2号）	B	申請; 標準審査期間　2週間 技能実習計画の認定後、速やかに行う。
7	技能検定等の受検（3級・実技）	－	受検推奨時期　計画満了日の6か月前まで; 申込; 受検
8	技能実習計画認定申請（3号）	A	標準審査期間　2～5週間 技能実習の開始予定日の3か月前までに申請。; 申請
9	在留資格変更許可申請（3号）	B	標準審査期間　2週間 技能実習計画の認定後、速やかに行う。; 申請; 許可は一時帰国後
10	一時帰国（1か月以上）	－	在留資格変更許可申請により発生する特例在留期間（2か月延長）を活用して行う。
11	技能検定等の受検（2級・実技）	－	受検推奨時期　計画満了日まで; 申込; 受検

（注1）窓口　A　機構地方事務所　／　B　地方入国管理局　／　C　在外日本国公館
（注2）審査期間は、問題がない案件（提出書類の不備や申請内容の確認を要しないもの）についての標準的な期間を示したものであり、期間が前後することもある。
（注3）上記の流れは、１号から3号まで在留を継続したまま技能実習を行わせる一般的な場合のものであり、新規入国が伴う場合には1号の場合と同様に2及び3の手続が必要となる。

があります（入管法９条１項）。「技能実習１号」は，「技能実習２号」及び「技能実習３号」と異なり，対象職種自体には制限がありません（法９条２号，規則10条２項１号ロ参照）。

講習は，座学で行われ，実習実施者（企業単独型のみ）又は監理団体において原則として２か月間実施されます（法９条２号，規則10条２項７号）。この間は雇用関係が成立していません。講習終了後の実習は，実習実施者において実施され，雇用関係が成立します（入管法別表第１の２の表の「技能実習」の項の下欄１号イロ，法２条２項１号，４項１号）。団体監理型にあっては，監理団体による訪問指導・監査が行われます（法39条）。

2　第１号技能実習開始までの流れ（団体監理型技能実習の場合）

団体監理型の第１号技能実習開始までの流れは，図２－４のとおりです（要領）。

図２－４　第１号技能実習開始までの流れ（団体監理型技能実習の場合）

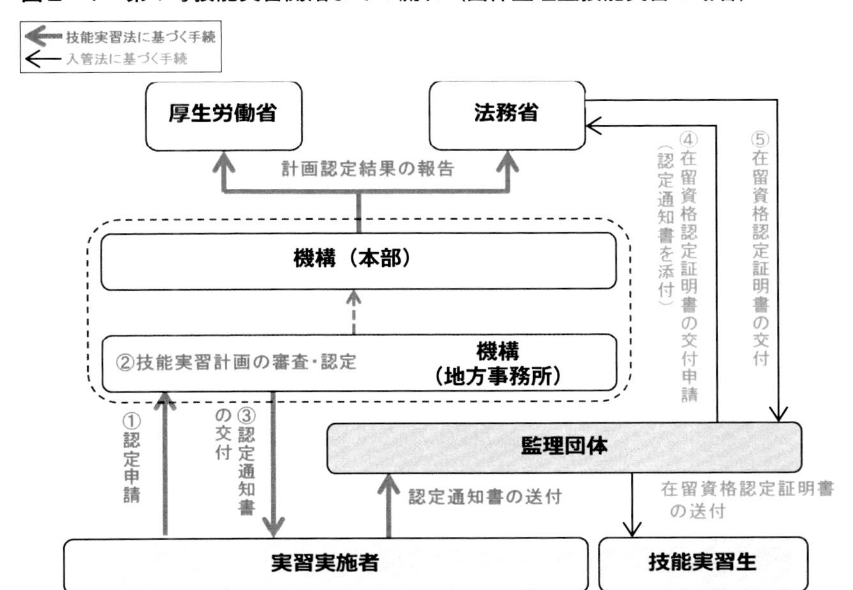

⑴　監理団体の許可申請

第１号技能実習の実習監理を行うためには，監理団体が許可（一般監理事業，特定監理事業の区分は問いません。）を得ている必要があります（法23条１項）。監理団体が，主務大臣に対して監理団体の許可申請を行い（法23条２項），これを機構が予備審査（事実関係の調査）します（法24条３項）。機構が予備審査の結果を主務大臣に報告し（法24条４項），主務大臣が監理団体の許可処分を行います（法23条１項）。監理団体の許可要件は，許可基準（法25条）に適合し，欠格事由（法26条）に該当しないことです（詳細は，後記第３章参照）。監理団体の許可の申請は，機構の本部事務所の審査課で受け付けています（法24条３項，23条２項。機構の本部への郵送による方法，又は機構の本部窓口への持参による方法で申請が受け付けられます。）。

第１号技能実習の実習監理（技能実習計画の作成の指導等）を開始する予定の３か月前までに申請を行うことが推奨されます（要領）。

⑵　許可証の交付

監理団体の許可が決定されると，許可証が機構から交付されます（法29条４項，１項）。許可証の交付を受けた者は，当該許可証を，監理事業を行う事業所ごとに備え付けるとともに，関係者から請求があったときは提示しなければなりません（法29条２項）。また，許可証の交付を受けた者は，当該許可証を亡失し，又は当該許可証が滅失したときは，速やかにその旨を機構に届け出て，許可証の再交付を受けなければなりません（法29条４項，３項）。

監理団体が許可を受けた後は，技能実習計画の認定手続に進むことになります（法８条）。

⑶　技能実習計画の認定申請

実習実施者が，監理団体の指導を受けながら（法８条４項），技能実習生ごとに技能実習計画を作成し，当該計画の認定申請を行います（法８条１項）。機構がこれを審査し，認定を行います（法12条１項）。

認定申請（法８条１項）は，技能実習開始予定日の６か月前から可能です（要領）。また，原則として，開始予定日の４か月前までに申請を行うことが必要です（要領）。技能実習開始予定日の４か月前を過ぎてからの申請については，技能実習の開始が予定日を超過してしまう可能性があります。申請は余裕をもったスケジュールで行って下さい。認定申請は，機構の地方事務所・支所の認定課で受け付けています（法12条３項，８条１項。機構の地方事務所・支所への郵送による方法，又は機構の地方事務所・支所窓口への持参による方法で申請が受け付けられます。）。申請は，定められた様式によって行う必要があり，記載内容を確認するための添付書類等の提出も同時に必要となります（法８条１項，３項，規則４条１項，８条）。

(4)　技能実習計画の審査・認定

申請された技能実習計画については，技能実習法に基づく要件（認定基準及び欠格事由）に照らして審査が行われます（法９条，10条）。

(5)　認定通知書の交付

認定の決定がされた場合は，機構より通知書が交付されます（規則５条）。不認定の決定がされた場合も同様に通知書が交付されます（要領）。

技能実習生が入国するためには，地方入国管理局から在留資格認定証明書の交付を受けることになります（入管法７条の２）。技能実習計画の認定通知書は在留資格認定証明書交付申請に必要となります（入管法７条の２第１項，入管法施行規則６条の２第２項，別表第３の「技能実習」の項の下欄）。

(6)　在留資格認定証明書の交付申請

技能実習計画の認定を受けた後は，技能実習生が，監理団体を代理人として（入管法７条の２第２項），地方入国管理局に対し，技能実習計画認定通知書及び認定申請書の写しを添付して（入管法施行規則６条の２第２項本文，別表第３の「技能実習」の項の下欄２号），「技能実習１号ロ」に係る在留資格認定証明書交付申請を行います（入管法７条の２第１項）。

(7)　在留資格認定証明書の交付

地方入国管理局から在留資格認定証明書の交付を受けた監理団体は，技能実習生に対して当該在留資格認定証明書を送付します。技能実習生は，在外日本国公館において査証を取得した上（外務省設置法４条１項13号，入管法７条１項１号），当該在留資格認定証明書を入国の際に提示することにより（入管法７条１項２号参照），在留資格「技能実習１号ロ」により入国することが可能となります（入管法９条１項）。

第３　第２号技能実習

1　第２号技能実習の概要

「技能実習２号」（第２号技能実習）は，技能等の習熟活動であり，実習から成ります（入管法別表第１の２の表の「技能実習」の項の下欄２号イロ，法２条２項２号，４項２号）。原則として，「技能実習１号」から「技能実習２号」への在留資格変更許可を受ける必要があります（入管法20条３項）。この在留資格変更許可を受けるためには，①対象職種及び②対象者に制限があります。即ち，①対象職種として，送出国のニーズがあり，公的な技能評価制度が整備されている職種（平成30年６月現在77職種139作業の技能実習２号移行対象職種）に限られます（法９条２号，規則10条２項１号ロ）。そして，②対象者として，基礎級の技能検定又はこれに相当する技能実習評価試験の学科試験及び実技試験に合格した者に限られます（法９条４号，２号，規則10条１項１号イ）。

2　第２号技能実習開始までの流れ（団体監理型技能実習の場合）

団体監理型の第２号技能実習開始までの流れは，図２－５のとおりです（要領）。

(1)　監理団体の許可申請

第２号技能実習の実習監理を行うためには，監理団体が許可（一般監理事業，特定監理事業の区分は問いません。）を得ている必要があります（法23条１項）。許可の手続については，上記第２　２(1)を参照して下さい。第２号技能実習の実習監理（技能実習計画の作成の指導等）を開始する予定の３か月前までに申請を行うことが推奨されます（要領）。既に監理団体の許可を受けている場合には，この手続は不要です。

図２-５　第２号技能実習開始までの流れ（団体監理型技能実習の場合）

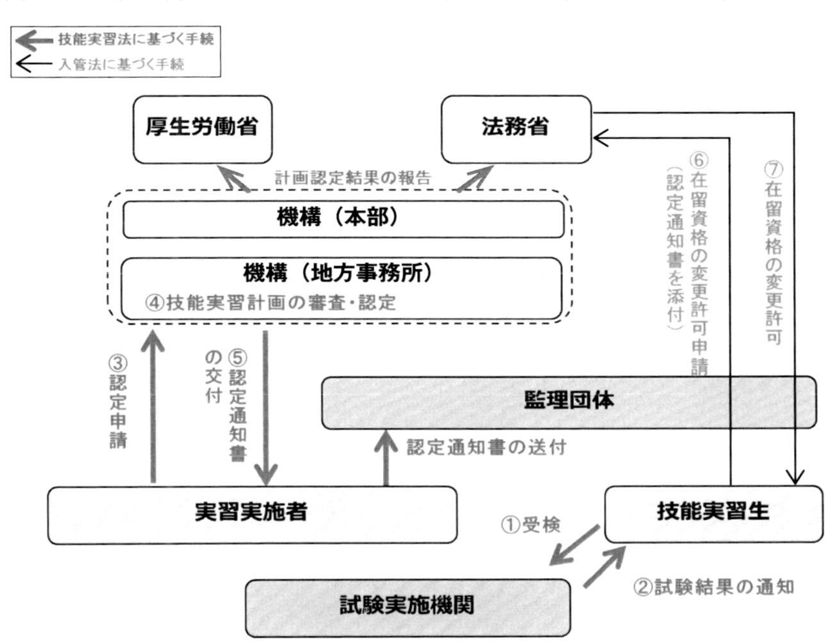

⑵　**許可証の交付**

監理団体の許可が決定されると許可証が，機構から交付されます（法29条４項，１項）。この許可証については，上記第２　２⑵を参照して下さい。

⑶　**受　検**

第２号技能実習を行うためには，第１号技能実習で設定した目標（基礎級の技能検定又はこれに相当する技能実習評価試験の合格）の達成が必要です（法９条４号，規則10条１項１号イ）。

第１号技能実習の修了後，速やかに第２号技能実習を開始する場合は，第１号技能実習が修了する３か月前までには受検をすることが推奨されます（要領）。なお，第１号技能実習の期間中の再受検は，１回に限り認められます（要領）。

⑷　試験結果の通知

試験実施機関より試験結果の通知を受けた技能実習生は，合否結果を実習実施者に伝達することが必要です。技能実習生が機構への合否結果の提供に同意をし，機構による受検手続の支援（機構策定に係る受検手続支援要領参照）を受けた場合には，試験実施機関より，別途機構へ直接合否結果が通知され，計画認定審査に反映されます。同意をせず，機構による受検手続の支援を受けない場合には，技能実習生から実習実施者を通じて機構へ合否結果を提出する必要がありますが，この場合には認定審査のスケジュールに支障を来す可能性があることに留意が必要です（要領）。

⑸　技能実習計画の認定申請

認定申請（法８条１項）は，技能実習開始予定日の６か月前から可能です（要領）。また，原則として，開始予定日の３か月前までに申請を行うことが必要です（要領）。認定申請は，機構の地方事務所・支所の認定課で受け付けています（法12条３項，８条１項。機構の地方事務所・支所への郵送による方法，又は機構の地方事務所・支所窓口への持参による方法で申請が受け付けられます。）。

開始予定日の３か月前を経過しても，技能検定又は技能実習評価試験（以下「技能検定等」といいます。）の合格が確認できる状態での申請が困難な場合，技能検定等の合否結果は，申請後に資料を追完することが可能です（なお，上記⑷において，合否結果の提供に同意をし，機構による受検手続の支援を受けている場合には，試験実施機関より機構へ直接合否結果が通知されるため，追完の必要はありません（要領）。）。

在留期間の満了日の３か月前を過ぎてからの申請については，在留期間の満了日までに「技能実習２号」への在留資格変更許可を受けることが困難となる可能性があります（要領）。在留期間の満了日までに第２号技能実習の計画認定を受けることができた場合であって，かつ，在留期間の満了日までに「技能実習２号」への在留資格変更許可申請を行うことができた場合にあっては，特例措置により，申請の許否が判明するまで一定期間日本に滞在することは認められますが（入管法20条５項），第１号技能実習計画は既に終了していることから，技能実習生として技能実習に従事することはできない点に注意が必要です。受検と申請は余裕をもったスケジュールで行ってください。

⑹　技能実習計画の審査・認定

第１号技能実習と同様に，申請された技能実習計画については，技能実習法に基づく要件（認定基準及び欠格事由）に照らして審査が行われます（法９条，10条）。

⑺　認定通知書の交付

認定の決定がされた場合は，機構より通知書が交付されます（規則５条）。不認定の決定がされた場合も同様に通知書が交付されます（要領）。

技能実習生が引き続き在留するためには，「技能実習１号ロ」から「技能実習２号ロ」へ在留資格を変更しなければなりません（入管法20条）。技能実習計画の認定通知書は，在留資格変更許可申請に必要となります（入管法20条２項本文，入管法施行規則20条２項，別表第３の「技能実習」の項の下欄）。

⑻　在留資格の変更許可申請

第２号技能実習の技能実習計画の認定通知書及び認定申請書の写しを添付書類として，地方入国管理局に，「技能実習１号ロ」から「技能実習２号ロ」への在留資格変更許可申請を行います（入管法20条２項本文，入管法施行規則20条２項，別表第３の「技能実習」の項の下欄４号）。

⑼　在留資格の変更許可

地方入国管理局から在留資格変更の許可がされた後に，第２号技能実習生として引き続き在留することが可能となります（入管法20条３項本文）。

第４　第３号技能実習

1　第３号技能実習の概要

「技能実習３号」（第３号技能実習）は，技能等の熟達活動であり，実習から成ります（入管法別表第１の２の表の「技能実習」の項の下欄３号イロ，法２

条２項３号，４項３号)。「技能実習２号」が終了して一旦帰国（原則１か月以上）した上で（法９条２号，規則10条２項３号ト)，「技能実習２号」から「技能実習３号」への在留資格変更許可（入管法20条３項）又は「技能実習３号」に係る上陸許可（入管法９条１項）を受ける必要があります。

この在留資格変更許可又は上陸許可を受けるためには，①対象職種，②対象者，③監理団体及び実習実施者に制限があります。即ち，①対象職種として，技能実習２号移行対象職種に限られます（法９条２号，規則10条２項１号ロ)。そして，②対象者として，３級の技能検定又はこれに相当する技能実習評価試験の実技試験に合格した者に限られます（法９条４号，２号，規則10条１項２号)。さらに，③監理団体及び実習実施者として，一定条件を満たし，優良であることが認められるものに限られます（法９条10号，23条１項１号，25条１項７号)。

2 第３号技能実習開始までの流れ（団体監理型技能実習の場合）

団体監理型の第３号技能実習開始までの流れは，図２－６のとおりです（要領)。

(1) 一般監理事業の許可（事業区分の変更許可）申請

第３号技能実習の実習監理を行うためには，監理団体が一般監理事業の許可を得ている必要があります（法23条１項１号)。監理団体が，特定監理事業の許可を受けている場合は，事業区分の変更許可を受けなければなりません（法32条１項)。一般監理事業の許可の申請及び事業区分の変更許可の申請は，機構の本部事務所の審査課で受け付けています（法24条３項，23条２項，32条２項。機構の本部への郵送による方法，又は機構の本部窓口への持参による方法で申請が受け付けられます。)。第３号技能実習の実習監理（技能実習計画の作成の指導等）を開始する予定の３か月前までに申請を行うことが推奨されます（要領)。既に一般監理事業の許可を受けている場合には，この手続は不要です。

(2) 許可証の交付

一般監理事業の許可が決定されると許可証が，機構から交付されます（法

図２－６　第３号技能実習開始までの流れ（団体監理型技能実習の場合）

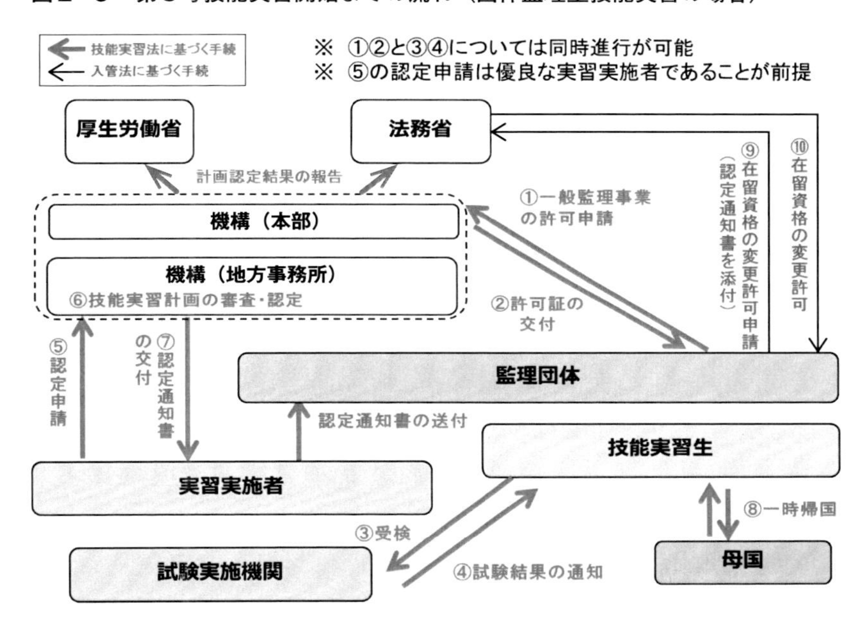

29条４項，１項）。この許可証については，上記第２　２(2)を参照して下さい。

(3)　受　検

第３号技能実習を行うためには，第２号技能実習で設定した目標（３級の技能検定又はこれに相当する技能実習評価試験の実技試験の合格）の達成が必要です（法９条４号，規則10条１項２号）。第２号技能実習を修了し，１か月以上の帰国期間の後，速やかに第３号技能実習を開始する場合は，第２号技能実習が修了する６か月前までには受検をすることが推奨されます（要領）。なお，第２号技能実習の期間中の再受検は，１回に限り認められます（要領）。

(4)　試験結果の通知

試験実施機関より試験結果の通知を受けた技能実習生は，合否結果を実習実施者に伝達することが必要です。技能実習生が機構への合否結果の提供に同意をし，機構による受検手続の支援を受けた場合には，試験実施機関より，別途機構へ直接合否結果が通知され，計画認定審査に反映されます。同意をせず，機構による受検手続の支援を受けない場合には，技能実習生から実習実施者を通じて機構へ合否結果を提出する必要がありますが，この場合には認定審査のスケジュールに支障を来す可能性があることに留意が必要です(要領)。

(5)　技能実習計画の認定申請

認定申請（法８条１項）は，技能実習開始予定日の６か月前から可能です(要領)。また，原則として，開始予定日の４か月前まで（第２号技能実習を修了し，１か月以上の帰国期間の後，速やかに第３号技能実習を開始する場合は，第２号技能実習を修了する予定の３か月前まで）に申請を行うことが必要です(要領)。認定申請は，機構の地方事務所・支所の認定課で受け付けています(法12条３項，８条１項。機構の地方事務所・支所への郵送による方法，又は機構地方事務所・支所窓口への持参による方法で申請が受け付けられます)。

開始予定日の３か月前を経過しても，技能検定等の合格が確認できる状態での申請が困難な場合，技能検定等の合否結果は，申請後に資料を追完することが可能です（なお，上記(4)において，合否結果の提供に同意をし，機構による受検手続の支援を受けている場合には，試験実施機関より機構へ直接合否結果が通知されるため，追完の必要はありません（要領)）。

在留期間の満了日の３か月前を過ぎてからの申請については，第２号技能実習を修了し，１か月以上の帰国の後，速やかに「技能実習３号ロ」への在留資格変更許可を受けることが困難となる可能性があります（要領)。在留期間の満了日までに第３号技能実習の計画認定を受けることができた場合であって，かつ，在留期間の満了日までに「技能実習３号」への在留資格変更許可申請を行うことができた場合にあっては，特例措置により申請の許否が判明するまでの一定期間日本に滞在することは認められますが（入管法20条５項），技能実習生として技能実習に従事することはできない点に注意が必要です。

受検と申請は余裕をもったスケジュールで行って下さい。

なお，第３号技能実習については，実習実施者を変更すること（転籍）が可能です。この場合の認定申請は，第３号技能実習を行う実習実施者が行う必要があります（法８条１項）。

⑹　技能実習計画の審査・認定

第１号技能実習・第２号技能実習と同様に，申請された技能実習計画については，技能実習法に基づく要件（認定基準及び欠格事由）に照らして審査が行われます（法９条，10条）。第３号技能実習を行うためには，技能等の修得等をさせる能力につき高い水準を満たす優良な実習実施者であることが必要です（法９条10号）。

⑺　認定通知書の交付

認定の決定がされた場合は，機構より通知書が交付されます（規則５条）。不認定の決定がされた場合も同様に通知書が交付されます（要領）。

⑻　一旦帰国

第２号技能実習の修了後，第３号技能実習を開始するまでの間に，技能実習生は必ず１か月以上の一時帰国をしなければなりません（法９条２号，規則10条２項３号ト）。その上で技能実習生が引き続き在留するためには，「技能実習２号ロ」から「技能実習３号ロ」へ在留資格を変更しなければなりません（入管法20条）。技能実習計画の認定通知書は，在留資格変更許可申請に必要となります（入管法20条２項本文，入管法施行規則20条２項，別表第３の「技能実習」の項の下欄）。

⑼　在留資格の変更許可申請

第３号技能実習の技能実習計画の認定通知書及び認定申請書の写しを添付書類として，地方入国管理局に，「技能実習２号ロ」から「技能実習３号ロ」へ在留資格変更許可申請を行います（入管法20条２項本文，入管法施行規則20条２項，別表第３の「技能実習」の項の下欄６号）。

⑽　在留資格の変更許可

地方入国管理局から在留資格変更の許可がされた後に，第３号技能実習生として引き続き在留することが可能となります（入管法20条３項本文）。第３号技能実習を修了するまでに，第３号技能実習で設定した目標（２級の技能検定又はこれに相当する技能実習評価試験の実技試験の合格）の達成に向けて受検しなければなりません（法９条２号，規則10条１項３号）。

なお，上記⑼及び⑽の流れは，１号から３号まで日本における在留資格を継続したまま技能実習を行わせる場合のものであり，一旦帰国の期間が長いなどの理由により，技能実習生が在留資格を失った後に第３号技能実習生として新規入国をする場合には，第１号技能実習の場合と同様に，在留資格認定証明書の交付申請を行い，在留資格認定証明書の交付を受けた後に上陸する手続が必要となります。

図２−７　技能実習のフローまとめ

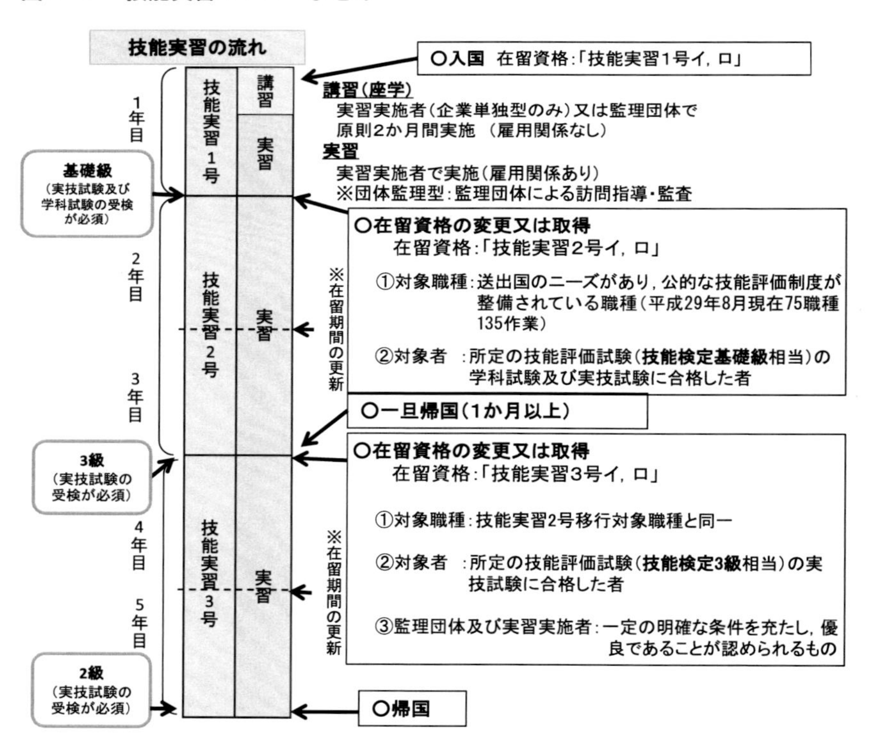

技能実習開始後の報告及び届出

第1 実習実施者が行うべき報告及び届出

実習実施者は，技能実習計画の認定を受け，技能実習生を受け入れた後も，技能実習法で定められた報告及び届出の手続を，定められた様式に従って行う必要があります。その手続一覧は，図２－８のとおりです（要領）。

第2 監理団体が行うべき報告及び届出

監理団体は，許可を受け，実習監理を開始した後も，技能実習法で定められた報告及び届出の手続を，定められた様式に従って行う必要があります。その手続一覧は，図２－９のとおりです（要領）。

図２－８　技能実習開始後に実習実施者が行うべき報告及び届出一覧

番号	様　式	届出先	期　限	方法・通数	備考（該当事例・留意点）
1	技能実習計画軽微変更届出書（省令様式第３号）	実習実施者の住所地を管轄する地方事務所・支所の認定課	変更事由発生後１か月以内	・持参又は郵送（対面で配達され，受領の際，押印又は署名を行うもので信書を送ることができる方式に限る。） ・正本１通	軽微な変更に当たる場合に届出が必要。なお，重要な変更の場合には技能実習計画変更認定の申請が必要。
2	実習実施者届出書（省令様式第７号）		技能実習開始後遅滞なく		初めて技能実習生を受け入れて技能実習を行わせた場合の１回のみに提出が必要。既に実習実施者届出受理届書（省令様式第８号）を機構から受け取っている場合は届出不要。
3	技能実習実施困難時届出書（省令様式第９号） ※企業単独型のみ。なお，団体監理型の場合は，実習実施者から監理団体へ遅滞なく通知することが必要。		届出事由発生後遅滞なく		実習実施者について，実習認定の取消し，倒産等の経営上・事業上の理由があった場合，技能実習生について，病気や怪我，実習意欲の喪失・ホームシック，行方不明があった場合など技能実習を行わせることが困難となった場合に届出が必要。また，技能実習生が途中帰国する場合には，帰国することが決まった時点で帰国前の届出が必要。
4	実習認定取消事由該当事実に係る報告書（参考様式第３－１号） ※企業単独型のみ。なお，団体監理型の場合は，実習実施者から監理団体へ直ちに報告することが必要。	実習実施者の住所地を管轄する地方事務所・支所の指導課	報告事由発生後直ちに		実習認定の取消事由（法16条１項各号）に該当する場合に報告が必要。
5	実施状況報告書（省令様式第10号）	実習実施者の住所地を管轄する地方事務所・支所の認定課	毎年４月から５月末日まで		優良な実習実施者として技能実習計画の認定を受けて技能実習生を受け入れている場合には，優良要件適合申告書（参考様式第１－24号）の添付が必要。

図２－９　技能実習開始後に監理団体が行うべき報告及び届出一覧

番号	様　式	届出先	期　限	方法・通数	備考（該当事例・留意点）
1	技能実習実施困難時届出書（省令様式第18号）	実習実施者の住所地を管轄する地方事務所・支所の認定課	届出事由発生後遅滞なく	・持参又は郵送（対面で配達され，受領の際，押印又は署名を行うもので信書を送ることができる方式に限る。） ・正本１通（５番を除く） ・正本１通，副本２通（５番のみ）	実習監理する実習実施者について，実習認定の取消し，倒産等の経営上・事業上の理由があった場合，技能実習生について，病気や怪我，実習意欲の喪失・ホームシック，行方不明があった場合など技能実習を行わせることが困難となった場合に届出が必要。また，技能実習生が途中帰国する場合には，帰国することが決まった時点で帰国前の届出が必要。
2	監査報告書（省令様式第22号）	監査対象実習実施者の住所地を管轄する地方事務所・支所の指導課	監査実施日から２か月以内		監理団体は３か月に１度以上の頻度で（実習実施者に実習認定の取消事由に該当する行為があったときは直ちに）実習実施者に対し監査を行い，その結果を報告するもの。なお，監査は省令で決められた方式で行うことが必要。
3	許可取消事由該当事実に係る報告書（参考様式第３－３号）	監理団体の住所地を管轄する地方事務所・支所の指導課	報告事由発生後直ちに		許可の取消事由（法37条１項各号）に該当する場合に報告が必要。
4	変更届出書（省令様式第17号）	本部事務所の審査課	変更事由発生後１か月以内		監理団体許可申請書の記載事項について変更が生じた場合に変更の届出が必要。なお，変更が許可証の記載事項に該当する場合は，５番の届出及び申請が必要。
5	変更届出書及び許可証書換申請書（省令様式第17号）		変更事由発生後１か月以内		４番に該当する場合で，その変更が許可証の記載事項にも該当する場合には，この変更届出書及び許可証書換申請書が必要。
6	事業廃止届出書（省令様式第19号）		廃止予定の１か月前		届出後，監理事業を廃止した場合は，許可証の返納が必要。
7	事業休止届出書（省令様式第19号）		休止予定日の１か月前		届出後，監理事業を行う事業所を廃止した場合は，当該事業所に係る許可証の返納が必要。

8	事業再開届出書（参考様式第３－２号）	再開予定日の１か月前	７番の届出書を提出したものについて再開する場合に届出が必要。
9	事業報告書（省令様式第23号）	毎年４月から５月末日まで	監理事業を行う事業所ごとに作成する。なお，許可区分が一般監理事業の場合は，優良要件適合申告書（参考様式第２－14号）の添付が必要。

第 3 章

監理団体の許可制等

監理団体に係る制度の概要

第1 許可を受ける必要性

技能実習制度において，監理事業を行おうとする者は，あらかじめ，主務大臣から監理団体の許可を受ける必要があります（法23条１項）。この監理団体許可申請書（法23条２項，規則24条，別記様式第11号）は，技能実習法25条の許可基準を満たすことを証明する添付資料等を添えて（法23条３項，規則27条），機構の本部事務所の審査課に申請しなければなりません（法24条３項）。主務大臣は，監理団体の許可をしたときに，監理事業を行う事業所の数に応じた許可証を交付します（法29条１項）。許可証の交付を受けた監理団体は，事業所ごとに許可証を備え付け，関係者から請求があればいつでも提示できるようにしておかなければなりません（法29条２項）。

許可を受けた監理団体は，職業安定法上の許可等を受けなくとも技能実習に限って職業紹介事業を行うことができるなど，職業安定法の特例等が措置されています（法27条）。他方，監理団体の許可を受けていたとしても，職業安定法上の許可を受け又は届出を行っていない場合には，技能実習関係以外の日本人等の雇用関係の成立のあっせんを行うことはできません。

なお，技能実習法に基づく監理団体の許可を受けた場合においても，法律上，船員職業安定法の特例は設けられていません（法27条１項参照）。従って，船員職業安定法上の許可は別途取得する必要があります。これは，海上労働の特殊性（長期間の孤立性，陸上の支援・保障を受けられない自己完結性，危険性，職住一致等）を有する船員の利益を確保するために，別途国土交通大臣からの許可を得ることを求めているものです。

監理団体が行う技能実習職業紹介については，巻末資料２ 監理団体が労働条件等の明示，団体監理型実習実施者等及び団体監理型技能実習生等の個人情報の取扱い等に関して適切に対処するための指針（平成29年法務省・厚生労働省告示第２号）に具体的な留意点等が定められていますので，参照して下さい。

第２ 監理団体の許可の区分

監理団体の許可には，事業区分として，①一般監理事業（第１号，第２号及び第３号の技能実習の実習監理が可能），②特定監理事業（第１号及び第２号のみの技能実習の実習監理が可能）の２区分があります。一般監理事業の許可を受けるためには，高い水準を満たした優良な監理団体でなければなりません（法25条１項７号）。

監理団体は，監理許可に関する事業区分を変更しようとするときは，主務大臣の許可を得なければなりません（法32条１項）。変更の許可の詳細については，後記第４章第１節を参照して下さい。

第３ 監理団体の許可の有効期間

監理団体の許可の有効期間は，監理事業の実施に関する能力及び実績を勘案して３年以上で設定されます（法31条１項）。

1 有効期間

監理団体の許可の有効期間は，監理事業の実施に関する能力及び実績を勘案して，次のとおり定められています（法31条１項，政令２条１号ないし６号）。優れた能力及び実績を有すると判断されるのは，従前の監理事業に係る許可の有効期間（更新の申請がされた際に現に有する許可の有効期間をいい，それ以前のものは含みません。）において改善命令（法36条１項）や事業停止命令（法37条３項）を受けていない場合です（規則39条）。

	①初回	②更新（優れた能力及び実績を有する場合）	③更新（②以外の場合）
一般監理事業	５年	７年	５年
特定監理事業	３年	５年	３年

2 許可の更新

許可の有効期間の満了後引き続き当該許可に係る監理事業を行おうとする者は，有効期間が満了する日の３か月前までに（規則41条１項），監理団体許可有効期間更新申請書（省令様式第11号）を機構の本部事務所の審査課に提出しなければなりません（法31条２項，５項，23条２項，24条）。３か月前までに申請を行わなかった場合，有効期間内に審査が終了せず，許可の有効期間の満了後引き続き当該許可に係る監理事業を行えない可能性があります（要領）。実習実施者や技能実習生など関係者に与える影響も大きいため，注意が必要です。

許可の有効期間の更新申請に際しては，許可基準（法31条３項，25条１項各号）を満たしていることを証明する書類その他必要な書類を提出しなければなりません（法31条５項，23条３項）。具体的な書類については，後記第４節の技能実習制度運用要領別紙③の一覧表（図３－８）を参照して下さい。

第４ 監理団体の許可の条件

監理団体の許可には条件が付されることや，付された条件が変更されることがあります（法30条１項）。監理団体の許可に，条件が付される場合には，監理団体許可証（法29条１項）にその内容が記載されます。

なお，付される条件は，監理許可の趣旨に照らして，又は当該監理許可に係る事項の確実な実施を図るために必要な最小限度のものに限り，かつ，当該監理許可を受ける者に不当な義務を課することとなるものであってはなりません（法30条２項）。

1　付される条件の例

(1)　取扱職種の範囲等

監理団体の役職員に技能実習計画の作成指導者として，技能実習生に修得等をさせようとする技能等について一定の経験や知識がある者が在籍していなければならないという趣旨（法８条４項，規則52条８号参照）から，「実習監理をする団体監理型技能実習の取扱職種は，適切かつ効果的に技能等の修得等をさせる観点からの指導を担当する技能実習計画の作成指導者が在籍する職種の範囲に限る。」との条件が付されることがあります（要領）。

(2)　受け入れる技能実習生の国籍

監理団体が受け入れている技能実習生の国籍に応じた相談応需体制を整備していなければならないという趣旨（法39条３項，規則52条14号参照）から，「実習監理をする団体監理型技能実習生の国籍は，相談体制が構築された国籍の範囲に限る。」との条件が付されることがあります（要領）。

(3)　一般監理事業から特定監理事業への許可の職権変更を行うまでの一時的措置

技能実習生の受入期間中に優良な監理団体の要件（法25条１項７号）を満たさなくなった監理団体に対して，一般監理事業から特定監理事業への許可の職権変更を行うまでの一時的措置として，「第３号技能実習の実習監理は，既に実習監理を開始している技能実習に限り，新たな第３号技能実習の実習監理は認めない。」，「新たな技能実習の実習監理の場合，技能実習生の受入れ人数枠は，規則第16条第１項（優良な実習実施者でない場合の規定）を適用する。」といった旨の条件を事後的に付すことも想定されています（要領）。

2　条件の解除

監理団体は，許可に条件が付された後に，条件が付された理由が解消された場合には，当該条件の解除を申し出ることができます（法30条１項「変更」，２項）。この場合は，事前に機構の本部事務所の審査課に相談して下さい（要領）。

第５ 監理費

監理団体は，監理事業に通常必要となる経費等を勘案した適正な種類及び額の監理費を，実習実施者等へあらかじめ用途及び金額を明示した上で徴収することができます（法28条２項）。監理団体は，この監理費を除いて，実習実施者，技能実習生等の関係者から，手数料又は報酬を受けることはできません（法28条１項）。監理費の詳細については，後記第２節第２　２(7)ア(ア)を参照して下さい。

第６ 監理団体が行うべき届出等

1 監査報告書，事業報告書

監理団体は，監査を行ったときは監査報告書を作成し，実習実施者の住所地を管轄する機構の地方事務所・支所の指導課に（法42条３項，18条２項），提出しなければなりません（法42条１項）。また，毎年１回，監理事業を行う事業所ごとに事業報告書を作成し，機構の本部事務所の審査課に（法42条３項，18条２項），提出しなければなりません（法42条２項）。監査報告及び事業報告の詳細については，後記第４章第６節を参照して下さい。

2 技能実習困難時届出，監理事業休廃止届出

実習監理を行う実習実施者が技能実習を行わせることが困難となったときは実習実施者の住所地を管轄する機構の地方事務所・支所の認定課に対し，監理事業を廃止・休止しようとするときは機構の本部事務所の審査課に対し，それぞれ届出を行わなければなりません（法33条，34条）。技能実習困難時届出及び監理事業休廃止届出の詳細については，後記第４章第３節及び第４節を参照して下さい。

第７ 監理団体の遵守事項

1 名義貸しの禁止，認定計画に従った実習監理

⑴　罰　則

監理団体は，自己の名義をもって，他人に監理事業（実習監理を行う事業。法２条10項）を行わせてはなりません（法38条）。これに違反した場合には，罰則（１年以下の懲役又は100万円以下の罰金）の対象となります（法109条４号）。監理団体の許可（法23条１項）を受けずに実習監理を行った者についても，罰則（１年以下の懲役又は100万円以下の罰金）の対象となります（法109条１号）。このように，名義貸しをした監理団体のみならず，監理団体から名義貸しを受けた者も罰則の対象となります。

また，監理団体は，認定計画に従った実習監理を行い，監理団体の業務の実施に関する基準に従って業務を実施しなければなりません（法39条）。

⑵　罰則の対象となる「監理事業」（実習監理）の意義

技能実習法に基づき監理団体が行う業務の全てが，名義貸しの禁止の対象として，上記⑴の罰則が適用される「監理事業」（実習監理）に該当するわけではありません。監理団体は，技能実習法に基づき，①技能実習生等と実習実施者との間の雇用関係の成立のあっせん，②技能実習生の入国支援等，③技能実習生に対する講習の実施，④実習実施者に対する指導監督，⑤技能実習生に対する助言援助，⑥実習実施者に対する技能実習の実施状況の監査等の業務を行いますが，このうち，上記⑴の罰則の対象となるのは，実習監理に該当する①雇用関係の成立のあっせんと④実習実施者に対する指導監督のみです（法２条９項，厚生労働省職業能力開発局及び法務省入国管理局が平成27年３月に作成し，内閣法制局に提出した「外国人の技能実習の適正な実施及び技能実習生の保護に関する法律案　説明資料」（以下「説明資料」といいます。）32頁）。説明資料32頁においては，この趣旨について，「不適正な者を必要十分に排除するため，「実習監理」の定義に入れ許可制により原則禁止とする部分は，許可を受けない者であっても技能実習に対する監理類似の行為を行

おうとすれば必ず行うこととなる行為であって，技能実習の監理に固有の行為を最小限規定することとする。」と述べられています。

以上より，①技能実習生等と実習実施者との間の雇用関係の成立のあっせん及び④実習実施者に対する指導監督の両方を行う者については，技能実習法により罰せられます（無許可事業者に名義を貸した監理団体も罰せられます）。

また，①技能実習生等と実習実施者との間の雇用関係の成立のあっせんのみを行う者（④実習実施者に対する指導監督を併せて行わない者）については，あっせん行為に由来する範囲内において，職業安定法により罰せられます。

それに対し，④実習実施者に対する指導監督のみを行う者（①技能実習生等と実習実施者との間の雇用関係の成立のあっせんを併せて行わない者）については，技能実習法によっても職業安定法によっても規制されません。この点について，説明資料は，状況によっては，強制労働等の幇助等の罪に問われることは想定されるものの，指導監督のみでは，通常，実習実施者に影響力を及ぼすとは考えられず，影響力のない状況で発生した問題は，実習実施者に帰責されるべき問題であり，技能実習法により特別の規制を行うべき問題ではないと述べています。

⑶　監理団体の業務のうち委託できる範囲

技能実習法は，上記⑴のとおり，監理事業（実習監理）の名義貸しを禁止していますが（法38条），監理団体の業務の全てについて委託を禁止しているわけではなく，監理団体が自ら責任を有した上であれば，一部補助的な業務を中心に委託することが認められます。その考え方は以下のとおりです（要領）。

図３－１　監理団体の業務のうち委託できる範囲

①　入国前講習及び入国後講習

入国前講習及び入国後講習については，規則上，「他の適切な者に委託」して実施することが可能であることを明確化しています（規則10条２項７号）。

監理団体自ら行うべき業務	入国前講習及び入国後講習の企画立案

委託することが可能な業務	監理団体が企画した入国前講習及び入国後講習の講師の業務（適切な者が講師となっている場合に限る。）

②　技能実習に係る雇用関係の成立のあっせん

監理団体自ら行うべき業務	実習実施者等からの求人及び技能実習生等からの求職の申込みを受け，実習実施者等と技能実習生等との間における技能実習に係る雇用関係の成立のあっせんをすること (例) ・外国の送出機関との協議や交渉 ・実習実施者等，技能実習生等との協議や交渉等 ※　外国の送出機関から提示を受ける技能実習生候補者を事前に絞り込ませることや送出国に赴いて技能実習生候補者と面接を行うことも含まれる。
委託することが可能な業務	上記に該当する業務であっても，補助者としての業務に過ぎないもの (例) ・協議や交渉に同席し，意見を述べること ・送出国における技能実習生候補者との面接会場の設営等

③　技能実習計画の作成指導

監理団体自ら行うべき業務	監理団体の役職員が，実習実施者に対して技能実習計画の作成についての監理団体の意見を提示，説明して指導すること ※　指導の前提としての意見の検討も含まれる。
委託することが可能な業務	上記に該当する業務であっても，補助者としての業務に過ぎないもの (例) ・実習実施者が作成してきた計画案について外部専門家として検討させ意見を述べさせること ・実習実施者への意見伝達や説明の会場に同席させ意見を述べさせること等

④　監査

監理団体自ら行うべき業務	監理団体の役職員が，監理責任者の指揮の下で，規則52条1号イからホまでに掲げる方法により監査を行うこと (例)

	・技能実習の実施状況の実地確認 ・技能実習責任者及び技能実習指導員から報告を受けること ・在籍技能実習生の４分の１以上との面談 ・実習実施者の事業所における設備の確認・帳簿書類等の閲覧 ・技能実習生の宿泊施設等の生活環境の確認
委託することが可能な業務	上記に該当する業務であっても，補助者としての業務に過ぎないもの （例） ・技能実習の実施状況の実地確認に同行すること ・技能実習生との面談において通訳を行うこと ・監査を自ら行う役職員の指示により設備の確認・帳簿書類等の閲覧を行うこと ※　規則で求めている３か月に１回という頻度以上に実習実施者への監査を行った場合において，省令で求めている頻度を上回る部分の監査業務は委託することが可能。

⑤　技能実習生の相談対応

監理団体自ら行うべき業務	監理団体の役職員が自ら技能実習生からの相談に応じる体制を整備すること ※　監理団体の役職員自身による相談体制に加え，外部の者に委託しての相談体制を整備する場合においても，技能実習生が役職員との面談を希望したときは，役職員自身が応じる必要がある。 ※　上記の場合において委託した外部の者に対して相談がされた場合には，監理団体の役職員が，その相談内容に応じて，実習実施者及び技能実習生への助言，指導その他の必要な対応を行う必要がある。
委託することが可能な業務	上記に該当する業務であっても，補助者としての業務に過ぎないもの （例） ・監理団体の役職員自身による相談に対応する際の通訳等

2 監理責任者の選任

監理団体は，監理事業を行う事業所ごとに監理責任者を選任しなければなりません（法40条）。監理責任者の詳細については，後記第２節第２　２(7)ア(エ)を参照して下さい。

3 帳簿書類の作成，備置き

監理団体は，監理事業に関して帳簿書類を作成し，事業所に備えて置かなければなりません（法41条）。帳簿書類の作成，備置きの詳細については，後記第４章第５節を参照して下さい。

4 個人情報の管理

監理団体は個人情報を適正に管理するために必要な措置を講じなければなりません（法43条２項）。最低限盛り込む事項を示した個人情報適正管理規程の例として，**巻末資料４** 技能実習制度運用要領別紙⑥を参照して下さい。
また，その役職員は正当な理由なく，その業務に関して知ることができた秘密を漏らし，又は盗用してはなりません（法44条）。

第８ 監理団体に対する処分等

1 報告徴収

技能実習の適正な実施及び技能実習生の保護のため，主務大臣の職員による報告徴収等の権限が規定されています（法35条）。

2 改善命令

出入国・労働関係法令に違反しているときなど，監理事業の適正な運営を確保するために必要があると認められるときは，主務大臣が改善命令を行うことができるとされています（法36条）。

3 許可の取消し

主務大臣は，監理団体の許可基準に適合しなくなったとき，出入国・労働関係法令に関し不正又は著しく不当な行為をしたとき，改善命令に違反したとき等において許可を取り消すことができます（法37条）。

監理団体の許可要件

第1 許可基準と欠格事由

監理事業を行おうとする者は，後記第２　１の事業の区分に従い，主務大臣の許可を受けなければなりません（法23条１項）。当該許可については，許可基準が設けられ，当該許可基準に適合しなければ許可を受けることはできません（法25条１項）。また，欠格事由も設けられ，当該欠格事由に該当する者は許可を受けることはできません（法26条）。

監理団体の許可には有効期間が設けられ（法31条１項），有効期間の満了後引き続き監理事業を行おうとする場合には，許可の有効期間の更新を受けなければなりません（法31条２項）。許可の更新の詳細については，上記第１節第３　２を参照して下さい。

第2 許可基準

1 一般監理事業と特定監理事業

監理事業の区分として，一般監理事業と特定監理事業とがあります（法23条１項１号，２号）。

一般監理事業は，第１号団体監理型技能実習及び第２号団体監理型技能実習のほかに第３号団体監理型技能実習も行わせる実習実施者について実習監理を行う事業をいいます（法23条１項１号）。それに対し，特定監理事業は，第１号団体監理型技能実習又は第２号団体監理型技能実習のみを行わせる実習実施者について実習監理を行う事業をいいます（法23条１項２号）。一般監理事業に係る許可要件は，特定監理事業に係る許可要件より加重されています。

特定監理事業（法23条１項２号）に係る許可基準は，次の７つです。即ち，①営利を目的としない法人であること，②監理団体の業務の実施の基準に従って事業を適正に行うに足りる能力を有すること，③監理事業を健全に遂行するに足りる財産的基礎を有すること，④個人情報の適正な管理のため必要な措置を講じていること，⑤外部役員又は外部監査の措置を実施していること，⑥基準を満たす外国の送出機関と，技能実習生の取次ぎに係る契約を締結していること，⑦上記のほか，監理事業を適正に遂行する能力を保持していることです（法25条１項１号ないし６号，８号）。詳細は後記２のとおりです。

一般監理事業（法23条１項１号）に係る許可基準は，それに⑧申請者が団体監理型技能実習の実施状況の監査その他の業務を遂行する能力につき高い水準を満たすものとして主務省令で定める基準に適合していること（法25条１項７号）が加わります。詳細は後記第３節のとおりです。

なお，一般監理事業の許可申請に係る審査の過程で，一般監理事業の許可基準は満たさないものの，特定監理事業の許可申請であれば許可相当と判断される場合には，機構が申請者に連絡し，申請内容を変更する意思があるかを確認するという扱いが予定されています。その結果，変更の意思が確認できた場合には，申請書の訂正等を行うこととなり，改めて特定監理事業の許可申請をする必要はありません（機構Q&A（監理団体許可関係））。

2　特定監理事業に係る許可基準

図３－２　特定監理事業に係る許可基準のまとめ

営利を目的としない法人であること（法25条１項１号）	
監理団体の業務の実施の基準に従って事業を適正に行うに足りる能	①　実習実施者に対する定期監査（規則52条１号） ②　実習認定取消事由に該当する疑いがある場合の臨時監査（規則52条２号） ③　第１号技能実習に係る定期の訪問指導（規則52条３号） ④　不当な方法で勧誘又は紹介を行わないこと（規則52条４

<table>
<tr><td>力を有すること（法25条1項2号）</td><td colspan="2">号）
⑤　外国送出機関との取次契約締結時の確認及び契約書記載（規則52条5号）
⑥　申込みの取次ぎは，外国の送出機関からのものに限ること（規則52条6号）
⑦　第1号技能実習生に対する入国後講習の実施（規則52条7号）
⑧　技能実習計画の作成指導（規則52条8号）
⑨　帰国旅費の負担等の必要な措置（規則52条9号）
⑩　人権侵害行為を行わないこと（規則52条10号）
⑪　偽変造文書・図画又は虚偽文書・図画の行使・提供を行わないこと（規則52条11号）
⑫　認定計画と反する内容の取決めをしないこと（規則52条12号）
⑬　機構への報告（規則52条13号）
⑭　技能実習生からの相談対応（規則52条14号）
⑮　規程の掲示（規則52条15号）
⑯　事業所管大臣が告示で特則要件を定めた場合には，当該特則要件を満たすこと（規則52条16号）</td></tr>
<tr><td colspan="3">監理事業を健全に遂行するに足りる財産的基礎を有すること（法25条1項3号）</td></tr>
<tr><td colspan="3">個人情報の適正な管理のため必要な措置を講じていること（法25条1項4号）</td></tr>
<tr><td colspan="3">外部役員又は外部監査の措置を実施していること（法25条1項5号）</td></tr>
<tr><td colspan="3">基準を満たす外国の送出機関と，技能実習生の取次ぎに係る契約を締結していること（法25条1項6号）</td></tr>
<tr><td>上記のほか，監理事業を適正に遂行する能力を保持していること（法25条1項8号）</td><td>①　許可を受けた後に監理事業を適正に遂行する能力</td><td>i　監理費は，適正な種類及び額の監理費をあらかじめ用途及び金額を明示した上で徴収すること（法28条2項）
ii　自己の名義をもって，他人に監理事業を行わせてはならないこと（法38条）
iii　認定計画に従った実習監理等を行うこと（法39条）
iv　監理責任者の設置等（法40条）
・事業所ごとの監理責任者の選任（法40条1項）
・監理責任者による指導（法40条3項）
・監理責任者による指示（法40条4項）
・関係行政機関への通報（法40条5項）</td></tr>
</table>

	②　監理事業を行う事業所	i　所在地が適切であること（要領） ii　事業所として適切であること（要領）
	③　適正な事業運営の確保	i　存立目的，形態，規約等に基づく範囲での監理事業（要領） ii　規程に従った運営（要領） iii　団体監理型技能実習の申込みの取次ぎの適正（要領） iv　監理団体の役員や監理責任者の適格性（要領）

⑴　営利を目的としない法人であること（法25条１項１号）

技能実習法25条１項１号は，「本邦の営利を目的としない法人であって主務省令で定めるものであること」と定めています。これを受けて，主務省令たる技能実習法施行規則29条１項は，①商工会議所，②商工会，③中小企業団体，④職業訓練法人，⑤農業協同組合，⑥漁業協同組合，⑦公益社団法人，⑧公益財団法人，⑨それら以外の法人であって，監理事業を行うことについて特別の理由があり，かつ，重要事項の決定及び業務の監査を行う適切な機関を置いているものと規定しています。①商工会議所，②商工会，③中小企業団体については，実習実施者が当該法人の会員・組合員である場合に限り（規則29条１項１号括弧書，２号括弧書，３号括弧書），⑤農業協同組合，⑥漁業協同組合については，実習実施者が当該法人の組合員であり，かつ，農業又は漁業を営む場合に限ります（規則29条１項５号括弧書，６号括弧書）。

なお，技能実習法施行規則29条２項は，法務大臣及び厚生労働大臣が告示で定める特定の職種及び作業については，当該特定の職種及び作業に係る事業所管大臣が告示で定める法人とすると規定しています。

⑵　監理団体の業務の実施の基準に従って事業を適正に行うに足りる能力を有すること（法25条１項２号）

技能実習法25条１項２号は，「監理事業を第39条第３項の主務省令で定める基準に従って適正に行うに足りる能力を有するものであること」と定めています。これを受けて，主務省令たる技能実習法施行規則52条は，具体的に監理団体の業務の実施の基準を次のように定めています。監理団体は，許可を受ける際に当該基準に従って適正に行うに足りる能力を有することが必要であり，許可を受けた後は，当該基準に従って，業務を実施しなければなりません。

図３－３　監理団体の業務の実施の基準

規則52条の号数	内　容
1号	実習実施者に対する定期監査
2号	実習認定取消事由に該当する疑いがある場合の臨時監査
3号	第１号技能実習に係る定期の訪問指導
4号	不当な方法で勧誘又は紹介を行わないこと
5号	外国送出機関との取次契約締結時の確認及び契約書記載
6号	申込みの取次ぎは，外国の送出機関からのものに限ること
7号	第１号技能実習生に対する入国後講習の実施
8号	技能実習計画の作成指導
9号	帰国旅費の負担等の必要な措置
10号	人権侵害行為を行わないこと
11号	偽変造文書・図画又は虚偽文書・図画の行使・提供を行わないこと
12号	認定計画と反する内容の取決めをしないこと
13号	機構への報告
14号	技能実習生からの相談対応
15号	規程の掲示
16号	事業所管大臣が告示で特則要件を定めた場合には，当該特則要件を満たすこと

ア　実習実施者に対する定期監査（規則52条１号）

(ア)　頻度，方法

実習実施者が認定計画に従って技能実習を行わせているか，出入国又は労働に関する法令に違反していないかどうかその他の団体監理型技能実習の適正な実施及び団体監理型技能実習生の保護に関する事項について，監理責任者の指揮の下に，定められた頻度及び方法で，適切に定期監査を行うことです。

頻度は，３月に１回以上の頻度です（規則52条１号柱書）。監査を行った場合には，監査報告書（省令様式第22号）により，その結果を対象の実習実施者の住所地を管轄する機構の地方事務所・支所の指導課に（法42条３項，18条２項），報告することとなります（法42条１項）。

方法は，次に掲げる方法でなければなりません。即ち，①技能実習の実施状況について実地による確認を行うこと（規則52条１号イ），②技能実習責任者及び技能実習指導員から報告を受けること（規則52条１号ロ），③実習実施者が技能実習を行わせている実習生の４分の１以上（当該実習生が２人以上４人以下の場合にあっては２人以上）と面談すること（規則52条１号ハ），④実習実施者の事業所においてその設備を確認し，及び帳簿書類その他の物件を閲覧すること（規則52条１号ニ），⑤実習実施者が技能実習を行わせている実習生の宿泊施設その他の生活環境を確認すること（規則52条１号ホ）です。

なお，法務大臣及び厚生労働大臣が告示で定める特定の職種及び作業に係る場合にあっては，当該特定の職種及び作業に係る事業所管大臣が告示で定める方法によります。

また，実習生が従事する業務の性質上，上記①ないし⑤の方法によることが著しく困難なものがある場合（例えば，部外者の立入りが極めて困難な場所で実習が行われているために，①技能実習の実施状況について実地による確認を行う方法によることができない場合）にあっては，当該方法については，これに代えて他の適切な方法によります（規則52条１号柱書括弧書）。この場合は，その理由と他の適切な監査方法を監査報告書（省令様式第22号）の特記事項欄に記載することになります（要領）。例えば，安全上の観点から立入りができず，技能実習生の稼働状況を遠目に見ることも困難な建設現場での実習の場合や衛生上の観点から従業員以外の立入りが禁止されている食品工場での実習の場合には，実地での確認を省略する代わりに，技能実習生に対し実習現場近くで面談して話を聴くこと等が，他の適切な監査方法となります

（要領）。

(イ)　監査において確認する内容

実習実施者に対する定期監査においては，技能実習の運用上問題が生じやすい部分を重点的に確認することが必要です（要領）。運用上問題が生じやすい部分として，例えば，割増賃金の不払い，労働時間の偽装，技能実習計画とは異なる作業への従事，実習実施者以外の事業者での作業従事，不法就労者の雇用，入国後講習期間中の業務への従事等が，過去の不正行為事例として多く認められています。

認定計画と異なる作業に従事していないか，雇用契約に基づき適切に報酬が支払われているか，旅券・在留カードの保管を行っていないかなど，事実関係について確認し，技能実習計画に従って技能実習を行わせていない事実，出入国・労働関係法令に違反する事実があれば，適切に指導を行わなければなりません。

図３－４　定期監査の重点チェックポイント

①　割増賃金の不払い
②　労働時間の偽装
③　技能実習計画とは異なる作業への従事
④　実習実施者以外の事業者での作業従事
⑤　不法就労者の雇用
⑥　入国後講習期間中の業務への従事

なお，定期監査において具体的にチェックすべきポイントについては，旧制度下のものですが，厚生労働省が作成した **巻末資料５**「監理団体による監査のためのチェックリスト（厚生労働省関連部分（労働関係法令の遵守））」も参考にして下さい。

(ウ)　技能実習生との面談

上記(ア)の③技能実習生との面談（規則52条１号ハ）については，技能実習生ごとに個別に面談する方法のみならず，複数の技能実習生に対して集団で面談する方法も考えられます。また，面談の全ての過程を必ず口頭で行わなければならないわけではなく，例えば，その場で簡単な質問票を配付して回答を得た上で，回答を踏まえ項目を絞って面談を行うような方法も考えられます（要領）。

１回の監査につき技能実習生の４分の１以上と面談しなければならないこととされており，年４回の監査によってできる限り全ての技能実習生と面談することが望まれます（要領）。

受け入れている技能実習生が１人など少数の場合には，技能実習生が監査当日病気等の事情で欠勤したことにより，監査の訪問時に所定の数の技能実習生との面談が難しい場合がありますが，そのような場合に，必ず欠勤した技能実習生と面談することを求めるわけではありません。このような場合には，次回の監査等の際に当該技能実習生と必ず面談できるよう調整するといった対応をすることも可能です（要領）。

㈔　事業所の設備・帳簿書類の確認

上記㈠の④事業所の設備・帳簿書類の確認（規則52条１号ニ）に当たっては，例えば以下のような点に留意することが必要です。即ち，技能実習計画に記載された機械，器具等の設備を用いて，安全衛生面に配慮して，技能実習計画に記載されたとおりに技能実習が行われていること，賃金台帳やタイムカード等から確認できる技能実習生に対して支払われた報酬や労働時間が技能実習計画に記載された内容と合致していること，技能実習生に対する業務内容・指導内容を記録した日誌から，技能実習生が技能実習計画に記載された業務を行っていること等に留意する必要があります。

図３－５　事業所の設備・帳簿書類の重点チェックポイント

① 技能実習計画に記載された機械，器具等の設備を用いて，安全衛生面に配慮して，技能実習計画に記載されたとおりに技能実習が行われていること
② 賃金台帳やタイムカード等から確認できる技能実習生に対して支払われた報酬や労働時間が技能実習計画に記載された内容と合致していること
③ 技能実習生に対する業務内容・指導内容を記録した日誌から，技能実習生が技能実習計画に記載された業務を行っていること

㈭　宿泊施設等の生活環境の確認

上記㈠の⑤宿泊施設等の生活環境の確認（規則52条１号ホ）に当たっては，例えば，宿泊施設の衛生状況が良好であるか，宿泊施設の１部屋当たりの実習生数が何名となっているか，不当に私生活の自由が制限されていないかといった点に留意することが必要です（要領）。

宿泊施設が離れた場所で複数に分かれており，毎回全てを確認することが困難な場合には，複数回の定期監査に分けて各宿泊施設を訪れるということでも構いません。その場合においても，複数回の定期監査によりできる限り全ての宿泊施設を訪れることが望まれます（要領）。

イ　実習認定取消事由に該当する疑いがある場合の臨時監査（規則52条２号）

実習実施者が実習認定取消事由（法16条１項各号）のいずれかに該当する疑いがあるときに，監理責任者の指揮の下に，直ちに，上記アの監査を適切に行うことです。

３か月に１回以上の頻度で行う監査のほか，実習実施者が技能実習法16条１項各号（実習認定の取消事由）のいずれかに該当する疑いがあると監理団体が認めた場合には，直ちに臨時の監査を行うことが必要となります。この臨時の監査については，実習実施者が認定計画に従って技能実習を行わせていないなどの情報を得たときはもとより，実習実施者が不法就労者を雇用しているなど出入国関係法令に違反している疑いがあるとの情報を得たとき，実習実施者が技能実習生の労働災害を発生させたなど労働関係法令に違反している疑いがあるとの情報を得たとき等にも行うことが求められます。

なお，実習認定取消事由に該当する疑いがある場合の技能実習法施行規則52条２号に基づく監査を，便宜上「臨時監査」と呼んでいますが，この臨時に行う監査も，技能実習法施行規則52条１号に規定する監査の一つです。従って，直近の定期監査又は臨時監査を行った日から３か月以内に定期監査を行うことが求められるものであり，必ずしも定期監査を３か月に１回以上の頻度で臨時監査とは別に実施しなければならないわけではありません（要領）。

ウ　第１号技能実習に係る定期の訪問指導（規則52条３号）

㈠　訪問指導の内容

第１号技能実習にあっては，監査とは別に，監理責任者の指揮の下に，１月に１回以上の頻度で，実習実施者が認定計画に従って技能実習を行わせているかについて実地による確認（実習生が従事する業務の性質上当該方法によることが著しく困難な場合にあっては，他の適切な方法による確認）を行うとともに，実習実施者に対し必要な指導を行うことです。訪問指導を行った場合は，指導の内容を記録した訪問指導記録書（参考様式第４-10号）を作成し，事業所に備え付けなければなりません（法41条，規則54条１項６号，２項）。また，この訪問指導記録書の写しは，事業報告書に添付し，年に１度，機構の本部事務所の審査課に（法42条３項，18条２項），提出しなければなりません（法42条２項，規則55条３項２号）。

㈡　訪問指導を担当する者

訪問指導は，技能実習の初期段階である第１号技能実習を行わせるに当たって，監理団体が作成の指導を行った技能実習計画に基づいて技能実習を適正に行わせているかを確認するものです。そのため，実習実施者に対して適切な指導を行うことができるように，技能実習計画の作成の指導を担当した者が実施するのが望ましいとされます。実習監理を行う実習実施者の数や所在地等の関係から，技能実習計画作成指導者のみで全ての訪問指導に対応することが困難な場合には，他の役職員がその技能実習計画作成指導者から事前に必要な説明を受けるなどした上で，訪問指導を実施することが望ましいとされます（要領）。

エ　不当な方法で勧誘又は紹介を行わないこと（規則52条４号）

技能実習を労働力の需給の調整の手段と誤認させるような方法で，実習実施者等の勧誘又は監理事業の紹介をしないことです。例えば，監理団体が，そのホームページやパンフレットで，技能実習生の受入れが人手不足対策になるといったような宣伝や広告を出すことは，技能実習法施行規則52条４号に反します（要領）。

オ　外国送出機関との取次契約締結時の確認及び契約書記載（規則52条5号）

外国の送出機関（法23条２項６号，規則25条）との間で技能実習の申込みの取次ぎに係る契約を締結するときに，当該外国の送出機関が，実習生等又は実習生等密接関係者の金銭その他の財産を管理せず，かつ，違約金を定める契約その他の不当に金銭その他の財産の移転を予定する契約をしないことを確認し，その旨を契約書に記載することです。

カ　申込みの取次ぎは，外国の送出機関からのものに限ること（規則52条６号）

団体監理型技能実習の申込みの取次ぎを受ける場合にあっては，当該取次ぎが外国の送出機関（法23条２項６号，規則25条）からのものであることです。外国の送出機関については，技能実習法23条２項６号に基づき，その要件が技能実習法施行規則25条に定められているところ，技能実習生の保護の観点から，一定の基準を満たした外国の送出機関からのみ取次ぎを認めるものです。

キ　第１号技能実習生に対する入国後講習の実施（規則52条７号）

第１号技能実習にあっては，認定計画に従って入国後講習を実施し，かつ，入国後講習の期間中は，団体監理型技能実習生を業務に従事させないことです。

監理団体は，第１号技能実習において，技能実習生に対して入国後講習を行わせる主体となります。監理団体は，入国後講習の期間中は，いかなる事情があろうとも，技能実習生を実習実施者の都合で業務に従事させてはならないので，そのようなことがないよう十分に監理することが必要です。特に，講習時間前後の早朝や夜間に技能実習生が業務に従事したりすることがないよう，技能実習生が入国後講習に専念できる環境づくりに努める必要があります（要領）。

監理団体は，入国後講習を実施した後，入国後講習実施記録（参考様式第４－９号）を作成し，事業所に備え付けなければなりません（法41条，規則54条１項５号，２項）。

ク　技能実習計画の作成指導（規則52条８号）

㈠　指導の内容

実習実施者が技能実習計画を作成又は変更する際に行う指導（法８条４項，11条２項）に当たって，まず，技能実習を行わせる事業所及び実習生の宿泊施設を実地に確認することです（規則52条８号柱書）。その上で，①技能実習計画を認定基準（法９条各号）及び出入国又は労働に関する法令に適合するものとする観点（規則52条８号イ），②適切かつ効果的に技能等の修得等をさせる観点（規則52条８号ロ），③技能実習を行わせる環境を適切に整備する観点（規則52条８号ハ）から指導を行うことです。そして，②の観点からの指導については，修得等をさせようとする技能等について一定の経験又は知識を有する役職員にこれを担当させることです（規則52条８号柱書）。

㈡　指導者の要件，人数

上記㈠の修得等をさせようとする技能等について一定の経験又は知識を有すると認められる技能実習計画作成指導者（規則52条８号ロ）は，①取扱職種について５年以上の実務経験を有する者か，②取扱職種に係る技能実習計画作成の指導歴を有する者である必要があります（要領）。

①の５年以上の実務経験として求められるレベルとしては，厳密な作業レベルまで一致する経験を求められるわけではありません。例えば，移行対象職種・作業の単位で一致する経験を有していることまでではなく，職種単位で一致する経験であれば作業の単位で異なる経験であったとしても認められることとなります（要領）。②の技能実習計画作成の指導歴については，適正に認定された技能実習計画の作成指導経験（旧制度における技能実習計画の作成経験を含みます。）があることが必要です（要領）。

なお，①の実務経験については，原則としては，上記のとおり，職種単位で一致する実務経験であることが求められます。但し，職種単位で異なる経験であったとしても，例えば，移行対象職種・作業の大きな分類（農業関係，漁業関係，建設関係，食品製造関係，繊維・衣服関係，機械・金属関係）が同じ範囲内の実務経験がある場合で，当該実務経験が，取扱職種に係る技能実習計画の作成に資するものである場合は，認められる可能性があります。このことは，②の技能実習計画作成指導歴（旧制度における技能実習計画作成歴）についても同様です（機構Q&A（監理団体許可関係））。

監理団体許可申請書（省令様式第11号）の「1申請者　⑨団体監理型技能実習の取扱職種の範囲等」や監理事業計画書（省令様式第12号）の「6団体監理型技能実習の取扱職種の範囲等」に記載された全ての取扱職種について，要件を満たす技能実習計画作成指導者が確保されている必要がありますが，全ての取扱職種を1人が担当しなければならないわけではなく，2人以上で取扱職種ごとに分担して担当することも認められます（要領）。取扱職種ごとに，要件を満たす技能実習計画作成指導者が常勤・非常勤であるかを問わず，監理団体の役職員の中から確保されていることを要しますが，監理団体の事業所ごとに専属の技能実習計画作成指導者が確保されていなければならないわけではありません（要領）。

ケ　帰国旅費の負担等の必要な措置（規則52条9号）

実習監理に係る実習生の帰国（第2号技能実習の終了後に行う第3号技能実習の開始前の一時帰国を含みます。）等に要する旅費を負担するとともに，技能実習の終了後の帰国が円滑になされるよう必要な措置を講ずることです。

コ　人権侵害行為を行わないこと（規則52条10号）

技能実習生の人権を著しく侵害する行為を行わないことです。技能実習生の人権を著しく侵害する行為の例は，技能実習生から人権侵害を受けた旨の申告があり人権擁護機関において人権侵犯の事実が認められた場合や，監理団体が技能実習生の意に反して預金通帳を取り上げていた場合等です（要領）。

サ　偽変造文書・図画又は虚偽文書・図画の行使・提供を行わないこと（規則52条11号）

実習実施者に不正に技能実習計画の認定（法8条1項，11条1項）を受けさせる目的，不正に監理団体の許可（法23条1項，32条1項，31条2項）を受ける目的，出入国若しくは労働に関する法令の規定に違反する事実を隠蔽する目的又はその事業活動に関し外国人に不正に入管法上の許可を受けさせる目的で，偽変造文書・図画又は虚偽文書・図画を行使し，又は提供する行為を行わないことです。偽変造文書・図画又は虚偽文書・図画の行使・提供の例は，実習実施者に対する監査を法定基準にのっとって行っていない事実を隠蔽するために作成した監査報告書を機構に提出した場合や，実習実施者において法令違反が行われていることを認識しつつ技能実習が適正に実施されているかのような監査報告書を機構に提出した場合等です（要領）。

シ　認定計画と反する内容の取決めをしないこと（規則52条12号）

技能実習生との間で認定計画と反する内容の取決めをしないことです。認定計画と反する内容の取決めの例は，技能実習生の講習手当について，技能実習計画の認定申請の際に提出した書類に記載された講習手当より低い額の手当を支払う旨の別の合意を行っていた場合等です（要領）。

ス　機構への報告（規則52条13号）

監理許可の取消事由（法37条１項各号）のいずれかに該当するに至ったときは，直ちに，機構に当該事実を報告することです。監理団体による機構への報告は，機構の地方事務所・支所の指導課に，報告書（参考様式第３－３号）を提出して行います（要領）。

セ　技能実習生からの相談対応（規則52条14号）

技能実習生からの相談に適切に応じるとともに，実習実施者及び技能実習生への助言，指導その他の必要な措置を講ずることです。

監理団体に相談体制の構築を求める趣旨は，実習実施者において技能実習生が人権侵害行為を受けている事案など実習実施者の技能実習指導員や生活指導員等の役職員に相談できない場合において，監理団体が技能実習生を保護・支援できるようにするためです。また，監理団体に，受け入れている技能実習生の国籍に応じた相談応需体制を整備させることにより，実習実施者のみでは体制整備が困難な母国語での相談を可能とするものです。技能実習生からの相談内容に係る対応については，監理事業に従事する役職員が行わなければならず，その内容に応じて，公的機関や実習実施者の生活指導員等と連携して適切に対応する必要があります。なお，通訳人は，技能実習生からの相談を母国語で受け付ける役割を担う者ですが，必ずしも監理団体の常勤職員であることまでは求められていません。非常勤の職員が従事することや，通訳業務自体を外部委託することも可能です（要領）。技能実習生からの相談に対応した場合は，団体監理型技能実習生からの相談対応記録書（参考様式第４-11号）を作成し，事業所に備え付けなければなりません（法41条，規則54条１項７号，２項）。

ソ　規程の掲示（規則52条15号）

事業所内の一般の閲覧に便利な場所に，監理団体の業務の運営（監理費の徴収を含みます。）に関する規程を掲示することです。当該規程には，**巻末資料２** 監理団体が労働条件等の明示，団体監理型実習実施者等及び団体監理型技能実習生等の個人情報の取扱い等に関して適切に対処するための指針（平成29年法務省・厚生労働省告示第２号）に規定された事項が遵守されることがわかる内容（最低限盛り込むべき事項を示した規程の例として，**巻末資料３** 技能実習制度運用要領別紙⑤参照）であることが必要です（要領）。

タ　事業所管大臣が告示で特則要件を定めた場合には，当該特則要件を満たすこと（規則52条16号）

上記アないしソに掲げるもののほか，法務大臣及び厚生労働大臣が告示で定める特定の職種及び作業に係る団体監理型技能実習の実習監理を行うものにあっては，特則として，当該特定の職種及び作業に係る事業所管大臣が告示で定める基準に適合することです。

自動車整備職種及び作業関係については，平成29年国土交通省告示第386号（自動車整備職種の自動車整備作業について外国人の技能実習の適正な実施及び技能実習生の保護に関する法律施行規則に規定する特定の職種及び作業に特有の事情に鑑みて事業所管大臣が告示で定める基準を定める件）により，第８章のとおり，監理団体の業務の実施に関する基準（法39条３項，規則52条８号後段）に関し，特則が規定されています。

漁船漁業職種及び養殖業職種については，平成29年農林水産省告示第937号（漁船漁業職種及び養殖業職種に属する作業について外国人の技能実習の適正な実施及び技能実習生の保護に関する法律施行規則に規定する特定の職種及び作業に特有の事情に鑑みて事業所管大臣が定める基準等）により，第９章のとおり，監理団体の業務の実施に関する基準（法39条３項，規則52条１号イ）等に関し，特則が規定されています。

介護職種については，平成29年厚生労働省告示（介護職種について外国人の技能実習の適正な実施及び技能実習生の保護に関する法律施行規則に規定する特定の職種及び作業に特有の事情に鑑みて事業所管大臣が告示で定める基準を定める件）により，第10章のとおり，監理団体の業務の実施に関する基準（法39条３項，規則52条８号）等に関し，特則が規定される予定です。

⑶　監理事業を健全に遂行するに足りる財産的基礎を有すること（法25条１項３号）

ア　財務的基盤

本号により，監理団体は，一定程度の財務的基盤を有することが必要であり，この点については，監理団体の事業年度末における欠損金の有無，債務超過の有無等から総合的に勘案されることになります。なお，この事業年度とは，技能実習事業年度を意味するものではありません（要領）。

イ　確認対象書類

上記アの財務的基盤を有することについては，次の書類によって確認されます（要領）。

① 直近の２事業年度に係る貸借対照表及び損益計算書又は収支計算書の写し
※ 納税地の所轄税務署長に提出したもの（損益計算書又は収支計算書については，可能な限り事業区分（セグメント）単位で売上額が確認できるもの）であることが求められます。
② 監理事業に関する資産の内容を証する書類（直近の２事業年度に係る法人税の確定申告書の写し，納税証明書の写し等）
※ 法人税の確定申告書の写しについては，納税地の所轄税務署長に法人税の確定申告書が提出され，納税地の所轄税務署長の受付印のあるもの（電子申請の場合は，納税地の所轄税務署に受け付けられた旨が確認できるもの）であることが求められます。納税証明書の写しについては，国税通則法施行令41条１項３号ロに係る同法施行規則別紙第８号様式（その２）による法人の事業年度における所得金額に関するものであることが求められます。
③ 監理事業に関する資産の内容を証する書類（預金残高証明書等の現金・預貯金の額を証する書類）
④ 中小企業診断士，公認会計士等の企業評価を行う能力を有すると認めら

れる公的資格を有する第三者が改善の見通しについて評価を行った書面
※　直近期末において債務超過がある場合

⑷　個人情報の適正な管理のため必要な措置を講じていること（法25条１項４号）

個人情報を適正に管理し，実習実施者等及び技能実習生等の秘密を守るために必要な措置を講じていることです。具体的には，**巻末資料２** 監理団体が労働条件等の明示，団体監理型実習実施者等及び団体監理型技能実習生等の個人情報の取扱い等に関して適切に対処するための指針（平成29年法務省・厚生労働省告示第２号）に基づき，個人情報適正管理規程（最低限盛り込む事項を示した規程の例として，**巻末資料４** 技能実習制度運用要領別紙⑥参照）を作成しなければなりません（要領）。

⑸　外部役員又は外部監査の措置を実施していること（法25条１項５号）

ア　外部役員又は外部監査

①外部役員を置いていること又は②外部監査の措置を講じていることです。①は，実習実施者と主務省令で定める密接な関係を有していない役員がいること，その他役員の構成が監理事業の適切な運営の確保に支障を及ぼすおそれがないものとすることです（法25条１項５号イ）。②は，監事その他法人の業務を監査する者による監査のほか，実習実施者と主務省令で定める密接な関係を有しない者であって主務省令で定める要件に適合するものに，主務省令で定めるところにより，役員の監理事業に係る職務の執行の監査を行わせるものとすることです（法25条１項５号ロ）。

外部役員を置くこと又は外部監査の措置を講じることのいずれかの措置を監理団体が講じていることを法律上義務付け，外部の視点を加えることにより，監理団体の業務の中立的な運営を担保しようとするものです。

なお，外部役員や外部監査人を，監理団体の定款に記載する必要があるか否かは，各団体の設立に関する関係法令によって異なります。

イ　外部役員を置く方法

㋐　外部役員の役割

外部役員は，実習実施者に対する監査等の業務が適正に実施されているかの確認を，法人内部において担当します（法25条１項５号イ，規則30条２項柱書）。外部役員は，監理団体の各事業所について監査等の業務の遂行状況を３か月に１回以上確認し，その結果を記載した書類を作成します（規則30条３項柱書）。この確認にあたっては，①責任役員及び監理責任者から報告を受けること，②監理団体の事業所においてその設備を確認し，及び帳簿書類その他の物件を閲覧することが必要です（規則30条３項１号，２号）。なお，外部役員は，常勤・非常勤を問いません（機構Q&A（監理団体許可関係））。外部役員に就任した者が，自ら監査業務等の監理団体の中核業務を担当することは，特段禁止されていません。外部の視点を活かして，自ら業務に当たることも可能です（要領）。

㋑　外部役員の要件

外部役員は，過去３年以内に指定された講習を修了した者でなければなりません（規則30条２項１号）。なお，当面の間は，経過措置があります。

㋒　外部役員の欠格事由

外部役員は，その「外部」性を担保する観点から，次のような欠格事由があります。即ち，①実習監理を行う対象の実習実施者の現役又は過去５年以内の役職員（規則30条１項１号），②過去５年以内に実習監理を行った実習実施者の現役又は５年以内の役職員（規則30条１項２号），③上記①②の者の配偶者又は二親等以内の親族（規則30条１項３号），④社会生活において密接な関係を有する者であって，指定外部役員による確認の公正が害されるおそれがあると認められるもの（規則30条１項４号），⑤申請者たる監理団体の現役又は過去５年以内の役職員（監理事業に係る業務の適正な執行の指導監督に関する専門的な知識と経験を有する役員及び指定外部役員に指定されている役員を除きます。）（規則30条２項２号イ），⑥申請者たる監理団体の構成員（申請者が実習監理する団体監理型技能実習の職種に係る事業を営む構成員に限ります。）又はその現役又は過去５年以内の役職員（規則30条２項２号ロ），⑦傘下以外の実習実施者又はその役職員（規則30条２項２号ハ），⑧他の監理団体の役職員（監理事業に係る業務の適正な執行の指導監督に関する専門的な知識と経験を有する役員及び指定外部役員に指定されている役員を除きます。）（規則30条２項２号ニ），⑨申請者たる監理団体に取次ぎを行う外国の送出機関の現役又は過去５年以内の役職員（規則30条２項２号ホ），⑩過去に技能実習に関して不正等を行った者など，外部役員による確認の公正が害されるおそれがあると認められる者（規則30条２項２号ヘ）のいずれかに該当する者であってはなりません。

㈤　申請者たる監理団体の現役又は過去５年以内の役員であっても指定外部役員に指定できる場合

上記㈦の⑤について，申請者たる監理団体の現役又は過去５年以内の役員であっても，「監理事業に係る業務の適正な執行の指導監督に関する専門的な知識と経験を有する役員」であれば，外部役員に指名することは可能です（規則30条２項２号イ括弧書）。具体的には，申請者たる監理団体（構成員を含みます。）以外での人事労務管理・監査等の業務経験を有しており，出入国又は労働関係法令や監査についての専門的な知識と経験を活かして，他の役員及び職員を指導できる者であることが必要となります。例えば，既に申請者たる監理団体の役員になっている者であっても，事業協同組合のいわゆる員外理事であって，企業において人事労務管理に携わっていた経験等を活かして監理事業に従事する者のような場合には，他の要件を満たせば，指定外部役員として指名することは認められます。また，例えば，監理団体の許可の有効期間の更新等の申請を行う際に，申請者たる監理団体の中で当該申請時に既に「指定外部役員に指定されている役員」についても，引き続き外部役員に指名することは認められます（要領）。

㈪　申請者たる監理団体の構成員であっても指定外部役員に指定することや外部監査人に選任することができる場合

上記㈦の⑥及び後記ウ㈤について，申請者たる監理団体の構成員であっても，「申請者が実習監理する団体監理型技能実習の職種に係る事業を営む構成員でない場合」であれば，指定外部役員に指名することや外部監査人に選任することが可能です（規則30条２項２号ロ括弧書，５項２号ロ括弧書）。これは，申請者たる監理団体が実習監理する技能実習の職種に係る事業を営んでいなければ，通常技能実習に関与していないと考えられることから，「外部」と判断するものです。例えば，申請者たる監理団体の構成員であっても，会計事務所等，申請者が実習監理する予定の職種と関係のない会社の役職員であれば，他の要件を満たす限り，外部役員として認められます（要領）。

他方，監理団体の傘下の実習実施者の顧問になっている弁護士や行政書士等については，当該実習実施者が，申請者たる監理団体が実習監理する技能実習の職種に係る事業を営んでいる場合には，当該監理団体の指定外部役員や外部監査人になれません（規則30条１項４号，４項２号）。

㈸　外部役員・外部監査人の兼務

外部役員・外部監査人については，要件を満たす者であれば，複数の監理団体の外部役員・外部監査人を兼務することも可能です（要領）。

外部役員については，例えば，事業協同組合のいわゆる員外理事であって，企業において人事労務管理に携わっていた経験等を活かして監理事業に従事する者は，他の要件を満たせば，既に他の監理団体の役職員となっている場合であっても外部役員として認められます（規則30条２項２号ニ括弧書）。

他方，既に特定の監理団体の外部役員になっている者が，他の監理団体の外部監査人を兼任することはできません（規則30条５項２号ニ，機構Q&A（監理団体許可関係））。

ウ　外部監査人を置く方法（外部監査の措置）

㈠　外部監査人の役割

外部監査人は，実習実施者に対する監査等の業務が適正に実施されているかの監査を，法人外部から実施します（法25条１項５号ロ）。外部監査人は，監理団体の各事業所について監査等の業務の遂行状況を３か月に１回以上確認し，その結果を記載した書類（外部監査報告書。参考様式第４-12号）を作成し，監理団体に提出します（規則30条６項１号）。この確認にあたっては，①責任役員及び監理責任者から報告を受けること，②監理団体の事業所においてその設備を確認し，及び帳簿書類その他の物件を閲覧することが必要です（規則30条6項1号，3項1号，2号）。主要な外部監査事項は，外部監査実施概要（参考様式第4－12号別紙）に記載されているとおりです（後記(イ)参照）。また，外部監査人は，監理団体が行う実習実施者への監査に，監理団体の各事業所につき1年に1回以上同行して確認し，その結果を記載した書類（外部監査報告書（同行監査）。参考様式第4－13号）を作成し，監理団体に提出します（規則30条6項2号）。外部監査人による同行監査は，監理団体が行う実習実施者の監査に同行して，①技能実習責任者及び技能実習指導員からの報告，②技能実習生との面談（実習実施者が技能実習を行わせている技能実習生の4分の1以上（当該技能実習生が2人以上4人以下の場合は2人以上）との面談），③設備の確認及び帳簿書類の閲覧，④宿泊施設その他の生活環境の確認がそれぞれ実施されたか否かを確認した上で，監理団体による監査の実施方法が法令に則って適正か否かを，外部監査人として判断します（参考様式第4－13号の「外部監査報告書（同行監査）」参照）。外部監査人による同行監査は，あくまでも監理団体の「各事業所につき」であるので，監理団体の傘下の全ての実習実施者に同行しなければならないということではありません（機構Q&A（監理団体許可関係））。

(イ)　外部監査事項

外部監査人が行うべき具体的な外部監査事項（参考様式第4－12号別紙の外部監査実施概要参照）及び各事項につき確認すべき書類等（代表的なもの）は，次のとおりです（△は，存在する場合に確認すべき書類です。）。いずれの事項についても，書面を確認するのみならず，書面等に基づき，責任役員及び監理責任者から十分な報告や説明を受けなければなりません（規則30条6項1号，3項1号，2号）。

	外部監査事項	確認すべき書類等
前提確認事項	①　監理団体概要	・監理団体許可申請書／監理団体許可有効期間更新申請書（省令様式第11号） ・監理事業計画書（省令様式第12号）

		・申請者の概要書 （参考様式第２－１号） ・申請者の役員の履歴書 （参考様式第２－３号） ・監理責任者の履歴書 （参考様式第２－４号） ・監理団体許可証 （省令様式第14号） ・定款 ・監理団体の業務の運営に関する規程 （要領別紙⑤，漁船漁業及び養殖業要領別紙①） △船員職業安定法上の許可書
	②　監理許可後の変更	△事業区分変更通知書 （省令様式第21号） △取扱職種範囲等変更命令通知書 （省令様式第13号）
	③　事業の休止・再開	△事業休止届出書 （省令様式第19号） △事業再開届出書 （参考様式第３－２号）
	④　優良要件適合	・優良要件適合申告書（監理団体） （参考様式第２－14号）
監理費	①　実習実施者等へあらかじめ用途及び金額を明示した上で徴収していること（法28条２項）	・実習実施者等との契約書，請求書，領収書等
	②　徴収した職業紹介費が実習実施者等と技能実習生等との間における雇用関係の成立のあっせんに係る事務に要する費用（募集及び選抜に要する人件費，交通費，外国の送出機関へ支払う費用その他の実費に限ります。）の額を超えていないこと（法28条２項，規則37条）	・事業報告書 （省令様式第23号） ・監理費管理簿 （参考様式第４－５号） ・（必要に応じて）請求書，領収書，通帳の写し，決算関係書類，元帳等
	③　徴収した講習費が，入国後講習に要する費用（監理団体が支出する施設使用料，	・事業報告書 （省令様式第23号）

	講師及び通訳への謝金，教材費，第１号技能実習生に支給する手当その他の実費に限ります。）の額を超えていないこと（法28条２項，規則37条）	・監理費管理簿（参考様式第４－５号） ・（必要に応じて）請求書，領収書，通帳の写し，決算関係書類，元帳等
	④　徴収した監査指導費が，技能実習の実施に関する監理に要する費用（実習実施者に対する監査及び指導に要する人件費，交通費その他の実費に限ります。）の額を超えていないこと（法28条２項，規則37条）	・事業報告書（省令様式第23号） ・監理費管理簿（参考様式第４－５号） ・（必要に応じて）請求書，領収書，通帳の写し，決算関係書類，元帳等
	⑤　徴収したその他諸経費が，その他技能実習の適正な実施及び技能実習生の保護に資する費用（実費に限ります。）の額を超えていないこと（法28条２項，規則37条）	・事業報告書（省令様式第23号） ・監理費管理簿（参考様式第４－５号） ・（必要に応じて）請求書，領収書，通帳の写し，決算関係書類，元帳等
業務	①　実習実施者が認定計画に従って技能実習を行わせているか等，監理責任者の指揮の下，技能実習法施行規則52条１号イからホまでに定める方法（技能実習生が従事する業務の性質上当該方法によることが著しく困難な場合にあっては，他の適切な方法）によって３か月に１回以上の頻度で定期監査を行うほか，実習認定の取消し事由に該当する疑いがあると認めたときは，直ちに臨時監査を行っていること（法39条３項，規則52条１号，２号），また，監査報告書を作成し，機構に提出していること（法42条１項，３項，規則55条） ※　技能実習法施行規則52条１号イからホまでに定める方法は，以下のとおり ｉ　技能実習の実施状況について実地による確認を行うこと（規則52条１号イ）	・監理責任者等講習受講証明書（参考様式第５－５号） ・監査報告書（省令様式第22号） ・監査実施概要（参考様式第４－７号） ・実施状況報告書（省令様式第10号） ・技能実習計画認定申請書（省令様式第１号） ・技能実習計画認定通知書（省令様式第２号） △技能実習計画軽微変更届出書（省令様式第３号） △技能実習計画変更認定申請書（省令様式第４号） △技能実習計画変更認定通知書（省令様式第５号） ・定期監査の重点チェックポイントである，①割増賃金の不

ⅱ　技能実習責任者及び技能実習指導員から報告を受けること（規則52条１号ロ） ⅲ　実習実施者が技能実習を行わせている実習生の４分の１以上（当該実習生が２人以上４人以下の場合にあっては２人以上）と面談すること（規則52条１号ハ） ⅳ　実習実施者の事業所においてその設備を確認し，及び帳簿書類その他の物件を閲覧すること（規則52条１号ニ） ｖ　実習実施者が技能実習を行わせている実習生の宿泊施設その他の生活環境を確認すること（規則52条１号ホ） ※　漁船漁業職種・作業については，技能実習の実施状況について実地による確認を行う方法（規則52条１号イ）に代えて，次のⅰ及びⅱの方法によること（漁船漁業及び養殖業告示５条） ⅰ　技能実習指導員から，毎日（技能実習が船上において実施されない日を除きます。）１回以上，各漁船における技能実習の実施状況について無線その他の通信手段を用いて報告を受けること ⅱ　技能実習生から，毎月（団体監理型技能実習が船上において実施されない月を除きます。）１回以上，技能実習の実施状況に係る文書の提出を受けること ※　漁船漁業職種・作業について，業務の性質上，技能実習法施行規則52条１号ロからホまで及び３号に規定する方法により監査等を実施することが著しく困難である場合の適切な方法については，第９章第１節第２　２⑵参照	払い，②労働時間の偽装，③技能実習計画とは異なる作業への従事，④実習実施者以外の事業者での作業従事，⑤不法就労者の雇用，⑥入国後講習期間中の業務への従事について，監理団体が，それぞれ合理的根拠をもって確認したことを明らかにする資料（実習実施者の賃金台帳の写し，実習実施者のタイムカードの写し，技能実習日誌の写し（参考様式第４－２号），実習実施者や技能実習生との面談記録，技能実習生への質問票等） ・定期監査時の監理団体の業務日報 △臨時監査時の監理団体の業務日報 △臨時監査を行うことになった端緒を明らかにする資料 （監理団体の業務日報，通報書，申告書等） 〈漁船漁業職種・作業について〉 ・漁船漁業での技能実習の実施状況報告記録書 （漁船漁業参考様式第５号） ・技能実習生からの監理団体への報告書 （漁船漁業参考様式第６号）
②　第１号技能実習に係る実習監理にあっては，監理責任者の指揮の下，１か月に	・訪問指導記録書 （参考様式第４－10号）

１回以上の頻度で，実習実施者が認定計画に従って技能実習を行わせているかについて実地による確認（技能実習生が従事する業務の性質上当該方法によることが著しく困難な場合にあっては，他の適切な方法による確認）を行うとともに，実習実施者に対し必要な指導を行っていること（法39条３項，規則52条３号），また，訪問指導記録書を作成し，事業所に備え付け（法41条，規則54条１項６号，２項），この訪問指導記録書の写しを，事業報告書に添付し，年に１度，機構に提出していること（法42条２項，規則55条３項２号）	・事業報告書 （省令様式第23号） ・実施状況報告書 （省令様式第10号）
③　技能実習を労働力の需給の調整の手段と誤認させるような方法で，実習実施者等の勧誘又は監理事業の紹介をしていないこと（法39条３項，規則52条４号）	・申請者の概要書 （参考様式第２－１号）の「１　申請者の概要」の「⑩ホームページのURL」 ・監理団体のパンフレット，チラシ等
④　入国後講習を認定計画に従って実施しており，かつ，入国後講習の期間中に技能実習生を業務に従事させていないこと（法39条３項，規則52条７号）	・申請者の概要書 （参考様式第２－１号）の「４　その他特記事項」（講習実施施設の施設名，所在地，連絡先） ・入国後講習実施記録 （参考様式第４－９号） ・技能実習計画認定申請書 （省令様式第１号）の「実習実施予定表」 ・技能実習日誌の写し （参考様式第４－２号）
⑤　技能実習計画作成の指導に当たって，技能実習を行わせる事業所及び技能実習生の宿泊施設を実地に確認するほか，技能実習法施行規則52条８号イからハに規定する観点から指導を行っていること，また，ロに規定する観点からの指導については，修得等をさせようとする技能等	・技能実習計画作成指導者の履歴書 （参考様式第２－13号） ・技能実習計画作成に係る監理団体の業務日報 〈自動車整備作業について〉 ・技能実習計画作成指導者に係

について一定の経験又は知識を有する役職員（取扱職種について５年以上の実務経験又は取扱職種に係る技能実習計画作成の指導歴を有する者（要領））に担当させていること（法39条３項，規則52条８号） ※　自動車整備作業に係る技能実習計画の作成を指導する担当の監理団体役職員は，次のいずれかに該当する者であること（規則52条16号，自動車整備告示３条） ⅰ　１級又は２級の自動車整備士技能検定合格者 ⅱ　３級の自動車整備士技能検定に合格した日から自動車整備作業に関し３年以上の実務の経験を有する者 ⅲ　自動車検査員の要件を備える者 ⅳ　道路運送車両法55条３項の自動車整備士の養成施設において５年以上の指導に係る実務の経験を有する者	る自動車整備士技能検定合格証等，自動車整備告示３条の要件を満たすことを証する資料
⑥　技能実習生の帰国旅費（第３号技能実習の開始前の一時帰国を含みます。）を負担するとともに技能実習生が円滑に帰国できるよう必要な措置を講じていること（法39条３項，規則52条９号）	・申請者の誓約書（参考様式第２－２号） ・航空券等に係る請求書・領収書，通帳の写し，元帳等
⑦　実習監理を行っている技能実習生の人権を著しく侵害する行為を行っていないこと（法39条３項，規則52条10号）	・（責任役員及び監理責任者等からの報告や説明に加えて）業務日報
⑧　技能実習生との間で認定計画と反する内容の取決めをしていないこと（法39条３項，規則52条12号）	・（責任役員及び監理責任者等からの報告や説明に加えて）業務日報
⑨　実習監理を行っている技能実習生からの相談に適切に応じるとともに，実習実施者及び技能実習生への助言，指導その他の必要な措置が講じられていること（法39条３項，規則52条14号）	・申請者の概要書（参考様式第２－１号）の「３　相談応需，助言その他の援助に係る措置」 ・団体監理型技能実習生からの相談対応記録書（参考様式第４－11号）

	・業務日報
⑩　事業所内の一般の閲覧に便利な場所に，監理団体の業務（監理費の徴収を含みます。）に係る規程を掲示していること（法39条３項，規則52条15号）	・監理団体の業務の運営に関する規程 （要領別紙⑤）
⑪実習実施者が，技能実習に関し労働関係法令に違反しないよう，監理責任者に必要な指導を行わせていること（法40条３項） ※労働関係法令について監理責任者による指導が特に必要な具体的事項は，以下のとおり １　労働条件の明示（労働基準法15条） ２　賃金台帳の作成・保存（労働基準法108条，109条） ３　労働時間管理の適正化（労働時間の適正な把握のために使用者が講ずべき措置に関するガイドライン（平成29年１月20日策定）） ４　賃金支払い・控除（労働基準法24条） ５　強制貯金の禁止（労働基準法18条） ６　時間外・休日・深夜割増賃金支払い（労働基準法37条） ７　最低賃金（最低賃金法４条） ８　所定労働時間，休憩，休日，年次有給休暇，時間外・休日労働に関する協定（36協定）（労働基準法32条，34条，35条，36条，39条） ９　寄宿舎（寄宿舎規則の作成・届出，寄宿舎設置届出，寄宿舎の設備等）（労働基準法96条等） 10　安全衛生教育（雇入れ時・作業内容変更時の安全衛生教育，危険有害業務に係る特別教育）（労働安全衛生法59条，労働安全衛生規則35条，36条等） 11　就業制限（免許の取得，技能講習の修了等）（労働安全衛生法61条，労働安全衛生法施行令20条）	〈前提〉 ・実施状況報告書 （省令様式第10号） ・業務日報 〈左記１ないし13の各事項〉 監理責任者が確認すべき書面及び技能実習生にヒアリングすべき内容は，**巻末資料５** 監理団体による監査のためのチェックリスト（厚生労働省関連部分（労働関係法令の遵守））参照

	12　健康診断の実施（雇入れ時健康診断，定期健康診断，有害業務に係る特殊健康診断）（労働安全衛生法66条） 13　労働保険・社会保険（労災保険，雇用保険，健康保険・国民健康保険，厚生年金・国民年金）	
	⑫　実習実施者が，技能実習に関し労働関係法令に違反していると認めるときは，監理責任者に是正のための必要な指示を行わせていること（法40条４項）	△実施状況報告書（省令様式第10号） △業務日報
	⑬　⑫の指示を行ったときは，速やかに，その旨を関係行政機関に通報していること（法40条５項）	△通報書 △業務日報
	⑭　事業所管大臣が特定の職種及び作業に特有の事情に鑑み告示で定める基準や方法に従って業務を行っていること（該当がある場合に限ります。）（法39条３項，規則52条16号）	自動車整備作業について上記⑤参照
書類	①　実習実施者及び技能実習生の管理簿が適切に作成され，備え付けられていること（法41条，規則54条１項１号，２項）	〈実習実施者の管理簿〉 ・実習監理を行う実習実施者の名簿 ※　最低限の記載事項は，後記第４章第５節第３参照 ・技能実習責任者の履歴書（参考様式第１－４号） ・技能実習責任者の就任承諾書及び技能実習に係る誓約書（参考様式第１－５号） ・技能実習指導員の履歴書（参考様式第１－６号） ・技能実習指導員の就任承諾書及び技能実習に係る誓約書（参考様式第１－７号） ・生活指導員の履歴書（参考様式第１－８号） ・生活指導員の就任承諾書及び技能実習に係る誓約書（参考様式第１－９号）

	・監理団体と実習実施者の間の実習監理に係る契約の契約書又はこれに代わる書類 〈技能実習生の管理簿〉 ・実習監理に係る技能実習生の名簿 ※　最低限の記載事項は，後記第４章第５節第５参照 ・技能実習生の履歴書 （参考様式第１－３号） ・技能実習のための雇用契約書 （参考様式第１－14号） ・雇用条件書 （参考様式第１－15号）
②　監理費に係る管理簿が適切に作成され，備え付けられていること（法41条，規則54条１項２号，２項）	・監理費管理簿 （参考様式第４－５号）
③　技能実習に係る雇用関係の成立のあっせんに係る管理簿が適切に作成され，備え付けられていること（法41条，規則54条１項３号，２項）	・雇用関係の成立のあっせんに係る管理簿（求人・求職） （参考様式第４－６号）
④　技能実習の実施状況に係る監査に係る文書が適切に作成され，備え付けられていること（法41条，規則54条１項４号，２項）	・監査報告書 （省令様式第22号） ・監査実施概要 （参考様式第４－７号）
⑤　入国後講習及び入国前講習の実施状況を記録した書類が適切に作成され，備え付けられていること（法41条，規則54条１項５号，２項）	・入国後講習実施記録 （参考様式第４－９号） ・入国前講習実施記録 （参考様式第４－８号）
⑥　訪問指導内容を記録した書類が適切に作成され，備え付けられていること（法41条，規則54条１項６号，２項）	・訪問指導記録書 （参考様式第４－10号）
⑦　技能実習生から受けた相談の内容及び当該相談内容への対応を記録した書類が適切に作成され，備え付けられていること（法41条，規則54条１項７号，２項）	・団体監理型技能実習生からの相談対応記録書 （参考様式第４－11号）
⑧　外部監査人による監査に係る文書が適	・外部監査人の概要書

	切に作成され，備え付けられていること（法41条，規則54条１項８号，２項）	（参考様式第２－６号） ・外部監査人の就任承諾書及び誓約書 （参考様式第２－７号） ・外部監査報告書 （参考様式第４－12号） ・外部監査報告書（同行監査） （参考様式第４－13号）
	⑨　事業所管大臣が特定の職種及び作業に特有の事情に鑑み告示で定める基準や方法に従って書類を作成し備え付けていること（該当がある場合に限ります。）（法41条，規則54条１項９号，２項） ※　漁船漁業職種・作業については，特則として，漁船漁業での技能実習の実施状況報告記録書（漁船漁業参考様式第５号）及び②の技能実習生からの監理団体への報告書（漁船漁業参考様式第６号）も作成し，備えて置く必要があります（規則54条１項９号，漁船漁業及び養殖業告示６条）。	〈漁船漁業職種・作業について〉 ・漁船漁業での技能実習の実施状況報告記録書 （漁船漁業参考様式第５号） ・技能実習生からの監理団体への報告書 （漁船漁業参考様式第６号）
保護	①　暴行・脅迫・監禁等により技能実習を強制していないこと（法46条）	・監査報告書 （省令様式第22号） ・監査実施概要 （参考様式第４－７号）
	②　保証金の徴収・違約金を定める契約等がないこと（法47条１項）	・監査報告書 （省令様式第22号） ・監査実施概要 （参考様式第４－７号）
	③　貯蓄の契約・貯蓄金を管理する契約・預金通帳の管理など不当な財産管理を行っていないこと（法47条２項）	・監査報告書 （省令様式第22号） ・監査実施概要 （参考様式第４－７号）
	④　旅券・在留カードを保管していないこと（法48条１項）	・監査報告書 （省令様式第22号） ・監査実施概要 （参考様式第４－７号）

	⑤　技能実習生の私生活の自由を不当に制限していないこと（法48条２項）	・監査報告書（省令様式第22号） ・監査実施概要（参考様式第４－７号）
その他	①　監理団体の許可証を各事業所に備え付けていること（法29条２項）	・監理団体許可証（省令様式第14号）
	②　技能実習の実施が困難となった場合，技能実習生が引き続き技能実習を行うことを希望するものが技能実習を行うことができるよう，他の監理団体等との連絡調整等を行っていること（法51条１項）	△技能実習実施困難時届出書（省令様式第18号）
	③　監理許可に付された条件に従っていること（法30条１項）	・監理団体許可証（省令様式第14号）
	④　主務大臣による報告徴収・質問 立入検査等に応じていること（法35条）	△業務日報
	⑤　機構による実地検査に協力していること（要領）	△業務日報
	⑥　主務大臣による改善命令に従っていること（法36条１項）	△改善報告書 △業務日報
	⑦　主務大臣による事業停止命令に従っていること（法37条３項）	△改善報告書 △業務日報
	⑧　名義貸しを行っていないこと（法38条） ※　業務を委託できる範囲については，上記第１節第７　１⑵参照	（責任役員及び監理責任者等からの報告や説明） △補助的な業務等に係る業務委託契約書等
	⑨　事業所ごとに監理事業に関する事業報告書を作成し，機構に提出していること（法42条２項，３項）	・事業報告書（省令様式第23号）
	⑩　個人情報を適正に取り扱っていること，また，個人情報を適正に管理するために必要な措置を講じていること（法43条）	・個人情報適正管理規程（要領別紙⑥） ・個人情報を取り扱う事業所内の職員に対し，個人情報取扱いに関する教育・指導を実施したことを明らかにする資料 △個人情報の開示・訂正請求書 △請求に応じ，個人情報の訂正

	を行ったことを明らかにする資料
⑪　秘密保持義務を遵守していること（法44条）	（責任役員及び監理責任者等からの報告や説明）
⑫　技能実習生が法令違反に係る申告をしたことを理由として，不利益な取扱いをしていないこと（法49条２項）	・（責任役員及び監理責任者等からの報告や説明に加えて）業務日報
⑬　外国の送出機関との間で技能実習の申込みの取次ぎに係る契約を締結するときに，当該外国の送出機関が，実習生等又は実習生等密接関係者の金銭その他の財産を管理せず，かつ，違約金を定める契約その他の不当に金銭その他の財産の移転を予定する契約をしないことを確認し，その旨を契約書に記載していること（法39条３項，規則52条５号）	・外国の送出機関の概要書 （参考様式第２－９号） ・外国の送出機関が徴収する費用明細書 （参考様式第２－10号） ・外国の送出機関との契約書
⑭　団体監理型技能実習の申込みの取次ぎを受ける場合にあっては，当該取次ぎが外国の送出機関からのものに限られていること（法39条３項，規則52条６号，法23条２項６号括弧書，規則25条１号ないし10号）	〈二国間取決めの有無を問わず共通〉 ・監理団体許可申請書 （省令様式第11号） ・外国の送出機関との契約書 〈二国間取決めがされていない場合〉 ・外国の送出機関の概要書 （参考様式第２－９号） ・外国の送出機関の事業所が所在する国又は地域において登記・登録等がされていることを証する公的な資料 ・送出国の技能実習制度関係法令及びその日本語訳 ・送出国の技能実習制度関係法令に従って技能実習に関する事業を適法に行う能力を有することを証する書類 ※　送出国の法令により許可を受ける等により事業を行うことが認められる場合に

	は，その許可証等の写し ・外国の送出機関の推薦状 （参考様式第２−12号） 〈二国間取決めがされている場合〉 ・外国政府認定送出機関の認定証の写し（外国政府発行）
⑮　実習実施者に不正に技能実習計画の認定を受けさせる目的，不正に監理団体の許可を受ける目的，出入国若しくは労働に関する法令の規定に違反する事実を隠蔽する目的又はその事業活動に関し外国人に不正に入管法上の許可を受けさせる目的で，偽変造文書・図画又は虚偽文書・図画を行使し，又は提供する行為を行っていないこと（法39条３項，規則52条11号）	・技能実習計画認定申請書 （省令様式第１号） △技能実習計画変更認定申請書 （省令様式第４号） ・監理団体許可申請書／監理団体許可有効期間更新申請書 （省令様式第11号） ・監理事業計画書 （省令様式第12号） ・申請者の概要書 （参考様式第２−１号） ・申請者の役員の履歴書 （参考様式第２−３号） ・監理責任者の履歴書 （参考様式第２−４号） ・外国の送出機関の概要書 （参考様式第２−９号） ・外国の送出機関が徴収する費用明細書 （参考様式第２−10号） ・技能実習計画作成指導者の履歴書 （参考様式第２−13号） ・優良要件適合申告書（監理団体） （参考様式第２−14号） ・監査報告書 （省令様式第22号） ・実施状況報告書 （省令様式第10号）

⑯　監理許可の取消事由のいずれかに該当するに至ったときは，直ちに，機構に当該事実を報告していること（法39条３項，規則52条13号）	△許可取消事由該当事実に係る報告書 （参考様式第３－３号）
⑰　外部監査を受ける際に，資料提出要求，説明要求，報告徴収等に関する外部監査人の合理的な指示及び要請に従っていること（法25条１項５号ロ，規則30条６項）	
⑱　前回の外部監査人による監査において，改善すべき事項等の指摘がなされていた場合は，指摘に基づいて適切に改善されていること	・外部監査報告書 （参考様式第４－12号） ・外部監査実施概要 （参考様式第４－12号別紙） ・外部監査報告書（同行監査） （参考様式第４－13号）

(ウ)　外部監査人の要件

外部監査人は，過去３年以内に指定された講習を修了した者でなければなりません（規則30条５項１号）。なお，当面の間は，経過措置があります。

(エ)　外部監査人の欠格事由

外部監査人は，外部役員に係る上記イ(ウ)に相当する欠格事由があります（規則30条４項，５項２号）。

(6)　基準を満たす外国の送出機関と，技能実習生の取次ぎに係る契約を締結していること（法25条１項６号）

ア　趣　旨

技能実習生になろうとする者からの求職の申込みの取次ぎを外国の送出機関から受けようとする場合にあっては，外国の送出機関との間で当該取次ぎに係る契約を締結していることです。つまり，監理団体は，外国の送出機関から取次ぎを受けようとする場合には，当該外国の送出機関の氏名・名称等について，許可の申請の際に申請書に記載するとともに（法23条２項６号），当該外国の送出機関との間で当該取次ぎに係る契約を締結していることが必要となります（法25条１項６号）。なお，その後に，取次ぎを受けようとする外国の送出機関を追加・変更等しようとするときは，変更の届出を行うことが必要となります（法32条３項，23条２項６号）。

旧制度では，技能実習生の募集・選抜を行う機関，技能実習生を推薦する機関，渡航前に事前講習を行う機関等，日本外において，技能実習の準備に関与する外国の機関を総称して「送出し機関」としていました。それに対し，技能実習法に基づく新制度では，監理団体に対して求職の申込みを取り次ぐか否かで，「外国の送出機関」（法23条２項６号括弧書）と「外国の準備機関」（規則１条９号）の２つに分けられています。

外国の送出機関とは，団体監理型技能実習生になろうとする者からの団体監理型技能実習に係る求職の申込みを適切に日本の監理団体に取り次ぐことができる者として主務省令で定める要件に適合するものをいいます（法23条２項６号括弧書）。主務省令たる技能実習法施行規則25条１号ないし10号は，外国の送出機関の要件として，後記イのとおり定め，送出機関の規制強化を図っています。なお，外国の送出機関のうち，認定申請を行おうとする技能実習計画に係る技能実習生の求職の申込みを実際に監理団体に取り次ぐ送出機関を取次送出機関といいます（規則１条８号）。外国の送出機関は，技能実習法施行規則25条において定められている要件に適合している機関一般を指し，主に監理団体の許可の際に用いられる概念です。それに対し，取次送出機関は，外国の送出機関であって団体監理型技能実習の申込みを日本の監理団体に実際に取り次ぐものをいい，個別具体的な技能実習計画の認定の際に用いられる概念です。

図３－６　外国の送出機関と外国の準備機関

旧制度	新制度	
	外国の送出機関	外国の準備機関
技能実習生の募集・選抜を行う機関，技能実習生を推薦する機関，渡航前に事前講習を行う機関等，日本外において，技能実習の準備に関与する外国	団体監理型技能実習生になろうとする者からの団体監理型技能実習に係る求職の申込みを適切に日本の監理団体に取り次ぐ	技能実習生になろうとする者の外国における準備に関与する外国の機関（規則１条９号） 例えば，外国で技能実習

の機関を総称して「送出し機関」という。	ことができる者として主務省令で定める要件に適合するもの（法23条２項６号括弧書） ※　外国の送出機関のうち，認定申請を行おうとする技能実習計画に係る技能実習生の求職の申込みを実際に監理団体に取り次ぐ送出機関を取次送出機関という（規則１条８号）。	生になろうとする者が所属していた会社，技能実習生になろうとする者を広く対象とするような日本語学校を経営する法人，旅券や査証の取得代行手続を行う者等

イ　外国の送出機関の要件

外国の送出機関の要件は，次の①ないし⑩を全て満たすことです（法23条２項６号括弧書，規則25条１号ないし10号）。

①　所在する国の公的機関から技能実習の申込みを適切に日本の監理団体に取り次ぐことができるものとして推薦を受けていること（規則25条１号）

②　制度の趣旨を理解して技能実習を行おうとする者のみを適切に選定して，日本への送出しを行うこと（規則25条２号）

③　技能実習生等（技能実習生又は技能実習生になろうとする者）から徴収する手数料その他の費用について，算出基準を明確に定めて公表するとともに，当該費用について技能実習生等に対して明示し，十分に理解をさせること（規則25条３号）

④　技能実習を修了して帰国した者が，修得した技能を適切に活用できるよう，就職先のあっせんその他の必要な支援を行うこと（規則25条４号）

⑤　フォローアップ調査への協力等，法務大臣，厚生労働大臣，機構からの要請に応じること（規則25条５号）

⑥　当該機関又はその役員が，日本又は所在する国の法令に違反して，禁錮以上の刑又はこれに相当する外国の法令による刑に処せられ，刑の執行の終了等から５年を経過していない者でないこと（規則25条６号）

⑦　所在する国又は地域の法令に従って事業を行うこと（規則25条７号）

⑧　当該機関又はその役員が，過去５年以内に次に掲げる行為をしていないこと（規則25条８号）

ⅰ　保証金の徴収その他名目のいかんを問わず，技能実習生の日本への送出しに関連して，技能実習生又はその家族等の金銭又はその他の財産を管理する行為（規則25条８号イ）

ⅱ　技能実習に係る契約不履行について，違約金を定める契約や不当に金銭その他の財産の移転を予定する契約をする行為（規則25条８号ロ）

ⅲ　技能実習生等に対する暴行，脅迫，自由の制限その他人権を侵害する行為（規則25条８号ハ）

ⅳ　実習実施者に不正に技能実習計画の認定（法８条１項，11条１項）を受けさせる目的，不正に監理団体の許可（法23条１項，32条１項，31条２項）を受ける目的，出入国若しくは労働に関する法令の規定に違反する事実を隠蔽する目的又はその事業活動に関し外国人に不正に入管法上の許可を受けさせる目的で，偽変造文書・図画又は虚偽文書・図画を行使し，又は提供する行為（規則25条８号ニ）

⑨　技能実習生又はその家族等に対して⑧ⅰⅱの行為が行われていないことを技能実習生から確認すること（規則25条９号）

⑩　その他，技能実習の申込みを適切に日本の監理団体に取り次ぐために必要な能力を有すること（規則25条10号）

ウ　二国間取決め

二国間取決めを作成した国については，送出国の政府が，上記イの①ないし⑩の確認を行い，適切な送出機関を認定することになります。送出国政府から認定を受けている外国の送出機関（外国政府認定送出機関）であれば，技能実習法施行規則25条において定められている要件に適合しているものとみなされます（要領）。認定された送出機関名については，法務省及び厚生労働省のHPのほか，機構のHPに国ごとに掲載されます。

当該送出国との間で二国間取決めが作成され，当該取決めに基づく制度に移行するまでの間であっても，旧制度と同様に送出国政府の公的機関からの推薦状が必要とされる（規則25条１号）など，技能実習法施行規則25条１号ないし10号で定められる要件を満たしていることが必要となります。また，当該取決めに基づく制度に移行した後からは，送出国政府が認定した機関を除いて，当該送出国からの送出しが認められなくなります。

日本政府は，平成29年６月６日付で，ベトナム政府との間で技能実習における協力覚書（二国間取決め）を締結しました。ベトナム政府との技能実習における協力覚書においては，「ベトナムの送出機関の認定については，ベトナムの省は，2017年８月１日から手続を開始し，ベトナムの認定送出機関の完全なリストを日本の省に対して2018年４月１日までに提供する。日本の省は，2018年９月１日以降，当該リストに記載されているベトナムの認定送出機関からの技能実習生のみを受け入れる。」と規定されています。また，日本政府は，平成29年７月11日付で，カンボジア政府との間で技能実習における協力覚書（二国間取決め）を締結しました。日本国法務省・外務省・厚生労働省とカンボジア労働職業訓練省との間の技能実習に関する協力覚書（MOC）においては，日本の省の約束として，①技能実習法の基準に基づき，監理団体の許可事務・技能実習計画の認定事務を適切に行うこと，②監理団体・実習実施者に対して，許認可の取消しや改善命令を行った場合は，その結果をカンボジア側に通知すること等が規定され，カンボジアの省の約束として，①覚書の基準に基づき，送出機関の認定事務を適切に行うこと，②日本側から不適切な送出機関についての情報が提供された場合は，調査を行い適切に対処し，その結果を日本側に通知すること等が規定されています。

エ　確認対象書類

上記アの基準を満たす外国の送出機関と，技能実習生の取次ぎに係る契約を締結していること（法25条１項６号）については，次の書類によって確認されます（要領）。

①　監理団体許可申請書（省令様式第11号）
②　申請者の誓約書（参考様式第２－２号）
③　外国の送出機関との契約書の写し
〈二国間取決めがされていない場合〉

④　外国の送出機関の概要書（参考様式第２－９号）
⑤　外国の送出機関の事業所が所在する国又は地域において登記・登録等がされていることを証する公的な資料
⑥　送出国の技能実習制度関係法令及びその日本語訳
※　関係部分のみでよく，その他の部分は添付することを要しません。
⑦　送出国の技能実習制度関係法令に従って技能実習に関する事業を適法に行う能力を有することを証する書類
※　送出国の法令により許可を受ける等により事業を行うことが認められる場合には，その許可証等の写し
⑧　外国の送出機関が徴収する費用明細書（参考様式第２－10号）
⑨　監理団体の許可に関する外国の送出機関の誓約書（参考様式第２－11号）
⑩　外国の送出機関の推薦状（参考様式第２－12号）
〈二国間取決めがされている場合〉
⑪　外国政府認定送出機関の認定証の写し（外国政府発行）

(7)　上記のほか，監理事業を適正に遂行する能力を保持していること（法25条１項８号）

図３－７　監理事業を適正に遂行する能力を保持していることの類型別まとめ

許可を受けた後に監理事業を適正に遂行する能力	①　監理費は，適正な種類及び額の監理費をあらかじめ用途及び金額を明示した上で徴収すること（法28条）
	②　自己の名義をもって，他人に監理事業を行わせてはならないこと（法38条）
	③　認定計画に従った実習監理等を行うこと（法39条）
	④　監理責任者の設置等（法40条） ⅰ　事業所ごとの監理責任者の選任（法40条１項） ⅱ　監理責任者による指導（法40条３項） ⅲ　監理責任者による指示（法40条４項），関係行政機関への通報（法40条５項）
監理事業を行う事業所	①　所在地が適切であること（要領）
	②　事業所として適切であること（要領）
適正な事業運営の確保	①　存立目的，形態，規約等に基づく範囲での監理事業（要領）
	②　規程に従った運営（要領）
	③　団体監理型技能実習の申込みの取次ぎの適正（要領）
	④　監理団体の役員や監理責任者の適格性（要領）

ア　許可を受けた後に監理事業を適正に遂行する能力に関するもの

以下の㈠ないし㈣を満たさない場合は，監理事業を適正に遂行する能力があるとは判断されません（要領）。

㈠　監理費は，適正な種類及び額の監理費をあらかじめ用途及び金額を明示した上で徴収すること（法28条）

監理団体は，営利を目的としない法人とされており，営利を目的として監理事業を行うことは認められていません（法25条１項１号）。このため，監理団体は，監理事業に通常必要となる経費等を勘案して主務省令で定める適正な種類及び額の監理費を団体監理型実習実施者等へあらかじめ用途及び金額を明示した上で徴収することができるものとされている一方（法28条２項），この場合を除き，監理団体は，監理事業に関し，団体監理型実習実施者等，団体監理型技能実習生等その他の関係者から，いかなる名義でも，手数料又は報酬を受けてはならないとされています（法28条１項）。技能実習生が外国の送出機関へ支払う手数料が，外国の送出機関を経由して監理団体に流れている場合等は，監理団体が実質的に技能実習生から手数料を徴収しているとみなされるため，技能実習法28条１項の規定に抵触するとされます（要領）。

主務省令たる技能実習法施行規則37条は，適正な種類及び額の監理費並びに徴収方法について次のように定めています。監理団体は，実習実施者から監理費を徴収した場合には，その収支を明らかにするために監理費管理簿（参考様式第４－５号）を作成し，事務所に備え置かなければなりません（法41条，規則54条１項２号）。

種　類	額	徴収方法
職業紹介費	実習実施者等と技能実習生等との間における雇用関係の成立のあっせんに係る事務に要する費用（募集及び選抜に要する人件費，交通費，外国の送出機関へ支払う費用その他の実費に限ります。）の額を超えない額 ※「募集及び選抜に要する人件費，交通費」の例として，①送出機関との連絡・協議に要する費用，②実習実施者との連絡・協議に要	実習実施者等から求人の申込みを受理した時以降に当該実習実施者等から徴収

	する費用（要領） ※　「外国の送出機関へ支払う費用」の例として，①外国の送出機関が技能実習生を監理団体に取り次ぐに当たって要する費用（人件費，事務諸経費等），②実習実施者と技能実習生の雇用契約の成立に資する目的で取り次ぐ前に送出機関が行った入国前講習に該当しない日本語学習・日本在留のための生活指導等の事前講習に要する費用，③実習実施者と技能実習生の雇用契約の成立に資する目的で取り次ぐ前に送出機関が行った技能実習生に対する健康診断の費用（要領） ※　外国の送出機関が，監理団体への取次ぎを行うに際して，外国において技能実習生から手数料を徴収することもあり得ますが，一般論として，この手数料はあっせんに係るものには該当せず，職業紹介費に含まれるものではありません（要領）。	
第１号団体監理型技能実習に係る講習費	監理団体が実施する入国前講習及び入国後講習に要する費用（監理団体が支出する施設使用料，講師及び通訳人への謝金，教材費，技能実習生に支給する手当その他の実費に限ります。）の額を超えない額	入国前講習に要する費用にあっては入国前講習の開始日以降に，入国後講習に要する費用にあっては入国後講習の開始日以降に，実習実施者等から徴収
監査指導費	技能実習の実施に関する監理に要する費用（実習実施者に対する監査及び指導に要する人件費，交通費その他の実費に限ります。）の額を超えない額	技能実習生が実習実施者の事業所において業務に従事し始めた時以降一定期間ごとに当該実習実施者から徴収
その他諸経費	その他技能実習の適正な実施及び技能実習生の保護に資する費用（実費に限ります。）の額を超えない額 ※　例として，①技能実習生の渡航及び帰国に要する費用，②実習実施者及び技能実習生に	当該費用が必要となった時以降に実習実施者等から徴収

	対する相談，支援に要する費用（送出機関が日本に職員を派遣するなどして，技能実習生からの相談対応や支援等を行う場合，技能実習生が事故に遭った場合の対応に要する費用を含みます。），③実習実施者の倒産等により技能実習が継続できなくなった場合の対応に要する費用，④その他職業紹介費，講習費及び監査指導費に含まれないもののうち，監理事業の実施に要する費用（人件費，事務諸経費，会議等の管理的費用等）（要領）	
留意事項	上記の各「実費」については決算等により事後的に確定する部分もあります。この場合に，実費の確定前に，実費に相当する額が記載された監理費の料金表を定め，実習実施者等から事前に徴収することは差し支えありません。この場合，料金表に基づき徴収した監理費については，決算等の結果に基づき，実費として適正なものであったかについて事後的な確認が必要となります。また，監理費の料金表についても，実費としてふさわしい設定となっているか，不断に見直しを行うことが必要となります（要領）。	上記の各記載は，監理費として精算する時点を規定したものです。実習実施者等が事前に監理団体に一定の金銭を預託しておき，費用が発生した時点で預託しておいた金銭から精算するという方法も可能です（要領）。

㈠　自己の名義をもって，他人に監理事業を行わせてはならないこと（法38条）

監理団体は，自己の名義をもって，他人に監理事業を行わせてはなりません（法38条）。

なお，実習実施者が名義貸しを行った場合には，認定された実習計画に従って技能実習を行わせていないものとして，実習認定の取消事由に該当します（法16条１項１号）。

㈡　認定計画に従った実習監理等を行うこと（法39条）

監理団体は，認定計画に従って団体監理型技能実習を実習監理しなければなりません（法39条１項）。また，実習実施者が技能実習生が修得等をした技能等の評価を行うに当たっては，当該実習実施者に対し，必要な指導及び助言を行わなければなりません（法39条２項）。それらのほか，監理団体は，技能実習の実施状況の監査その他の業務の実施に関し主務省令で定める基準に従い，その業務を実施しなければなりません（法39条３項）。この主務省令（技能実習法施行規則52条）で定める基準については，上記(2)を参照して下さい。

㈠　監理責任者の設置等（法40条）

ｉ　事業所ごとの監理責任者の選任

監理団体は，監理事業に関し，①技能実習生の受入れの準備に関すること，②技能実習生の技能等の修得等に関する実習実施者への指導及び助言並びに実習実施者との連絡調整に関すること，③技能実習生の保護その他技能実習生の保護に関すること，④実習実施者等及び技能実習生等の個人情報の管理に関すること，⑤技能実習生の労働条件，産業安全及び労働衛生に関し，技能実習責任者（法９条７号）との連絡調整に関すること，⑥国及び地方公共団体の機関であって技能実習に関する事務を所掌するもの，機構その他関係機関との連絡調整に関することを統括管理させるため，監理事業を行う事業所ごとに，欠格事由（法40条２項）に該当しない監理責任者を選任しなければなりません（法40条１項）。技能実習法40条１項１号ないし６号が規定する上記①ないし⑥の各事項を全て監理責任者自らが行わなければならないものではなく，監理責任者の統括管理の下，監理団体の役職員にその一端を担わせることは可能です（要領）。

監理責任者は事業所に所属し，監理責任者の業務を適正に遂行する能力を有する常勤の者でなければなりません（規則53条１項）。職員の常勤性については，継続的に雇用されている職員（日給月給者も含めて）が，「常勤」の職員に該当するとされます（機構Q&A（監理団体許可関係））。「常勤」の目安としては，健康保険等の被保険者であること等を踏まえて判断されます（機構Q&A（監理団体許可関係））。また，監理責任者は，過去３年以内に監理責任者に対する講習を修了した者でなければなりません（規則53条２項。当面の間は経過措置があります。）。なお，監理事業を行う事業所において，実習監理を行う実習実施者と一定の密接な関係を有する者（規則53条３項１号ないし３号。傘下の実習実施者の役員等）が監理責任者となる場合にあっては，当該監理責任者は当該実習実施者に対する実習監理に関与してはならず，当該事業所には，他に当該実習実施者に対する実習監理に関与することができる監理責任者を置かなければなりません（規則53条３項）。監理責任者と技能実習計画作成指導者は，両方の業務を適正に行えるのであれば，同じ者が兼任できます（機構Q&A（監理団体許可関係））。

ⅱ　監理責任者による指導

監理団体は，実習実施者が，技能実習に関し労働基準法，労働安全衛生法その他の労働に関する法令に違反しないよう，監理責任者をして，必要な指導を行わせなければなりません（法40条３項）。

ⅲ　監理責任者による指示，関係行政機関への通報

監理団体は，実習実施者が，技能実習に関し労働基準法，労働安全衛生法その他の労働に関する法令に違反しているときは，監理責任者をして，是正のため必要な指示を行わせなければなりません（法40条４項）。監理団体は，併せて，直ちに臨時監査（規則52条２号）を行うことが必要となります。

そして，監理団体は，技能実習法40条４項の是正指示を行ったときは，速やかに，その旨を労働基準監督署等の関係行政機関に通報しなければなりません（法40条５項）。通報後は，当該関係行政機関の指導に従い，監理団体の指導の下で，実習実施者に改善に向けた取組みを行わせることが求められます（要領）。

イ　監理事業を行う事業所に関するもの

監理事業を行う事業所（監理事業所）について，所在地，構造，設備，面積等が，以下の要件を満たしていることが，監理事業を適正に遂行する観点から求められます（要領）。どのような事業所が「監理事業所」となるかは，名称によって決まるものではなく，駐在所であっても，以下の㈠及び㈡の要件を満たせば監理事業所となります（機構Q&A（監理団体許可関係））。

例えば，１号技能実習に関して月に一回実施する巡回指導の時にだけ，一時的に貸会議室を借りて事業スペースや職員の詰所として活用する場合には，監理事業所とはなりません。一方，職員を常駐させて，技能実習生からの相談への対応や実習実施者への指導を行っているような事業所であれば，構造

や設備等も勘案した上で，監理事業所となることもあり得ます。監理事業所にあたる事業所を事業所として申請しないまま監理事業を行うと，無許可での実習監理となりますので，判断に迷う場合には，機構本部と協議して下さい（機構Q&A（監理団体許可関係））。

(ア)　所在地が適切であること

風俗営業等の規制及び業務の適正化等に関する法律で規制する風俗営業や性風俗関連特殊営業等が密集するなど，監理事業の運営に好ましくない場所にないことが求められます（要領）。監理事業所と実習実施者の距離が離れている場合は，当該監理事業所が，実習実施者に対して監理事業ができ得る体制かが，実質的に審査されます（機構Q&A（監理団体許可関係））。

(イ)　事業所として適切であること

まず，プライバシーを保護しつつ実習実施者等又は技能実習生等に対応することが可能であることが求められます。具体的には，個室の設置，パーティション等での区分により，プライバシーを保護しつつ実習実施者等又は技能実習生等に対応することが可能である構造を有することが求められます（要領）。なお，上記の構造を有することに代えて，次の①又は②のいずれかによっても，この要件を満たしているものと認められます。即ち，①予約制，近隣の貸部屋の確保等により，他の実習実施者等又は技能実習生等と同室にならずに対面で技能実習に関する職業紹介を行うことができるような措置を講じること，②専らインターネットを利用すること等により，対面を伴わない技能実習に関する職業紹介を行うことのいずれかによることも認められます（要領）。また，当分の間は，事業所の面積がおおむね20㎡以上であることによっても，要件を満たしているものと認められます（要領）。

上記の要件に加えて，監理事業を行う事業所の名称（愛称等も含みます。）が，利用者に機構その他公的機関と誤認させるものでないことが求められます（要領）。

ウ　適正な事業運営の確保に関するもの

(ア)　存立目的，形態，規約等に基づく範囲での監理事業

監理団体は，その存立目的，形態，規約等から認められる範囲で監理事業を行うものであることが求められます（要領）。

(イ)　規程に従った運営

技能実習法の次の各条文の内容を含む業務の運営に関する規程を有し，これに従って適正に運営されることが必要です。即ち，技能実習法１条（目的），３条（基本理念），５条（監理団体等の責務），27条（職業安定法の特例等），28条（監理費），38条（名義貸しの禁止），39条（認定計画に従った実習監理等），40条（監理責任者の設置等），42条（監査報告等）及び43条（個人情報の取扱い）の内容を含む規程である必要があります（要領。最低限盛り込む事項を示した規程の例として，巻末資料３　技能実習制度運用要領別紙⑤参照）。なお，上記の技能実習法27条については，読替え後の職業安定法５条の３（労働条件の明示），５条の５（求人の申込み），５条の６（求職の申込み），５条の７（紹介の原則），32条の12（取扱職種の範囲等）及び34条において準用する20条（労働争議に対する不介入）が該当します。

上記の規程は，個人情報の適正管理及び秘密の保持に関する規程と一体のものとして差し支えないものです（要領）。

(ウ)　団体監理型技能実習の申込みの取次ぎの適正

団体監理型技能実習の申込みの取次ぎを受けようとする場合にあっては，次の要件を満たすものであることが必要です。即ち，①申請又は届出を行った外国の送出機関のみを利用し，それ以外のものを利用するものではないこと，②申請又は届出を行った国又は地域の技能実習生になろうとする者からの求職の申込みの取次ぎのみを受けることとし，それ以外の国又は地域を取り扱うものではないこと，③日本の出入国又は労働に関する法令はもとより，送出国の出入国又は労働に関する法令を遵守して活動するものであること，④技能実習生等に対して渡航費用その他の費用を貸し付け，又は実習実施者等がそれらの費用を貸し付けた技能実習生等に対して，雇用関係の成立のあっせんを行うものでないことが必要です（要領）。

(エ)　監理団体の役員や監理責任者の適格性

上記(ア)ないし(ウ)のほか，監理団体の役員や監理責任者としてふさわしくない者（例えば，役員や監理責任者が外国人である場合に在留資格で認められている活動の範囲を超えるとき）がある場合等は，監理事業を適正に遂行することができる能力を有するとは認められません（要領）。

第３　欠格事由

技能実習法26条１号ないし６号は，監理団体の許可に係る欠格事由として，一定の前科があること，５年以内に許可取消しを受けたこと，５年以内に出入国又は労働に関する法令に関し不正又は著しく不当な行為をしたこと等を定めています。具体的には，以下のとおりの欠格事由があります。これらの欠格事由は，①関係法律による刑罰を受けたことによる欠格事由，②技能実習法による処分等を受けたこと等による欠格事由，③申請者等の行為能力・役員等の適格性の観点からの欠格事由，④暴力団排除の観点からの欠格事由に分類できます。

１　技能実習法10条２号，４号又は12号に該当する者（法26条１号）

⑴　技能実習法10条２号に該当する者

技能実習法その他出入国若しくは労働に関する法令の規定（政令１条１号ないし15号参照）により，罰金の刑に処せられ，その執行を終わり，又は執行を受けることがなくなった日から起算して５年を経過しない者が該当します。

⑵　技能実習法10条４号に該当する者

健康保険法，船員保険法，労働者災害補償保険法，厚生年金保険法，労働保険の保険料の徴収等に関する法律又は雇用保険法の各関連規定により，罰金の刑に処せられ，その執行を終わり，又は執行を受けることがなくなった日から起算して５年を経過しない者が該当します。

⑶　技能実習法10条12号に該当する者

暴力団員等がその事業活動を支配する者が該当します。

２　技能実習法37条１項により監理許可を取り消され，当該取消しの日から起算して５年を経過しない者（法26条２号）

３　監理許可の取消しの処分に係る行政手続法15条の規定による通知が

あった日から当該処分をする日又は処分をしないことを決定する日までの間に，監理事業の廃止の届出をした者（当該事業の廃止について相当の理由がある者を除きます。）で，当該届出の日から起算して５年を経過しないもの（法26条３号）

4　監理団体の許可の申請の日前５年以内に出入国又は労働に関する法令に関し不正又は著しく不当な行為をした者（法26条４号）

「出入国又は労働に関する法令に関し不正又は著しく不当な行為をした者」（法26条４号，５号ロ）については，個別具体的な事案の重大性に応じて該当性が判断されることとなります（要領）。なお，旧制度又は現行制度施行以後を問わず，地方入国管理局から，技能実習生の受入れを一定期間認めない旨の「不正行為」の通知を受けている者については，当該受入れ停止期間中は欠格事由に該当し，監理団体の許可を受けることはできません（要領）。

5　役員のうちに次のいずれかに該当する者があるもの（法26条５号）

欠格事由の対象となる役員については，法人の役員に形式上なっている者のみならず，実態上法人に対して強い支配力を有すると認められる者も対象となります。具体的には，業務を執行する社員，取締役，執行役又はこれらに準ずる者をいい，相談役，顧問その他いかなる名称を有する者であるかを問わず，法人に対し業務を執行する社員，取締役，執行役又はこれらに準ずる者と同等以上の支配力を有するものと認められる者のことを指します（要領）。

⑴　技能実習法10条１号，３号，５号，９号又は10号に該当する者（法26条５号イ）

ア　技能実習法10条１号に該当する者

禁錮以上の刑に処せられ，その執行を終わり，又は執行を受けることがなくなった日から起算して５年を経過しない者が該当します。

イ　技能実習法10条３号に該当する者

暴力団員による不当な行為の防止等に関する法律又は刑法の関連規定の罪若しくは暴力行為等処罰に関する法律の罪を犯したことにより，罰金の刑に処せられ，その執行を終わり，又は執行を受けることがなくなった日から起算して５年を経過しない者が該当します。

ウ　技能実習法10条５号に該当する者

成年被後見人若しくは被保佐人又は破産手続開始の決定を受けて復権を得ない者が該当します。

エ　技能実習法10条９号に該当する者

暴力団員又は暴力団員でなくなった日から５年を経過しない者が該当します。

オ　技能実習法10条10号に該当する者

営業に関し成年者と同一の行為能力を有しない未成年者であって，その法定代理人が技能実習法10条１号ないし９号又は11号のいずれかに該当するものが該当します。

⑵　技能実習法26条１号（法10条12号に係る部分を除きます。）又は26条４号に該当する者（法26号５号ロ）

ア　技能実習法26条１号に該当する者

上記１のとおり（技能実習法10条２号，４号又は12号に該当する者）です。

イ　技能実習法26条４号に該当する者

上記４のとおり（監理団体の許可の申請の日前５年以内に出入国又は労働に関する法令に関し不正又は著しく不当な行為をした者）です。

⑶　監理許可を取り消された場合において，当該取消しの処分を受ける原因となった事項が発生した当時現に当該処分を受けた者の役員であった者で，当該取消しの日から起算して５年を経過しないもの（法26条５号ハ）

⑷　監理許可の取消しの処分に係る行政手続法15条の規定による通知があった日から当該処分をする日又は処分をしないことを決定する日までの間に監理事業の廃止の届出をした場合において，当該通知の日前60日以内に当該届出をした者（当該事業の廃止について相当の理由がある者を除きます。）の役員であった者で，当該届出の日から起算して５年を経過しないもの（法26条５号ニ）

6　暴力団員等をその業務に従事させ，又はその業務の補助者として使用するおそれのある者（法26条６号）

第3節 優良な監理団体（一般監理事業）及び実習実施者の要件

第３号団体監理型技能実習を行わせるためには，後記第１のとおり監理団体が優良な監理団体として一般監理事業の許可を受けており（法23条１項１号，25条１項７号，規則31条），かつ，後記第２のとおり実習実施者が優良要件に適合することが必要です（法９条10号，規則15条）。

第1 優良な監理団体（一般監理事業）の要件

監理団体が，優良な監理団体として一般監理事業の許可を受けるためには，技能実習の実施状況の監査その他の業務を遂行する能力につき高い水準を満たすものとして主務省令で定める基準に適合していることが必要です（法25条１項７号）。

主務省令たる技能実習法施行規則31条は，①技能実習の実施状況の監査その他の業務を行う体制及び実施状況（規則31条１号），②実習監理する技能実習における技能等の修得等に係る実績（規則31条２号），③出入国又は労働に関する法令への違反，技能実習生の行方不明者の発生その他の問題の発生状況（規則31条３号），④技能実習生からの相談に応じることその他の技能実習生に対する保護及び支援の体制及び実施状況（規則31条４号），⑤技能実習生と地域社会との共生に向けた取組の状況（規則31条５号）を総合的に評価すると規定しています。

具体的な運用に当たっては，下記の表で６割以上の点数（120点満点で72点以上）を獲得した場合に，「優良」であると判断されます（要領）。ただし，下記①のⅢ（斜体字部分）については，講習の整備から１年後において評価項目としてカウントするものとするので，当面はこれを除く項目で６割以上の点数（110点満点で66点以上）を獲得した場合に，「優良」であると判断されます（要領）。

	項　目	配　点
①団体監理型技能実習の実施状況の監査その他の業務を行う体制	【最大50点】 *＊講習の整備から１年までは最大40点*	
	Ⅰ　監理団体が行う定期の監査について，その実施方法・手順を定めたマニュアル等を策定し，監査を担当する職員に周知していること	・有：５点
	Ⅱ　監理事業に関与する常勤の役職員と実習監理を行う実習実施者の比率	・１：５未満：15点 ・１：10未満：７点
	Ⅲ　直近過去３年以内の監理責任者以外の監理団体の職員（監査を担当する者に限る。）の講習受講歴	*・60％以上：10点* *・50％以上60％未満：５点*
	Ⅳ　実習実施者の技能実習責任者，技能実習指導員，生活指導員等に対し，毎年，研修の実施，マニュアルの配布などの支援を行っていること	・有：５点
	Ⅴ　帰国後の技能実習生のフォローアップ調査に協力すること	・有：５点
	Ⅵ　技能実習生のあっせんに関し，監理団体の役職員が送出国での事前面接をしていること	・有：５点
	Ⅶ　帰国後の技能実習生に関し，送出機関と連携して，就職先の把握を行っていること	・有：５点
②技能等の修得等に係る実績	【最大40点】	
	Ⅰ　過去３年間の基礎級程度の技能検定等の学科試験及び実技試験の合格率（旧制度の基礎２級程度の合格率を含む。）	・95％以上：10点 ・80％以上95％未満：５点 ・75％以上80％未満：０点 ・75％未満：−10点
	Ⅱ　過去３年間の２・３級程度の技能検定等の実技試験の合格率 ＊計算方法は実習実施者の①Ⅱと同	・80％以上：20点 ・70％以上80％未満：15点 ・60％以上70％未満：10点

	じ ＊施行後３年間については，Ⅱに代えて，Ⅱ－２⑴及び⑵で評価することも可能とする。	・50％以上60％未満：０点 ・50％未満：　－20点
	Ⅱ－２⑴　直近過去３年間の３級程度の技能検定等の実技試験の合格実績	・２以上の実習実施者から合格者を輩出：　15点 ・１の実習実施者から合格者を輩出：　10点 ・上記以外：　－15点
	Ⅱ－２⑵　直近過去３年間の２級程度の技能検定等の実技試験の合格実績	・２以上の実習実施者から合格者を輩出：　５点 ・１の実習実施者から合格者を輩出：　３点
	Ⅲ　直近過去３年間の２・３級程度の技能検定等の学科試験の合格実績 ＊２級，３級で分けず，合格人数の合計で評価	・２以上の実習実施者から合格者を輩出：　５点 ・１の実習実施者から合格者を輩出：　３点
	Ⅳ　技能検定等の実施への協力 ＊傘下の実習実施者が，技能検定委員（技能検定における学科試験及び実技試験の問題の作成，採点，実施要領の作成や検定試験会場での指導監督などを職務として行う者）又は技能実習評価試験において技能検定委員に相当する者を社員等の中から輩出している場合や，実技試験の実施に必要とされる機材・設備等の貸与等を行っている場合を想定	・１以上の実習実施者から協力有：　５点
③法令違反・問題の発生状況	【最大５点】	
	Ⅰ　直近過去３年以内に改善命令を受けたことがあること（旧制度の改善命令相当の行政指導を含む。）	・改善未実施：　－50点 ・改善実施：　－30点
	Ⅱ　直近過去３年以内における失踪がゼロ又は失踪の割合が低いこと（旧制度を含む。）	・ゼロ：　５点 ・10％未満又は１人以下：　０点 ・20％未満又は２人以下：

		－５点 ・20％以上又は３人以上： －10点
	Ⅲ　直近過去３年以内に責めによるべき失踪があること（旧制度を含む。）	・該当：－50点
	Ⅳ　直近過去３年以内に傘下の実習実施者に不正行為があること（監理団体が不正を発見して機構（旧制度では地方入国管理局）に報告した場合を除く。）	・計画認定取消し（実習監理する実習実施者の数に対する認定を取り消された実習実施者（旧制度で認定取消し相当の行政指導を受けた者を含む。）の数の割合） 15％以上：　－10点 10％以上15％未満： －７点 ５％以上10％未満： －５点 ０％を超え５％未満： －３点 ・改善命令（実習監理する実習実施者の数に対する改善命令を受けた実習実施者（旧制度で改善命令相当の行政指導を受けた者を含む。）の数の割合） 15％以上：　－５点 10％以上15％未満： －４点 ５％以上10％未満： －３点 ０％を超え５％未満： －２点
④相談・支援体制	【最大15点】	
	Ⅰ　機構・監理団体が実施する母国語相談・支援の実施方法・手順を定めたマニュアル等を策定し，関係職員に周知していること	・有：５点
	Ⅱ　技能実習の継続が困難となった技	・有：５点

	能実習生（他の監理団体傘下の実習実施者で技能実習を行っていた者に限る。）に引き続き技能実習を行う機会を与えるための受入れに協力する旨の機構への登録を行っていること	
	Ⅲ　直近過去３年以内に，技能実習の継続が困難となった技能実習生（他の監理団体傘下の実習実施者で技能実習を行っていた者に限る。）に引き続き技能実習を行う機会を与えるために，当該技能実習生の受入れを行ったこと（旧制度下における受入れを含む。）	・有：５点
⑤地域社会との共生	【最大10点】	
	Ⅰ　受け入れた技能実習生に対し，日本語の学習の支援を行っている実習実施者を支援していること	・有：４点
	Ⅱ　地域社会との交流を行う機会をアレンジしている実習実施者を支援していること	・有：３点
	Ⅲ　日本の文化を学ぶ機会をアレンジしている実習実施者を支援していること	・有：３点

1　①技能実習の実施状況の監査その他の業務を行う体制に関するもの

(1)　Ⅰ監理団体が行う定期の監査について，その実施方法・手順を定めたマニュアル等を策定し，監査を担当する職員に周知していること

監理団体が行う定期の監査は，監理団体内部の複数の役職員が担当するものですが，その実施方法・手順を定めたマニュアル等を策定し，監査を担当する職員に周知することは，監査の適正な実施に資するものであることから，配点を設け，マニュアル等の策定を推奨しています。

⑵　Ⅱ監理事業に関与する常勤の役職員と実習監理を行う実習実施者の比率

監理事業に関与する常勤の役職員に比して，実習監理を行う実習実施者が多くなっている場合，実習監理を適正に行うことが難しくなってくることから，監理事業に関与する常勤の役職員と実習監理を行う実習実施者の比率が１：５未満であるなど，その比率が低い場合に，一定の配点を設けています。

⑶　Ⅲ直近過去３年以内の監理責任者以外の監理団体の職員（監査を担当する者に限る。）の講習受講歴

監理団体については，監理責任者以外の職員に対しては，監理責任者等講習（主務大臣が告示した養成講習機関が実施する講習）の受講は義務付けられていません。しかし，監査を指揮する監理責任者以外の職員についても，技能実習の適正な実施及び技能実習生の保護の観点から，当該講習の受講は効果的であることから，受講した場合に優良な監理団体の要件の加点要素とすることで，これを推奨するものです。

なお，講習の整備から１年後以降において評価項目とするものであり，そのため，当面はこれを除く項目で評価を行うこととなります。

また，「直近過去３年以内」とは，申請時を起点として遡った３年間における講習の受講実績を指します。直近３技能実習事業年度の受講実績ではありません（要領）。

⑷　Ⅳ～Ⅶの事項

上記⑴ないし⑶のほか，次の①ないし④の事項についても，監理団体が業務として行うことが，技能実習の適正な実施及び技能実習生の保護に資するものであることから，加点要素とすることで，推奨をするものです。

①　実習実施者の技能実習責任者，技能実習指導員，生活指導員等に対し，毎年，研修の実施，マニュアルの配布等の支援を行っていること

②　帰国後の技能実習生のフォローアップ調査に協力すること

③　技能実習生のあっせんに関し，監理団体の役職員が送出国での事前面接をしていること

④　帰国後技能実習生に関し，送出機関と連携して，就職先の把握を行っ

ていること

①に関し，研修の実施，マニュアルの配布等の支援については，傘下の実習実施者の全てに対して支援を行うことが求められます。

②に関し，「帰国後の技能実習生のフォローアップ調査に協力すること」については，フォローアップ調査への協力依頼が仮に当該監理団体に届いた際に適切に協力することを約することを求める趣旨ですが，実際にフォローアップ調査への協力依頼があった場合には，実際に協力する必要があります（対象となる技能実習生への調査表の配布を怠る等，協力が得られていないことが明らかな場合には加点されません）。

③に関し，全ての技能実習生のあっせんに際して事前面接を行うことまでが必要なわけではありませんが，少なくとも年に１回は送出国での事前面接を行っていることが求められます。

④に関し，全ての帰国後技能実習生に関して就職先を把握していることまでが必要なわけではありませんが，少なくとも全ての送出機関と連携して就職先の把握の取組みを行っていることが求められます。

2　②技能等の修得等に係る実績に関するもの

監理団体が実習監理を行った技能実習における技能等の修得等に係る実績について，優良な監理団体の要件の評価項目としています。これは，技能等の修得等を実際に行わせるのは，傘下の実習実施者ですが，監理団体が技能実習を適正に実習監理することが，技能等の修得等に係る実績につながるという考え方によるものです。具体的な評価項目の考え方は，後記第２　１の優良な実習実施者に関する「１　技能等の修得等に係る実績に関するもの」を参照して下さい。

なお，申請者たる監理団体の傘下の実習実施者が，申請者以外の他の監理団体から技能実習生を受け入れている場合には，技能検定等の合格率（合格実績）に算入できるのは，申請者が実習監理している範囲に限られます。他の監理団体の監理の下で実習した技能実習生の技能検定等の合格率（合格実績）を加算することはできません（機構Q&A（監理団体許可関係））。

3 ③法令違反・問題の発生状況に関するもの

(1)　Ⅰ直近過去３年以内に改善命令を受けたことがあること（旧制度の改善命令相当の行政指導を含む。）

改善命令を受けたことのある者には，法令違反の実績があることから大幅な減点を行うものです。

「直近過去３年以内」とは，申請時を起点として遡った３年間を指します。直近３技能実習事業年度ではありません。

「旧制度の改善命令相当の行政指導」とは，次のものを指します。即ち，①地方入国管理局からいわゆる「不正行為の通知」を受け，技能実習生の受入れを一定期間認めない旨の指導を受けていたもの（この起算点は，不正行為を行った時点ではなく，「不正行為の通知」を受け取った日です。），②上記のほか，旧制度の監理団体としての活動に関し，地方入国管理局から個別に「旧制度の改善命令相当の行政指導」に当たる旨の通知を受けたもの（この起算点は，当該通知内に記載されます。）です。

(2)　Ⅱ直近過去３年以内における失踪がゼロ又は失踪の割合が低いこと（旧制度を含む。）

失踪がゼロ又は失踪の割合が低いことを優良な監理団体の要件の加点要素とすることにより，失踪防止に関し積極的な配慮を行う監理団体となることを推奨するものです。

「直近過去３年以内」とは，申請時を起点として遡った３年間を指します。直近３技能実習事業年度ではありません。

次の分子分母によります。即ち，分子は過去３年以内の失踪者数であり，分母は，過去３年以内において新たに受入れを開始した技能実習生の総数です。

「10％未満又は１人以下」，「20％未満又は２人以下」又は「20％以上又は３人以上」の区分については，一律に失踪の割合だけで評価した場合には小規模な監理団体では少数の失踪者が発生しただけでも大きな減点となってしまうことに配慮して失踪者数による評価を可能としたものです。失踪の割合よりも失踪者数により評価した方が申請者に有利な場合には失踪者数により評価を行うこととなります。

⑶　Ⅲ直近過去３年以内に責めによるべき失踪があること（旧制度を含む。）

責めによるべき失踪を発生させたことのある者は，技能実習を適正に実施する能力が乏しいと考えられることから，大幅な減点を行うものです。

「直近過去３年以内」とは，申請時を起点として遡った３年間を指します。直近３技能実習事業年度ではありません。

責めによるべき失踪であるか否かは個別具体的な判断となりますが，例えば，技能実習生に対して劣悪な環境下での業務を強制する，技能実習生に対する暴行等を図る等の事情により失踪が発生したと考えられる場合には，帰責性があると判断されることになります。

⑷　Ⅳ直近過去３年以内に傘下の実習実施者に不正行為があること（監理団体が不正を発見して機構（旧制度では地方入国管理局）に報告した場合を除く。）

傘下の実習実施者が不正行為を行った場合には，技能実習を適正に監理できていなかったと考えられることから，その割合に応じて減点を行うものです。

「直近過去３年以内」とは，申請時を起点として遡った３年間を指します。直近３技能実習事業年度ではありません。

次の分子分母によります。即ち，分子は，過去３年以内に技能実習計画の認定の取消し又は改善命令を受けた傘下の実習実施者の数であり，分母は，過去３年以内において実習監理を行った実習実施者の総数です。

「旧制度の認定取消し相当の行政指導」とは，地方入国管理局からいわゆる「不正行為の通知」を受け，技能実習生の受入れを一定期間認めない旨の指導を受けていたもの（この起算点は，不正行為を行った時点ではなく，「不正行為の通知」を受け取った日です。）です。

「旧制度の改善命令相当の行政指導」とは，上記のほか，旧制度の実習実施機関としての活動に関し，地方入国管理局から個別に「旧制度の改善命令相当の行政指導」に当たる旨の通知を受けたもの（この起算点は，当該通知内に記載されます。）です。

4　④相談・支援体制に関するもの

(1)　Ⅰ機構・監理団体が実施する母国語相談・支援の実施方法・手順を定めたマニュアル等を策定し，関係職員に周知していること

監理団体に技能実習生から相談があった際に速やかに機構や監理団体で実施している母国語相談の窓口を紹介したりできるよう，その手順をあらかじめ定めて関係職員に周知しておくことを求めるものです。マニュアル等の内容は，その分量にかかわらず，技能実習生から相談を受けた際に適切に対応できるよう母国語相談・支援の実施方法や手順が具体的に記載されたものである必要があります。

(2)　Ⅱ技能実習の継続が困難となった技能実習生（他の監理団体傘下の実習実施者で技能実習を行っていた者に限る。）に引き続き技能実習を行う機会を与えるための受入れに協力する旨の機構への登録を行っていること

他の実習実施者の事業上・経営上の都合等やむを得ない事情により技能実習の継続が困難となった技能実習生に引き続き技能実習の機会を与えるため，受入れに協力する旨の機構への登録を現に行っていることを推奨するものです。申請時点において機構が登録の受付を開始していない場合には，登録の受付の開始後速やかに登録を行うことを約することで差し支えありません。

(3)　Ⅲ直近過去３年以内に，技能実習の継続が困難となった技能実習生（他の監理団体傘下の実習実施者で技能実習を行っていた者に限る。）に引き続き技能実習を行う機会を与えるために，当該技能実習生の受入れを行ったこと（旧制度下における受入れを含む。）

他の実習実施者の事業上・経営上の都合等やむを得ない事情により技能実習の継続が困難となった技能実習生に引き続き技能実習の機会を与えるため，他の監理団体から技能実習生を引き受けて技能実習を行わせることは技能実習生の保護にも資することから，これを推奨するものです。受け入れた技能実習生が１名でもいれば，この要件に適合します。「直近過去３年以内」とは，申請時を起点として遡った３年間を指します。

5 ⑤地域社会との共生に関するもの

技能実習生と地域社会との共生を図る取組みを行うことは，一義的には技能実習生に実習を行わせる実習実施者に求められるものですが，監理団体が技能実習生と地域社会との共生を図る取組みを行っている実習実施者を支援することも重要であるため，優良な監理団体の要件の加点要素とすることで，これを推奨するものです。具体的な評価項目の考え方は，後記第２　５の優良な実習実施者に関する「５　地域社会との共生に関するもの」を参照して下さい。

第２ 優良な実習実施者の要件

実習実施者が，優良な実習実施者であると認められるためには，技能等の修得等をさせる能力につき高い水準を満たすものとして規則で定める基準に適合していることが必要です（法９条10号）。

技能実習法施行規則15条は，①技能等の修得等に係る実績（規則15条１号），②技能実習を行わせる体制（規則15条２号），③技能実習生の待遇（規則15条３号），④出入国又は労働に関する法令への違反，技能実習生の行方不明者の発生その他の問題の発生状況（規則15条４号），⑤技能実習生からの相談に応じることその他の技能実習生に対する保護及び支援の体制及び実施状況（規則15条５号），⑥技能実習生と地域社会との共生に向けた取組の状況（規則15条６号）を総合的に評価すると規定しています。

具体的な運用に当たっては，下記の表で６割以上の点数（120点満点で72点以上）を獲得した場合に，優良な実習実施者の基準に適合するとされます（要領）。ただし，下記②のⅠ及びⅡ（斜体字部分）については，講習の整備から１年後において評価項目としてカウントするものとするので，当面はこれを除く項目で６割以上の点数（110点満点で66点以上）を獲得した場合に，優良であると判断されます（要領）。

	項　目	配　点
①技能等の修得等に係る実績	【最大70点】	
	Ⅰ　過去３年間の基礎級程度の技能検定等の学科試験及び実技試験の合格率（旧制度の基礎２級程度の合格率を含む。）	・95％以上：　20点 ・80％以上95％未満：10点 ・75％以上80％未満：０点 ・75％未満：　−20点
	Ⅱ　過去３年間の２・３級程度の技能検定等の実技試験の合格率 〈計算方法〉 分母：新制度の技能実習生の２号・３号修了者数 −うちやむを得ない不受検者数 ＋旧制度の技能実習生の受検者数 分子：（３級合格者数＋２級合格者数×1.5）×1.2 ＊旧制度の技能実習生の受検実績について，施行日以後の受検実績は必ず算入。施行日前については，施行前の基準日以前の受検実績は算入しないこととすることも可。 ＊施行後３年間については，Ⅱに代えて，Ⅱ−２⑴及び⑵で評価することも可能とする。	・80％以上：　40点 ・70％以上80％未満：30点 ・60％以上70％未満：20点 ・50％以上60％未満：０点 ・50％未満：　−40点
	Ⅱ−２⑴　直近過去３年間の３級程度の技能検定等の実技試験の合格実績	・合格者３人以上：　35点 ・合格者２人：　25点 ・合格者１人：　15点 ・合格者なし：　−35点
	Ⅱ−２⑵　直近過去３年間の２級程度の技能検定等の実技試験の合格実績	・合格者２人以上：　５点 ・合格者１人：　３点
	Ⅲ　直近過去３年間の２・３級程度の技能検定等の学科試験の合格実績 ＊２級，３級で分けず，合格人数の合計で評価	・合格者２人以上：　５点 ・合格者１人：　３点
	Ⅳ　技能検定等の実施への協力 ＊技能検定委員（技能検定における学科試験及び実技試験の問題の作	・有：５点

	成，採点，実施要領の作成や検定試験会場での指導監督などを職務として行う者）又は技能実習評価試験において技能検定委員に相当する者を社員等の中から輩出している場合や，実技試験の実施に必要とされる機材・設備等の貸与等を行っている場合を想定	
②技能実習を行わせる体制	*【最大10点】* *＊講習の整備から１年までは配点なし*	
	Ⅰ　直近過去３年以内の技能実習指導員の講習受講歴	*・全員有：５点*
	Ⅱ　直近過去３年以内の生活指導員の講習受講歴	*・全員有：５点*
③技能実習生の待遇	【最大10点】	
	Ⅰ　第１号技能実習生の賃金（基本給）のうち最低のものと最低賃金の比較	・115％以上：５点 ・105％以上115％未満：３点
	Ⅱ　技能実習生の賃金に係る技能実習の各段階ごとの昇給率	・５％以上：５点 ・３％以上５％未満：３点
④法令違反・問題の発生状況	【最大５点】	
	Ⅰ　直近過去３年以内に改善命令を受けたことがあること（旧制度の改善命令相当の行政指導を含む。）	・改善未実施：－50点 ・改善実施：－30点
	Ⅱ　直近過去３年以内における失踪がゼロ又は失踪の割合が低いこと（旧制度を含む。）	・ゼロ：５点 ・10％未満又は１人以下：０点 ・20％未満又は２人以下：－５点 ・20％以上又は３人以上：－10点
	Ⅲ　直近過去３年以内に責めによるべき失踪があること（旧制度を含む。）	・該当：－50点
⑤相談・支援体制	【最大15点】	
	Ⅰ　母国語相談・支援の実施方法・手	・有：５点

	順を定めたマニュアル等を策定し，関係職員に周知していること	
	Ⅱ　受け入れた技能実習生について，全ての母国語で相談できる相談員を確保していること（旧制度を含む。）	・有：５点
	Ⅲ　直近過去３年以内に，技能実習の継続が困難となった技能実習生に引き続き技能実習を行う機会を与えるために当該技能実習生の受入れを行ったこと（旧制度下における受入れを含む。）	・有：５点
⑥地域社会との共生	【最大10点】	
	Ⅰ　受け入れた技能実習生に対し，日本語の学習の支援を行っていること	・有：４点
	Ⅱ　地域社会との交流を行う機会をアレンジしていること	・有：３点
	Ⅲ　日本の文化を学ぶ機会をアレンジしていること	・有：３点

1　技能等の修得等に係る実績に関するもの

(1)「過去３年間の基礎級程度の技能検定等の学科試験及び実技試験の合格率（旧制度の基礎２級程度の合格率を含む。）」について

ア　分子分母

分子は合格者数とし，分母は第１号技能実習修了者数（旧制度を含みます。）からやむを得ない不受検者数を控除したものとします。「修了者」は，当該技能実習事業年度中に第１号技能実習を修了した者を指します。「やむを得ない不受検者」は，本来対象となるものの，実習実施者の責めによらない理由での失踪や技能実習生の事情による途中帰国等により，不受検となった者をいい，不受検となった原因が実習実施者の責任とはいえないものを指します。

イ　過去３年間の合格率

直近３技能実習事業年度における合格率を指します。直近３技能実習事業年度の実績の総計でみるため，受検実績がない技能実習事業年度があっても差し支えありません。

⑵　「過去３年間の２・３級程度の技能検定等の実技試験の合格率」について

ア　分子分母

分子は，（３級合格者数＋２級合格者数×1.5）×1.2とし，分母は，第２号技能実習修了者数＋第３号技能実習修了者数－やむを得ない不受検者数＋旧制度の技能実習生の受検者数とします。

「×1.5」は，日本人受検者の３級合格率と２級合格率の差を踏まえて設定する調整指数であり，「×1.2」は，３級における日本人受検者の合格率と外国人受検者の合格率の差を踏まえて設定する調整指数です。旧制度の技能実習生については，３級程度の技能検定等の実技試験の受検が義務ではなかったことから，修了者ではなく，受検者を分母に加える仕組みとしています。

「修了者」は，当該技能実習事業年度中に第２号技能実習又は第３号技能実習を修了した者を指します。

「やむを得ない不受検者」とは，本来対象となるものの，実習実施者の責めによらない理由での失踪や技能実習生の事情による途中帰国などにより，不受検となった者をいい，不受検となった原因が実習実施者の責任とはいえないものを指します。

イ　過去３年間の合格率

直近３技能実習事業年度における合格率を指します。直近３技能実習事業年度の実績の総計でみるため，合格実績がない技能実習事業年度があっても差し支えありません。

⑶　「直近過去３年間の２・３級程度の技能検定等の学科試験の合格実績」について

「直近過去３年間」の合格実績とは，申請時を起点として遡った３年間における合格実績を指します。直近３技能実習事業年度の合格実績ではありません。「合格実績」は，技能実習生（旧制度の技能実習生を含みます。）が受検して合格したものでなければなりません。

⑷　「技能検定等の実施への協力」について

例えば，以下のものが該当します（いずれも申請時を起点として遡った１年間における実績を求めるものです。）。

①　技能検定委員（技能検定における学科試験及び実技試験の問題の作成，採点，実施要領の作成や検定試験会場での指導監督等を職務として行う者）を社員等（退職したOB・OGも含みます。）の中から輩出している場合

②　技能実習評価試験において技能検定委員に相当する者を社員等の中から輩出している場合

③　技能検定等の実技試験の実施に必要とされる機材・設備等の貸与等を行い，技能検定等の実施への協力している場合

⑸　留意事項

ア　技能実習生が一度技能検定等を不合格となった場合について

技能実習生が一度技能検定等を不合格となり，再度同一の技能検定等を受検する場合等については，１人の技能実習生が複数回受検することとなりますが，このように複数回受検した場合については，最終的な合否を合格率の計算において算入することとなります。

イ　既に帰国済みの技能実習生の受検について

既に旧制度下で技能実習を終えて母国に帰国済みの技能実習生であっても，前段階の技能実習の目標を達成した上で，他の要件を全て満たせば，次の段階の技能実習を行うための再度の来日が可能です（例えば，旧制度の第２号技能実習を終えて帰国済みの技能実習生が，他の要件を全て満たした上で３級の技能検定等の実技試験に合格すれば，第３号技能実習生としての来日が可能です。）。

このような既に旧制度下で技能実習を終えて母国に帰国済みの技能実習生が所定の技能検定等に合格するために，「短期滞在」等の在留資格により来日して受検をすることが想定されますが，このような場合も，前段階の技能実習の修了時における実習実施者の合格率や合格実績の計算において算入することとなります。

ウ　優良な実習実施者として技能実習を行わせ続けることについて

「優良」であると一度判断された後も，優良な実習実施者として技能実習を行わせ続けるためには，上記の表で６割以上の点数を保ち続ける必要があります。そのためには，合格率や合格実績を高い水準で保ち続けることが必要であることに留意が必要です。合格率が低下し，他のポイントを合わせても６割未満の点数となってしまった場合には，優良な実習実施者として技能実習計画の認定を受けることができなくなります。

2　技能実習生の待遇に関するもの

⑴　「第１号技能実習生の賃金（基本給）のうち最低のものと最低賃金の比較」について

最低賃金との比較になりますので，日給や月給で給与が支払われている技能実習生については，時間当たりの賃金を算出して比較することになります。

地域別最低賃金との比較が原則となりますが，特定最低賃金が適用される場合には，特定最低賃金と比較することとなります。

比較を行う時点は，原則として，申請が行われた技能実習事業年度の年頭（４月１日）とし，当該時点の最低賃金と，当該月の第１号技能実習生の賃金（基本給）のうちその額が最も低いものと比較することとなります。当該時点では第１号技能実習生を受け入れていない等の場合には，当該技能実習事業年度内で適切に比較が可能な時期で比較することとなります。

⑵　「技能実習生の賃金に係る技能実習の各段階ごとの昇給率」について

直近の技能実習事業年度に申請者において第１号技能実習又は第２号技能実習を修了した技能実習生のうち引き続き申請者が次の段階の技能実習を行わせた者が対象となります。

対象の技能実習生の前段階の技能実習開始時点の報酬と，次段階の技能実習開始時点の報酬とを比較し，昇給率を算出します。

対象の技能実習生が複数いる場合の昇給率は複数の技能実習生の昇給率の平均値とします。

3 法令違反・問題の発生状況に関するもの

(1) 「直近過去３年以内に改善命令を受けたことがあること（旧制度の改善命令相当の行政指導を含む。）」について

旧制度の改善命令相当の行政指導とは，以下のものを指します。

① 地方入国管理局からいわゆる「不正行為の通知」を受け，技能実習生の受入れを一定期間認めない旨の指導を受けていたもの（この起算点は，不正行為を行った時点ではなく，「不正行為の通知」を受け取った日です。）

② 上記のほか，旧制度の実習実施機関としての活動に関し，地方入国管理局から個別に「旧制度の改善命令相当の行政指導」に当たる旨の通知を受けたもの（この起算点は，当該通知内に記載されます。）

(2) 「直近過去３年以内における失踪がゼロ又は失踪の割合が低いこと（旧制度を含む。）」について

分子は，過去３年以内の失踪者数とし，分母は，過去３年以内において新たに受入れを開始した技能実習生の総数とします。

「10％未満又は１人以下」，「20％未満又は２人以下」又は「20％以上又は３人以上」の区分については，一律に失踪の割合だけで評価した場合には小規模な実習実施者では少数の失踪者が発生しただけでも大きな減点となってしまうことに配慮して失踪者数による評価を可能としたものです。失踪の割合よりも失踪者数により評価した方が申請者に有利な場合には失踪者数により評価を行うこととなります。

(3) 「直近過去３年以内に責めによるべき失踪があること（旧制度を含む。）」について

責めによるべき失踪であるか否かは個別具体的な判断となりますが，例えば，技能実習生に対する報酬を適切に支払わない，技能実習生に対して劣悪な環境下での業務を強制する等の事情により失踪が発生したと考えられる場合には，帰責性があると判断されることになります。

4 相談・支援体制に関するもの

⑴ 「母国語相談・支援の実施方法・手順を定めたマニュアル等を策定し，関係職員に周知していること」について

実習実施者において技能実習生から相談があった際に速やかに機構や監理団体で実施している母国語相談の窓口を紹介したりできるよう，その手順をあらかじめ定めて関係職員に周知しておくことを求めるものです。マニュアル等の内容は，その分量にかかわらず，技能実習生から相談を受けた際に適切に対応できるよう母国語相談・支援の実施方法や手順が具体的に記載されたものである必要があります。

⑵ 「受け入れた技能実習生について，全ての母国語で相談できる相談員を確保していること（旧制度を含む。）」について

相談員については，実習実施者自らが，母国語に対応できる常勤又は非常勤の職員を確保している必要があります（派遣労働者として受け入れる場合も含みます。）。メールや電話での相談の体制を委託により整備することでは認められません。

監理団体が相談員を確保していることは監理団体が許可を受けるための前提であることから，監理団体として確保している相談員と重複する者を選任することでは認められません。

5 地域社会との共生に関するもの

⑴ 「受け入れた技能実習生に対し，日本語の教育の支援を行っていること」について

例えば，①実習実施者自身が教材を用意し日本語講習を実施すること，②外部講師を招いて日本語教育を実施すること，③日本語学校へ通学する際の金銭的支援をすることが該当します。単に日本語学校の紹介をすること，日本語のみの時間を実習中に設定すること，職員との日常会話の機会を増やすことといった対応のみでは，日本語の教育の支援を行っているとはいえません。

⑵「地域社会との交流を行う機会をアレンジしていること」について

例えば，①地域祭りを企画して技能実習生を参加させること，②ボランティア活動に技能実習生を参加（ゴミ拾い，老人ホーム訪問等）させること，③町内会に技能実習生を参加させること，④国際交流イベントを実施して技能実習生を参加させることが該当します。一般人向け（日本人向け）のイベントを単に周知するといった対応のみでは，地域社会との交流を行う機会をアレンジしたとはいえません。

⑶「日本の文化を学ぶ機会をアレンジしていること」について

例えば，①季節ごとのイベントを実施（正月，花見，月見等）すること，②文化講習を実施（実施者の施設内もしくは実施者の主導による茶道体験，折り紙，着付け，和食作り等）すること，③外部の文化講習等を受講する際の金銭的支援をすること，④社会科見学（博物館・美術館・寺院等の見学）を実施することが該当します。技能実習生と日本食を単に食べに行く，一般人向け（日本人向け）のイベントを単に周知するといった対応のみでは，日本の文化を学ぶ機会をアレンジしたとはいえません。

監理団体の許可申請に係る添付書類

監理団体の許可申請に係る監理団体許可申請書（省令様式第11号）の添付書類は，図３－８のとおりです（法23条３項，４項，規則27条）。監理事業計画書（省令様式第12号）については，監理事業を行う事業所ごとに提出が必要であり（法23条３項），事業所が複数ある場合には，当該事業所の数だけ作成して提出しなければなりません。

なお，技能実習法令の規定により法務大臣及び厚生労働大臣又は機構に提出する資料が外国語により作成されているときは，その資料に日本語の翻訳文を添付しなければなりません（規則68条１項）。また，技能実習法令の規定により法務大臣及び厚生労働大臣又は機構に提出し，又は事業所に備えて置く日本語の書類に，技能実習生の署名を求める場合には，技能実習生が十分に理解できる言語も併記の上，署名を求めなければなりません（規則68条２項）。

図３－８　監理団体の許可申請の添付書類一覧

番号	必要な書類	様式番号	申請の種類				留意事項
			新規許可	有効期間更新	事業区分変更（特定→一般）	事業区分変更（一般→特定）	
1	監理事業計画書	省令様式第12号	◎	◎	◎	◎	
2	申請者の概要書	参考様式第2-1号	○	△	△	△	
3	登記事項証明書	－	○	△	△	△	
4	定款又は寄付行為の写し	－	○	△	△	△	
5	船員職業安定法34条１項の許可証の写し	－	○	△	△	△	船員である技能実習生に係る実習監理を行う場合に提出が必要。
6	直近２事業年度の貸借対照表の写し（6～9：同一年度のもの）	－	○	△	△	△	直近の事業年度で債務超過がある場合、中小企業診断士、公認会計士等の企業評価を行う能力を有すると認められる公的資格を有する第三者が改善の見通しについて評価を行った書類の提出も必要。
7	直近２事業年度の損益計算書又は収支計算書の写し	－	○	△	△	△	
8	直近２事業年度の法人税の確定申告書の写し	－	○	△	△	△	税務署の受付印があるものに限る。
9	直近２事業年度の法人税の納税証明書	－	○	△	△	△	納税証明書「その２」の所得金額の証明の提出が必要。
10	預金残高証明書等の現金・預金の額を証する書類	－	○	○	○	○	
11	監理事業所の土地・建物に係る不動産登記事項証明書	－	◎	△	△	△	
12	監理事業所の不動産賃貸借契約書の写し	－	◎	△	△	△	
13	個人情報の適正管理及び秘密の保持に関する規程の写し	－	◎	△	△	△	主務大臣が規程例（要領別紙⑥）を示しているので参照のこと。
14	監理団体の組織体系図	－	○	△	△	△	個人情報を取り扱う部署が区分されていることを明示することが必要。
15	監理団体の業務の運営に係る規程の写し	－	◎	△	△	△	主務大臣が規程例（要領別紙⑤）を示しているので参照のこと。

（注１）様式番号の欄のうち、
省令様式は必ず使用しなければならない様式
参考様式は必ず使用しなければならない様式ではないが同様の内容を記載した書類を提出する必要があるもの
（注２）提出の要否欄のうち、
◎印は、監理事業所ごとに提出が必要なもの
○印は、必ず提出が必要なもの
△印は、過去５年以内に機構への申請又は届出の際に提出しておりその内容に変更がない場合に限り提出が不要なもの
×印は、提出が不要なもの

番号	必要な書類	様式番号	申請の種類				留意事項
			新規許可	有効期間更新	事業区分変更（特定→一般）	事業区分変更（一般→特定）	
１６	申請者の誓約書	参考様式第2-2号	○	○	○	○	
１７	役員の住民票の写し ※役員が営業に関し成年者と同一の行為能力を有しない未成年者である場合 １　法定代理人が個人の場合 法定代理人の住民票の写し ２　法定代理人が法人の場合 法定代理人の登記事項証明書、定款又は寄付行為の写し	-	○	△	△	△	・役員全員分の提出が必要（監理事業に直接的に関与しない役員に関しては、住民票の写しに代えて、誓約書（監理事業に直接的に関与しない旨と法令に定められている欠格事由に該当する者ではない旨について申請者が確認し、誓約したもの。様式は機構HP参照）の提出でも可） ・マイナンバーの記載がないもの。 ・日本人の場合は、本籍地及び筆頭者の記載があるもの。 ・外国人（特別永住者を除く）の場合は、国籍等、在留資格、在留期間、在留期間の満了の日、在留カード番号の記載があるもの。 ・特別永住者の場合は、特別永住者である旨、特別永住者証明書番号の記載があるもの。
１８	役員の履歴書	参考様式第2-3号	○	△	△	△	全員分の提出が必要
１９	監理責任者の住民票の写し	-	○	△	△	△	・マイナンバーの記載がないもの。 ・日本人の場合は、本籍地及び筆頭者の記載があるもの。 ・外国人（特別永住者を除く）の場合は、国籍等、在留資格、在留期間、在留期間の満了の日、在留カード番号の記載があるもの。 ・特別永住者の場合は、特別永住者である旨、特別永住者証明書番号の記載があるもの。
２０	監理責任者の履歴書	参考様式第２－４号	○	△	△	△	
２１	監理責任者講習の受講証明書の写し	-	○	○	△	△	
２２	監理責任者の就任承諾書及び誓約書の写し	参考様式第２－５号	○	○	○	○	
２３	監理責任者の社会保険・労働保険の加入状況を証する書類（健康保険等の被保険者証などの写し）	-	○	○	○	○	

（注１）様式番号の欄のうち、
　省令様式は必ず使用しなければならない様式
　参考様式は必ず使用しなければならない様式ではないが同様の内容を記載した書類を提出する必要があるもの
（注２）提出の要否欄のうち、
　◎印は、監理事業所ごとに提出が必要なもの
　○印は、必ず提出が必要なもの
　△印は、過去５年以内に機構への申請又は届出の際に提出しておりその内容に変更がない場合に限り提出が不要なもの
　×印は、提出が不要なもの

番号	必要な書類	様式番号	申請の種類				留意事項
			新規許可	有効期間更新	事業区分変更（特定→一般）	事業区分変更（一般→特定）	
２４	外部監査人の概要書	参考様式第２-６号	○	△	△	△	外部役員の措置を講じない場合にのみ必要。
２５	外部監査人講習の受講証明書の写し	-	○	○	△	△	
２６	外部監査人の就任承諾書及び誓約書の写し	参考様式第２-７号	○	○	○	○	
２７	指定外部役員の就任承諾書及び誓約書の写し	参考様式第２-８号	○	○	○	○	外部監査の措置を講じない場合にのみ必要。
２８	外国の送出機関の概要書	参考様式第２-９号	○	△	△	△	
２９	外国政府発行の外国政府認定送出機関の認定証の写し	-	○	△	△	△	外国政府認定送出機関（機構のＨＰの一覧を参照）に該当する場合に提出が必要。
３０	監理団体と外国の送出機関との団体監理型技能実習の申込みの取次ぎに関する契約書の写し	-	○	△	△	△	
３１	外国の送出機関の登記や登録がされていることを証する書類	-	○	△	△	△	外国政府認定送出機関の場合には提出不要。
３２	送出国の技能実習制度関係法令を明らかにする書類	-	○	△	△	△	外国政府認定送出機関の場合には提出不要。
３３	外国の送出機関が送出国の技能実習制度関係法令に従って技能実習に関する事業を適法に行う能力を有する書類	-	○	△	△	△	外国政府認定送出機関の場合には提出不要。
３４	外国の送出機関の誓約書	参考様式第２-11号	○	○	○	○	外国政府認定送出機関の場合には提出不要。
３５	外国の送出機関の推薦状	参考様式第２-12号	○	○	○	○	外国政府認定送出機関の場合には提出不要。
３６	外国の送出機関が徴収する費用明細書	参考様式第２-10号	○	○	○	○	外国政府認定送出機関の場合には提出不要。

（注１）様式番号の欄のうち、
　　省令様式は必ず使用しなければならない様式
　　参考様式は必ず使用しなければならない様式ではないが同様の内容を記載した書類を提出する必要があるもの
（注２）提出の要否欄のうち、
　　◎印は、監理事業所ごとに提出が必要なもの
　　○印は、必ず提出が必要なもの
　　△印は、過去５年以内に機構への申請又は届出の際に提出しておりその内容に変更がない場合に限り提出が不要なもの
　　×印は、提出が不要なもの

番号	必要な書類	様式番号	申請の種類				留意事項
			新規許可	有効期間更新	事業区分変更（特定→一般）	事業区分変更（一般→特定）	
３７	技能実習計画作成指導者の履歴書	参考様式第２-13号	○	△	△	△	取扱職種の全てについての作成指導者のものの提出が必要。
３８	優良要件適合申告書（監理団体）	参考様式第２-14号	○	○	○	×	一般監理事業の許可を受けようとする場合に提出が必要。

（注１）様式番号の欄のうち、
　　省令様式は必ず使用しなければならない様式
　　参考様式は必ず使用しなければならない様式ではないが同様の内容を記載した書類を提出する必要があるもの
（注２）提出の要否欄のうち、
　　◎印は、監理事業所ごとに提出が必要なもの
　　○印は、必ず提出が必要なもの
　　△印は、過去５年以内に機構への申請又は届出の際に提出しておりその内容に変更がない場合に限り提出が不要なもの
　　×印は、提出が不要なもの

※　監理団体の業務の実施に関する基準に関し事業所管大臣が告示で要件を定めた職種に係る監理団体の許可申請である場合や、個別具体的な申請内容に応じて資料が必要であると認められる場合などには、上記以外の資料の提出が求められることがあります。

第5節 監理団体に対する処分

第1 監理団体の遵守事項（運営基準）

監理団体については，認定を受けた技能実習計画に従って技能実習の実習監理を行わなければならない旨が，監理団体としての遵守事項として規定されています（法39条１項）。この遵守事項は，監理団体の許可に係る欠格事由と規定して直ちに排除するという位置付けではありません。しかし，認定を受けた技能実習計画に従って実習監理していない場合は，適切に監理事業を実施していないと評価され，改善命令等の措置が必要となります。その改善命令等の端緒とするために監理団体の遵守事項として規定されているのです。

また，監理団体は，実習監理を行う実習実施者が技能実習生の技能等の評価を行うに当たっては，当該実習実施者に対し，必要な指導及び助言を行わなければならないことも規定されています（法39条２項）。

そのほか監理団体が，その運営に当たって遵守しなければならない基準（運営基準）として，監査その他の業務の実施に関して基準が主務省令において規定されています（法39条３項）。主務省令たる技能実習法施行規則52条１号ないし16号は，上記第２節第２　２(2)のとおり，①実習実施者に対する定期監査（規則52条１号），②実習認定取消事由に該当する疑いがある場合の監査（規則52条２号），③第１号技能実習に係る定期の実地確認及び指導（規則52条３号），④不当な方法で勧誘又は紹介を行わないこと（規則52条４号），⑤外国送出機関との取次契約締結時の確認及び契約書記載（規則52条５号），⑥申込みの取次ぎは，外国の送出機関からのものに限ること（規則52条６号），⑦第１号技能実習生に対する入国後講習の実施（規則52条７号），⑧技能実習計画の作成指導（規則52条８号），⑨帰国旅費の負担等の必要な措置（規則52条９号），⑩人権侵害行為を行わないこと（規則52条10号），⑪偽変造文書・

図画又は虚偽文書・図画の行使・提供を行わないこと（規則52条11号），⑫認定計画と反する内容の取決めをしないこと（規則52条12号），⑬外国人技能実習機構への報告（規則52条13号），⑭実習生からの相談対応（規則52条14号），⑮規程の掲示（規則52条15号），⑯事業所管大臣が告示で特則要件を定めた場合には，当該特則要件を満たすこと（規則52条16号）を規定しています。

このように，技能実習法は，監理団体について，許可制とした上で，それ自体（運営基準を遵守していること自体）を許可基準とするほどのものではないものの，事業を実施するに当たって守らなければならない運営基準を別途規定し，当該基準に違反した場合には改善命令等の対象とする仕組みとしています。

第２　報告徴収，改善命令，許可の取消し

1　報告徴収等

主務大臣は，団体監理型技能実習関係者（監理団体等又は団体監理型実習実施者若しくは団体監理型実習実施者であった者をいいます。以下同じ。）又は団体監理型技能実習関係者の役職員若しくは役職員であった者（以下「役職員等」といいます。）に対し，報告若しくは帳簿書類の提出若しくは提示を命じ，若しくは団体監理型技能実習関係者若しくは役職員等に対し出頭を求め，又は当該主務大臣の職員に関係者に対して質問させ，若しくは団体監理型技能実習関係者に係る事業所その他団体監理型技能実習に関係のある場所に立ち入り，その設備若しくは帳簿書類その他の物件を検査させることができます（法35条１項）。なお，監理団体による労働関係法令指導義務（法40条３項ないし５項）に係る報告徴収等の権限については，主務大臣の技能実習制度を担当する職員のほか，労働基準監督官（法105条１項）又は船員労務官（法105条２項）が権限を行使することが想定されています。

主務大臣が行う報告徴収等について，拒んだり，虚偽の回答を行ったりした場合等には，監理団体の許可の取消事由となる（法37条１項）ほか，罰則

（30万円以下の罰金）の対象ともなります（法112条１号）。

なお，機構は，監理団体に対して１年に１回程度の頻度，実習実施者に対して３年に１回程度の頻度で定期的に実地検査を行うことを予定しています。機構が行う検査には積極的に協力し，技能実習が適正に行われていることを明らかにすることが求められます（要領）。

2 改善命令

主務大臣は，監理団体が，技能実習法その他出入国若しくは労働に関する法令に違反した場合において，監理事業の適正な運営を確保するために必要があると認めるときは，当該監理団体に対し，期限を定めて，その監理事業の運営を改善するために必要な措置をとるべきことを命ずることができます（法36条１項）。主務大臣は，この改善命令をした場合には，その旨を公示します（法36条２項）。

この改善命令は，違反行為そのものについての是正を行うことはもとより，監理団体として，違反行為を起こすような管理体制や運営を行っていることについて，改善を行わせることを目的として発せられるものです。監理団体は，主務大臣から，期限を定めて問題となっている事項の改善に必要な措置をとるよう命じられますので，期限内に命じられた事項について，改善措置を講じる必要があります。改善命令に従わない場合や，改善措置を講じたとしても主務大臣から適切な措置であると認められない場合には，監理団体の許可の取消事由となる（法37条１項１号，４号，５号）ほか，罰則（６月以下の懲役又は30万円以下の罰金）の対象ともなります（法111条３号）。

改善命令を受けた場合は，示された改善期日までに改善のために主務大臣が求めた措置が講じられ，かつ，今後は法令違反を犯さないような体制に改善されたことを明らかにするため，改善命令に係る改善報告書を提出することが必要です（要領）。再度同様の法違反に及んだ場合にあっては，監理団体の許可の取消し等のより厳しい措置の対象となり得ることから（要領），改善した管理体制や運営を維持することが求められます。

なお，技能実習法に基づく新制度においては，行政手続法及び行政不服審査法が適用されるため，監理団体に対する改善命令（法36条１項），監理団体の許可の取消し（法37条１項），一般監理事業許可から特定監理事業許可への職権変更（法37条２項），監理団体に対する事業停止命令（法37条３項），監理団体に対する取扱職種範囲等変更命令（法27条２項，職業安定法32条の12第３項）については，いずれも，事前手続として，聴聞（行政手続法13条１項１号）又は弁明の機会の付与（行政手続法13条１項２号）が行われること及び不服がある者は審査請求することができること（行政不服審査法２条）は，第１章第１節第２　３で述べたとおりです。

3 監理許可の取消し等

⑴　監理許可の取消し，事業停止命令

ア　監理許可の取消し

㋐　許可が取り消される場合

主務大臣は，監理団体が，①技能実習法25条１項各号が定める監理団体の許可の基準のいずれかに適合しなくなったとき（法37条１項１号），②技能実習法26条各号（２号，３号並びに５号ハ及びニを除きます。）が定める監理団体の許可の欠格事由のいずれかに該当することとなったとき（法37条１項２号），③技能実習法30条１項により付された監理許可の条件に違反したとき（法37条１項３号），④技能実習法若しくは出入国若しくは労働に関する法令又はこれらに基づく命令若しくは処分に違反したとき（法37条１項４号），⑤出入国又は労働に関する法令に関し不正又は著しく不当な行為をしたとき（法37条１項５号）のいずれかに該当するときは，監理許可を取り消すことができます（法37条１項）。

㋑　許可が取り消された場合の効果

監理団体の許可が取り消されると，監理事業を行うことができなくなり，現在受け入れている技能実習生の実習監理も継続できなくなります。監理団体の許可の取消しが行われた場合は，原則として，対象となる監理団体が実習監理する全ての技能実習生について，当該監理団体の実習監理の下では実習を継続することができないこととなります。そのため，技能実習生が同一

の実習実施者で引き続き実習を継続するためには，当該実習実施者が他の監理団体に監理団体を変更することが必要となります。その場合，新たな監理団体の指導を受けて，技能実習計画の変更の認定を受けることが必要となります。

また，監理団体は，監理団体の許可の取消しを受けた場合には，その後５年間，新規の監理団体の許可が受けられなくなります（法26条２号）。

イ　事業停止命令

主務大臣は，監理団体が上記ア(ア)の①③④⑤のいずれかに該当するとき（欠格事由以外の許可の取消事由に該当することとなったとき）は，違反の内容等を考慮した上で，許可の取消しではなく，期間を定めて当該監理事業の全部又は一部の停止を命ずることができます（法37条３項）。上記２の改善命令が行われた場合と同様に，監理団体は，主務大臣から事業停止命令を受ける理由となった事項の改善に必要な措置を速やかに講ずることが重要であり，再発防止に向けた改善措置を講じる必要があります（要領）。

(2)　職権による監理許可の変更

主務大臣は，一般監理事業に係る監理許可を受けた監理団体が技能実習法25条１項７号を受けた技能実習法施行規則31条が定める優良な監理団体の要件に適合しなくなったときは，職権で，当該監理許可を特定監理事業に係るものに変更することができます（法37条２項）。

(3)　主務大臣による公示

主務大臣は，上記(1)アの監理許可の取消し，イの事業停止命令又は(2)の職権による監理許可の変更をした場合には，その旨を公示します（法37条４項）。

第4章

監理団体の変更の許可・届出等

第1節 変更の許可

1 事業の区分の変更

事業の区分を変更しようとする監理団体は，事業区分変更許可申請書及び許可証書換申請書（省令様式第16号）を機構の本部事務所の審査課に提出し，事業区分の変更の許可を受けなければなりません（法32条１項，２項，23条２項，24条）。

事業の区分の変更には，①特定監理事業の許可を受けた監理団体が優良な監理団体の要件を満たしたとして事業区分を一般監理事業に変更しようとする場合，②一般監理事業の許可を受けた監理団体が優良な監理団体の要件を満たさなくなったとして事業区分を特定監理事業に変更しようとする場合の２つがあります。

事業の区分の変更許可が行われた場合の許可の有効期間については，従前の許可の有効期間に残存期間があるか否かにかかわらず，事業の区分の変更許可が行われた時点から新たな許可の有効期間が指定されることとなります(要領)。

事業の区分の変更許可申請に際しては，許可基準（法32条２項，25条）を満たしていることを証明する書類その他必要な書類を提出しなければなりません（法32条２項，23条３項）。具体的な書類については，第３章第４節の図３－８（技能実習制度運用要領別紙③）の一覧表を参照して下さい。監理事業計画書（省令様式第12号）については，監理事業を行う事業所ごとに提出が必要であり，事業所が複数ある場合には，当該事業所の数だけ作成して提出しなければなりません（法32条２項，23条３項）。

2 特定監理事業から一般監理事業への変更

特定監理事業から一般監理事業に変更する場合の事業の区分の変更許可申請にあっては，優良な監理団体の要件（法25条１項７号）の部分のみならず，他の要件も含めて許可基準（法25条１項各号）を全て満たしていることが必要です。

3 一般監理事業から特定監理事業への変更

一般監理事業の許可を受けた監理団体が，優良な監理団体の要件を満たさなくなった場合には，監理団体は，特定監理事業の許可への変更申請を自ら行うことが望まれます。自ら事業の区分の変更許可申請を行わなかった場合は，職権での許可区分の変更等の処分を受ける可能性があります。特定監理事業への変更後は，第３号技能実習生の実習監理ができなくなりますので，既に受け入れて実習監理を行っている第３号技能実習生に関しては，他の監理団体への転籍等の手続が事前に必要となります。また，特定監理事業への変更後も，技能実習法施行規則16条２項２号の規定の適用を受けて優良な監理団体として同条１項２号に定める人数枠を超えて技能実習生を受け入れていた場合，技能実習計画の認定の取消事由に該当することとなります（法16条１項２号，９条11号，規則16条１項２号）。技能実習法施行規則16条１項２号に定める人数枠を超える技能実習生については，速やかに，他の監理団体への転籍等の手続を行うことが望まれます（要領）。

第２節 変更の届出

監理団体は，監理団体許可申請書の記載事項のうち，事業の区分以外（事業の区分の変更は，上記第１節の変更の許可）の事項に変更があったときは，変更届出書（省令様式第17号）を機構の本部事務所の審査課に提出しなければなりません（法32条３項，７項，18条）。また，届出事項が監理団体の許可証の記載事項に該当する場合は，変更届出書及び許可証書換申請書（省令様式第17号）を機構の本部事務所の審査課に提出しなければなりません（法32条６項）。変更内容ごとの対応については，次の図４－１を参照して下さい（要領）。

変更届出をしようとする場合にあっては，変更の日から１か月以内に届出を行うことが必要です（法32条３項）。届出をするに際しては，次の図４－１に掲げる変更事由に応じた書類を併せて提出することが求められます（法32条３項，規則47条４項）。

なお，変更届出を受理した後に，機構が監理団体の許可の各要件に適合しないものであることを確認した場合にあっては，当該変更を是正するよう指導することとなります。指導を受けた監理団体は当該指導に従うことが求められます。当該指導に従わない場合は，監理団体の許可の取消しや改善命令等の対応につながることとなります（要領）。

図４－１　監理団体の変更届出

	申請書記載事項	届出の要否	添付資料	特記事項
1	監理団体の名称	○	・登記事項証明書	・変更届出と同時に許可証の書換申請も必要。
2	監理団体の住所	○	・登記事項証明書 【単に市町村合併や住居番号の変更による場合】 ・住所（所在地）表示変更証明書	・変更届出と同時に許可証の書換申請も必要。 ・電話番号の変更を含む。

3	監理団体の代表者の氏名	○	【新たに就任する場合】 ・登記事項証明書 ・住民票の写し ・履歴書 【婚姻等により氏名のみに変更があった場合】 ・登記事項証明書	・住民票の写しは，マイナンバーの記載がないもの。また，日本人の場合は，本籍地及び筆頭者氏名の記載があるもの。外国人（特別永住者を除く）の場合は，国籍等，在留資格，在留期間，在留期間の満了の日，在留カード番号の記載があるもの。特別永住者の場合は，特別永住者である旨，特別永住者証明書番号の記載があるもの。
4	監理団体の役員の氏名	○	【新たに選任する場合】 ・登記事項証明書 ・住民票の写し ・履歴書（氏名のみの変更の場合は不要。） 【婚姻等により氏名のみに変更があった場合】 ・登記事項証明書	・住民票の写しは，マイナンバーの記載がないもの。また，日本人の場合は，本籍地及び筆頭者氏名の記載があるもの。外国人（特別永住者を除く）の場合は，国籍等，在留資格，在留期間，在留期間の満了の日，在留カード番号の記載があるもの。特別永住者の場合は，特別永住者である旨，特別永住者証明書番号の記載があるもの。 ・役員が辞職等により欠員となった場合も届出が必要。
5	監理団体の役員の役職名	×		
6	監理団体の役員の住所	○	・登記事項証明書（代表者を除く役員の変更の場合は不要。） ・住民票の写し	・住民票の写しは，マイナンバーの記載がないもの。また，日本人の場合は，本籍地及び筆頭者氏名の記載があるもの。外国人（特別永住者を除く）の場合は，国籍等，在留資格，在留期間，在留期間の満了の日，在留カード番号の記載があるもの。特別永住者の場合は，特別永住者である旨，特別永住者証明書番号の記載があるもの。
7	監理団体の責任役員の氏名	○		
8	外部監査人の氏名又は名称（外部監査の措置を講じる場合）	○	【新たに選任する場合】 ・外部監査人の概要書 ・外部監査人の就任承諾書及び誓約書の写し	
9	指定外部役員の氏名（外部監査の措	○	【新たに選任する場合】 ・指定外部役員の就任承諾書及び誓約書の写し	

	置を講じない場合）			
10	監理団体の法人の種類	○	【一般社団法人又は一般財団法人が公益法人となる場合】 ・登記事項証明書	・変更届出と同時に許可証の書換申請も必要。 ・一般社団法人又は一般財団法人が公益法人となる場合には届出が必要。その他の場合にあっては機構に相談が必要。
11	団体監理型技能実習の取扱職種の範囲等	○	【職種を増やす場合】 ・計画作成指導者の履歴書	・法務大臣及び厚生労働大臣が告示で定める特定の職種及び作業に係る技能実習を新たに行わせようとする場合については，変更届出と同時に許可証の書換申請も必要。
12	監理事業を行う事業所の名称	○	【新規事業所開設の場合】 ・事業計画書 ・業務運営規程の写し ・個人情報適正管理規程の写し ・最近の事業年度における貸借対照表及び損益計算書（納税地の所轄税務署長に提出したもの。） ・最近の事業年度における法人税の確定申告書⑨の写し（納税地の所轄税務署の受理印のあるものに限る。法人税法施行規則別表１及び４は，必ず提出すること。） ・納税証明書（国税通則法施行令第41条第１項第３号ロに係る同施行規則別表第８号様式（その２）による法人の最近の事業年度における所得金額に関するもの。） ・新設する事業所の使用権を証する書類（不動産の登記事項証明書又は不動産賃貸借（使用貸借）契約書の写し） ・監理責任者の住民票の写し ・監理責任者の履歴書 ・監理責任者の就任承諾書及び誓約書の写し ・監理責任者講習受講証明書（受講日が届出日前３年以内のもの） 【事業所の名称のみを変更する場合】 ・登記事項証明書（事業所の名称の変更に伴い変更が加えられた場合に限る。）	・変更届出と同時に許可証の書換申請も必要。 ・住民票の写しは，マイナンバーの記載がないもの。また，日本人の場合は，本籍地及び筆頭者氏名の記載があるもの。外国人（特別永住者を除く）の場合は，国籍等，在留資格，在留期間，在留期間の満了の日，在留カード番号の記載があるもの。特別永住者の場合は，特別永住者である旨，特別永住者証明書番号の記載があるもの。 ・監理責任者に関する書類は，当該監理団体の他の事業所において監理責任者として選任していた者を他の事業所に変更して選任するときは，就任承諾書及び誓約書の写しを除き，提出不要。

13	監理事業を行う事業所の所在地	○	・登記事項証明書（事業所の所在地の変更に伴い変更が加えられた場合に限る。）	・変更届出と同時に許可証の書換申請も必要。
14	監理責任者の氏名	○	【新たに選任する場合】 ・住民票の写し ・履歴書 ・就任承諾書及び誓約書の写し ・監理責任者講習受講証明書（受講日が届出日前３年以内のもの） 【婚姻等により変更があった場合】 ・住民票の写し	・住民票の写しは，マイナンバーの記載がないもの。また，日本人の場合は，本籍地及び筆頭者氏名の記載があるもの。外国人（特別永住者を除く）の場合は，国籍等，在留資格，在留期間，在留期間の満了の日，在留カード番号の記載があるもの。特別永住者の場合は，特別永住者である旨，特別永住者証明書番号の記載があるもの。 ・当該監理団体の他の事業所において監理責任者として選任していた者を他の事業所に変更して選任するときは，就任承諾書及び誓約書の写しを除き，提出不要。
15	監理責任者の住所	○	・住民票の写し	・マイナンバーの記載がないもの。また，日本人の場合は，本籍地及び筆頭者氏名の記載があるもの。外国人（特別永住者を除く）の場合は，国籍等，在留資格，在留期間，在留期間の満了の日，在留カード番号の記載があるもの。特別永住者の場合は，特別永住者である旨，特別永住者証明書番号の記載があるもの。
16	外国の送出機関の氏名又は名称	○	【外国の送出機関の変更（交代又は追加）の場合】 ・外国の送出機関の概要書（※） ・監理団体との間に締結された団体監理型技能実習の申込みの取次ぎを受けることに係る契約書の写し ・団体監理型技能実習生から徴収する費用の名目及び額又は算出方法を記載した書類（※） ・団体監理型技能実習に係る誓約書及び外国の国又は地域の公的機関からの推薦状（※） ・申請者の概要書（新たな国又は地域から技能実習生の送出しを受ける場合） 【外国の送出機関の氏名又は名称の変更の場合】	・（※）の書類については，外国の送出機関が外国政府認定送出機関である場合にあっては提出不要

			・氏名又は名称が変更されたことを明らかにする書類（※）	
17	外国の送出機関の住所	○	・外国の送出機関の概要書	・外国の送出機関が外国政府認定送出機関である場合にあっては届出不要
18	外国の送出機関の代表者の氏名（法人の場合のみ）	○	・外国の送出機関の概要書	・外国の送出機関が外国政府認定送出機関である場合にあっては届出不要
19	技能実習の申込みを受ける方法の概要（外国の送出機関の取次ぎを受けない場合）	○		
20	技能実習生に対する相談体制の概要	○	・申請者の概要書	

第3節 技能実習実施困難時の届出等

監理団体は，実習実施者の事業上・経営上の都合，技能実習生の病気や怪我（労災を含みます。）の事情等で技能実習を行わせることが困難となった旨の通知を受けた場合等には，実習実施者の住所地を管轄する機構の地方事務所・支所の認定課に技能実習実施困難時届出書（省令様式第18号）を提出しなければなりません（法33条１項，２項，18条）。技能実習生が失踪した場合についても，技能実習を行わせることが困難となった場合に該当することから，届出が必要となります。なお，失踪した技能実習生については，入管法上の在留資格の取消手続の対象となります（入管法22条の４第１項５号，６号）。

技能実習生が技能実習計画の満了前に途中で帰国することとなる場合には，技能実習生に対し，意に反して技能実習を中止して帰国する必要がないことの説明や帰国の意思確認を書面により十分に行った上，技能実習生の帰国が決定した時点で，帰国前に，機構の地方事務所・支所の認定課へ届け出なければなりません（法33条１項，規則48条１項，２項４号，５号，省令様式第18号「技能実習困難時届出書」の「８　団体監理型技能実習の継続のための措置」の「団体監理型技能実習生の団体監理型技能実習の継続意思」の有無のチェック欄及び注記６）。これは，旧制度において技能実習生の意に反して技能実習計画の満了前に帰国させるという事案が発生したことを受けたものです。

現在の実習実施者で技能実習を継続することができなくなった場合には，技能実習生が実習先を変更するなどして技能実習を継続したいとの希望を持っているかを確認することが必要となります（法33条１項，規則48条１項，２項４号，５号，省令様式第18号「技能実習困難時届出書」の「８　団体監理型技能実習の継続のための措置」の「団体監理型技能実習生の団体監理型技能実習の継続意思」の有無のチェック欄及び注記６）。継続の希望を持っている場合には，他の実習実施者や監理団体等との連絡調整等の必要な措置を講じなければなりません（法51条，規則48条２項５号）。また，次の実習先が確保されるまでの間の技能実習生の待遇がどのようになっているのかなど，技能実習生の現状を含めて届け出る必要があります（法33条１項，規則48条１項，省令様式第18号）。なお，実習実施者や監理団体が責任を持って次の実習先を確保することが必要ですが，機構が行う実習先変更支援のサービスを利用することも可能です。

事業の休廃止届出等

第1 事業の休廃止

監理団体は，監理事業を休廃止しようとするときは，休廃止予定日の１か月前までに，休廃止する旨，実習監理を行う実習実施者に係る技能実習を継続するための措置等について記載して，機構の本部事務所の審査課に（法34条２項，18条），事業廃止届出書又は事業休止届出書（省令様式第19号）を提出しなければなりません（法34条１項）。

監理事業を廃止するとき，又は休止する場合であって当該休止により技能実習の実習監理を継続することが困難なときは，受け入れている技能実習生が技能実習を継続したいとの希望を持っているかを確認することが必要となります（規則49条２項７号，１項，省令様式第19号「事業廃止届出書・事業休止届出書」の「９　団体監理型技能実習継続のための措置」欄参照）。継続の希望を持っている場合には，他の実習実施者や監理団体等との連絡調整等の必要な措置を講じなければなりません（法51条１項）。なお，実習実施者や監理団体が責任を持って次の実習先を確保することが必要ですが，機構が行う実習先変更支援のサービスを利用することも可能です。

第2 休止した事業の再開

監理団体が，休止した監理事業を再開しようとするときは，あらかじめ，事業再開届出書（参考様式第３－２号）により，機構の本部事務所の審査課にその旨を届け出なければなりません（規則49条３項）。

第5節 帳簿の備付け

第1 作成・備置きが必要な帳簿書類

監理団体は，監理事業に関して，一定の帳簿書類を作成し，監理事業を行う事業所に備えて置かなければなりません（法41条）。これらの帳簿書類は，機構が行う実地検査や主務大臣が行う立入検査の際にも提示できるよう適切に作成して備えておく必要があります。なお，書面に代えて，一定の方法での電磁的記録により帳簿書類の作成・保存を行うことも認められています（民間事業者等が行う書面の保存等における情報通信の技術の利用に関する法律３条１項，４条１項，外国人の技能実習の適正な実施及び技能実習生の保護に関する法律に係る民間事業者等が行う書面の保存等における情報通信の技術の利用に関する法律施行規則３条，５条）。書面によらず電磁的記録により帳簿書類の備付けを行う場合は，必要に応じ電磁的記録に記録された事項を出力することにより，直ちに整然とした形式及び明瞭な状態で使用に係る電子計算機その他の機器に表示し，書面を作成できるようにする必要があります（外国人の技能実習の適正な実施及び技能実習生の保護に関する法律に係る民間事業者等が行う書面の保存等における情報通信の技術の利用に関する法律施行規則４条２項）。

作成・備置きが必要な帳簿書類は，以下のとおりです（規則54条１項）。即ち，①実習監理を行う実習実施者の管理簿（規則54条１項１号），②実習監理に係る技能実習生の管理簿（規則54条１項１号），③監理費に係る管理簿（規則54条１項２号，参考様式第４－５号），④技能実習に係る雇用関係の成立のあっせんに係る管理簿（規則54条１項３号，参考様式第４－６号），⑤技能実習の実施状況の監査に係る書類（規則55条１項，省令様式第22号，規則54条１項４号，参考様式第４－７号），⑥入国前講習及び入国後講習の実施状況を記録した書類（規則54条１項５号，参考様式第４－８号，４－９号），⑦訪問指導の内容を記録した書類（規則54条１項６号，参考様式第４－10号），⑧技能実習生から受けた相談の内容及び当該相談への対応を記録した書類（規則54条１項７号，参考様式第４－11号），⑨外部監査の結果を記録した書類（外部監査の措置を講じている監理団体）（規則54条１項８号，参考様式第４－12号，４－13号），⑩外部役員による確認書類（外部監査の措置を講じていない監理団体）（規則54条１項８号，参考様式第４－14号），⑪上記のほか，法務大臣及び厚生労働大臣が告示で定める特定の職種及び作業にあっては，事業所管大臣が告示で定める書類（規則54条１項９号）です。

第２　実習監理を行う実習実施者の管理簿の構成

上記第１のうち，実習監理を行う実習実施者の管理簿は，①実習監理を行う実習実施者の名簿，②技能実習責任者の履歴書（参考様式第１－４号），③技能実習責任者の就任承諾書及び技能実習に係る誓約書（参考様式第１－５号），④技能実習指導員の履歴書（参考様式第１－６号），⑤技能実習指導員の就任承諾書及び技能実習に係る誓約書（参考様式第１－７号），⑥生活指導員の履歴書（参考様式第１－８号），⑦生活指導員の就任承諾書及び技能実習に係る誓約書（参考様式第１－９号），⑧監理団体と実習実施者の間の実習監理に係る契約の契約書又はこれに代わる書類から構成されます（要領）。

第３　実習監理を行う実習実施者の名簿の記載事項

上記第２の実習監理を行う実習実施者の名簿における最低限の記載事項は，①氏名又は名称，②住所，③代表者の氏名，④法人番号，⑤役員の氏名，役職及び住所，⑥技能実習を行わせる事業所の名称，所在地，選任されている技能実習責任者，⑦技能実習責任者の氏名及び役職，⑧技能実習指導員の氏名及び役職，⑨生活指導員の氏名及び役職，⑩常勤職員数，⑪技能実習を行わせる事業所の常勤職員の総数，⑫技能実習生の受入れ実績（国籍（国又は地域）別），⑬これまでの中途帰国した技能実習生の実績（技能実習の区分別），⑭これまでの行方不明となった技能実習生の実績（技能実習の区分別）です（要領）。

第❹ 実習監理に係る技能実習生の管理簿の構成

上記第１のうち，実習監理に係る技能実習生の管理簿は，①実習監理に係る技能実習生の名簿，②技能実習生の履歴書（参考様式第１－３号），③技能実習のための雇用契約書（参考様式第１－14号），④雇用条件書（参考様式第１－15号）から構成されます（要領）。

第❺ 実習監理に係る技能実習生の名簿の記載事項

上記第４の実習監理に係る技能実習生の名簿における最低限の記載事項は，①氏名，②国籍（国又は地域），③生年月日，④性別，⑤在留資格，⑥在留期間，⑦在留期間の満了日，⑧在留カード番号，⑨所属する実習実施者，⑩外国人雇用状況届出の届出日，⑪技能実習を実施している認定計画の認定番号，⑫技能実習を実施している認定計画の認定年月日，⑬技能実習を実施している認定計画の技能実習の区分，⑭技能実習を実施している認定計画の技能実習の開始日，⑮技能実習を実施している認定計画の技能実習の終了日，⑯技能実習を実施している認定計画の変更認定に係る事項（変更の認定年月日，変更事項），⑰技能実習を実施している認定計画の変更届出に係る事項（変更届出年月日，変更事項），⑱既に終了した認定計画に基づき在留していた際の上記⑤ないし⑦の事項，⑲既に終了した認定計画に係る上記⑪ないし⑰の事項です（要領）。

第❻ 備置期間

監理団体は，上記第１の帳簿書類を，帳簿書類の基となる技能実習が終了した日から１年間，監理事業を行う事業所に備えて置かなければなりません（規則54条２項）。例えば，技能実習生が第２号までの３年間の実習を行った場合，第２号終了時から１年間，第１号開始時からの帳簿を備えて置く必要があります（要領）。

第6節 監査報告及び事業報告

第1 監査報告

監理団体は，実習監理を行う団体監理型実習実施者について，監査（技能実習法施行規則52条１号の監査のほか，同条２号の臨時監査も含みます。）を行ったときは，当該監査の終了後遅滞なく，監査報告書（規則55条１項，省令様式第22号）を作成の上，監査対象の実習実施者の所在地を管轄する機構の地方事務所・支所の指導課に（法42条３項，18条）提出しなければなりません（法42条１項）。

第2 事業報告

監理団体は，毎年１回，監理事業を行う事業所ごとに事業報告書（規則55条２項，省令様式第23号）を作成の上，次の書類を添付して，機構の本部事務所の審査課に（法42条３項，18条）提出しなければなりません（法42条２項）。即ち，①直近の事業年度に係る監理団体の貸借対照表及び損益計算書又は収支計算書，②訪問指導の内容を記録した書類の写し，③外部監査の結果を記録した書類の写し（外部監査の措置を講じている監理団体）を添付します（規則55条３項）。

この事業報告書は，毎年４月１日から５月31日までに，直近の技能実習事業年度（４月１日に始まり翌年３月31日に終わる技能実習に関する事業年度）に係る報告書を提出することとされています（規則55条２項）。従って，例えば，７月１日から監理事業を開始した場合には，７月１日から翌年３月31日までの監理事業に関する事業報告書を作成し，翌年５月31日までに提出することとなります。

組織変更の場合の手続

法人の合併等に際し，消滅する法人（以下「消滅法人」といいます。）が監理団体の許可を有しており，当該消滅法人の事業所において，合併後存続する法人（以下「存続法人」といいます。）又は合併により新たに設立される法人（以下「新設法人」といいます。）が引き続き監理事業を行う場合等には，以下のとおり取り扱われます（要領）。

第1　吸収合併の場合の取扱い

1　新規に監理団体の許可申請を要する場合

合併前に存続法人が監理団体の許可を受けておらず，かつ，消滅法人が監理団体の許可を受けている場合であって，合併後に存続法人が監理事業を行おうとするときは，新規監理団体の許可申請が必要となります。この場合，監理団体の許可の期間に空白が生じることを避けるため，監理団体の許可申請に当たっては，例えば合併を決議した総会議事録等により合併が確実に行われることを確認することにより，合併と同日付けで許可を受けることが可能となるよう，存続法人において事前に監理団体の許可申請を行うこととなります。

その際，合併により，事業開始予定日まで又は事業開始予定日付けで，法人の名称，住所，代表者，役員，監理責任者が変更するときであって，これらについて，監理団体の許可申請時に合併を決議した総会議事録等により当該変更が確認できるときは，監理団体許可申請書（省令様式第11号）においては，変更後のものを記載し，変更後直ちに，その内容に違いがない旨の報告が必要となります。

合併後の法人に係る監理団体の許可申請を合併前の法人に行わせるものであるため，通常の監理団体の許可手続に必要な関係書類のほか，原則として，次の書類を提出することが必要となります。即ち，①合併の経緯，合併後の法人及び監理事業を行う事業所の概要，②関係法人の総会議事録（合併を決議したもの），③監理事業を行う事業所に係る賃貸借契約書の名義人変更に関する貸主の同意書，④社会・労働保険等合併後に提出すべき書類，⑤存続する法人及び消滅する法人の最近の事業年度における貸借対照表等の提出が必要となります。

また，財産的基礎に関する要件は，原則として，存続する法人の貸借対照表等により確認することとなりますが，存続する法人の資産状況が，合併により大きく毀損するおそれがある場合（消滅する法人の最近の事業年度の決算において，多額の負債が確認できる場合等）にあっては，申請者から財産的基礎に関する要件を満たしていることを疎明することが求められます。

2　新規に監理団体の許可申請を要しない場合

合併前に存続法人が監理団体の許可を受けている場合であって，合併後に存続法人が監理事業を行おうとするときは，新規の監理団体の許可申請を行う必要はありません。もっとも，合併により法人の名称等に変更がある場合には，変更の届出を行うことが必要です。

第２　新設合併の場合の取扱い

新設合併の場合（合併する法人が全て解散し，それと同時に新設法人が成立する場合）には，合併後に新設法人が監理事業を行うときは，新規の監理団体の許可申請が必要となります。

この場合，上記第１　１の吸収合併の場合の取扱いと同様の手続により事前に監理団体の許可申請を行うこととして差し支えありませんが，申請時には新設法人の主体はないため，特例的に合併後の予定に基づいて申請書等を記載するものとし，新設法人の成立後直ちに，その内容に違いがない旨を報告することが必要です。

なお，全ての消滅法人が合併前に監理団体の許可を受けており，かつ，当該消滅法人の事業所において，合併後に新設法人が引き続き監理事業を行うときであっても，財産的基礎に関する判断に係る許可基準については，通常どおり取り扱うこととなります。

第３　吸収分割又は新設分割の場合の取扱い

既に存在する他の法人に分割する法人の営業を継承させる吸収分割の場合又は新設する法人に分割する営業を継承させる新設分割の場合には，上記第１の吸収合併の場合の取扱いに準じて対応することとなります。

なお，分割する法人について事業所数等が変更したときは，変更の届出を行うことが必要です。

図４－２　監理団体の組織変更の場合の手続

<table>
<tr><th colspan="3">合　併</th><th colspan="3">分　割</th></tr>
<tr><th colspan="2">吸収合併</th><th>新設合併</th><th colspan="2">吸収分割</th><th>新設分割</th></tr>
<tr><td>合併前に存続法人が監理団体の許可を受けておらず，かつ，消滅法人が監理団体の許可を受けている場合であって，合併後に存続法人が監理事業を行おうとするときは，新規監理団体の許可申請が必要</td><td>合併前に存続法人が監理団体の許可を受けている場合であって，合併後に存続法人が監理事業を行おうとするときは，新規監理団体の許可申請は不要（合併により法人の名称等に変更がある場合には，変更の届出を行うことが必要）</td><td>合併後に新設法人が監理事業を行うときは，新規の監理団体の許可申請が必要</td><td>分割前に存続法人が監理団体の許可を受けておらず，かつ，消滅法人が監理団体の許可を受けている場合であって，分割後に存続法人が監理事業を行おうとするときは，新規監理団体の許可申請が必要</td><td>分割前に存続法人が監理団体の許可を受けている場合であって，分割後に存続法人が監理事業を行おうとするときは，新規監理団体の許可申請は不要（分割により法人の名称等に変更がある場合には，変更の届出を行うことが必要）</td><td>分割後に新設法人が監理事業を行うときは，新規の監理団体の許可申請が必要</td></tr>
<tr><td colspan="3"></td><td colspan="3">分割する法人について事業所数等が変更したときは，変更の届出を行うことが必要</td></tr>
</table>

第5章

技能実習計画の認定

第1節 技能実習計画の認定制

第1 実習認定

1 意　義

実習実施者は，技能実習生ごと（法８条１項），かつ，技能実習の段階ごとに（法８条２項５号），あらかじめ技能実習計画を作成し，その目標や内容等が適切なものであるかについて主務大臣の認定を受けなければなりません（法８条）。在留資格「技能実習」に係る上陸許可基準（入管法７条１項２号）は，技能実習１号から３号まで共通して，この実習認定を受けていることです（出入国管理及び難民認定法第７条第１項第２号の基準を定める省令の「技能実習」の項の下欄）。

技能実習は，この認定された技能実習計画に基づいて行わなければなりません（法16条１項１号参照）。実習実施者は，認定を受けた技能実習計画について，技能実習の目標の変更，職種及び作業の変更等，認定計画に従った技能実習の実施に実質的な影響を与えるものに変更が生じた場合には，改めて，後記第４節のとおり，技能実習計画の変更申請を行い，認定を受けなければなりません（法11条）。実習実施者が認定計画に従って技能実習を行わせていないとき等は，実習認定が取り消されることがあります（法16条１項）。実習認定が取り消された場合には，在留資格「技能実習」が取消しの対象となります（入管法22条の４第１項５号，６号）。在留資格「技能実習」の在留資格該当性は，認定を受けた技能実習計画に基づく活動であるところ（入管法別表第１の２の表の「技能実習」の項の下欄），実習認定が取り消された場合には，在留資格該当性が失われるからです。また，実習認定の取消しを受けて５年を経過していないことは，認定の欠格事由に該当します（法10条６号）。

従って，実習認定の取消しから５年間は，新たな技能実習を行わせることができなくなります。

2 申請の方法

主務大臣は，機構に，上記１の認定に関する事務の全部又は一部を行わせることができますので（法12条），認定申請は，機構の地方事務所・支所の認定課で受け付けています（法12条３項，８条１項。機構の地方事務所・支所への郵送による方法，又は機構の地方事務所・支所窓口への持参による方法で申請が受け付けられます。）。申請は，技能実習を行わせようとする個人又は法人が，技能実習計画認定申請書（省令様式第１号）によって行う必要があり，記載事項（法８条２項１号ないし10号，規則７条１号ないし10号）を確認するための添付書類等の提出も同時に必要となります（法８条１項，３項，規則４条１項，８条）。具体的な添付書類一覧は，後記第３節を参照して下さい。

第２ 技能実習計画の認定の処分性

技能実習制度運用要領は，技能実習計画の認定は，技能実習計画が認定基準等に照らして適当であるか否かを確認する事実行為であり，認定自体による法的効果は存在しないため，行政処分に該当しないとしています。

しかし，技能実習計画の認定については，技能実習法に要件及び認定を受けるための手続がいずれも明定されている上，制度上技能実習法と不可分一体である入管法上，実習認定を受けていることが，「技能実習」の在留資格をもって上陸するための条件（要件）とされています（入管法７条１項２号，基準省令の「技能実習」の項の下欄）。また，「技能実習１号」から「技能実習２号」への在留資格変更及び「技能実習２号」から「技能実習３号」への在留資格変更は，いずれについても，実習認定を受けていなければ許可されません（入管法20条２項本文，入管法施行規則20条２項，別表第３の「技能実習」の項の下欄３号ないし６号）。

よって，法の仕組み解釈からすれば，理論的には，技能実習計画の認定には，処分性（行政不服審査法１条２項，行政事件訴訟法３条２項）があり，行政不服申立て及び抗告訴訟の対象となると考える余地が十分にあります（行政事件訴訟法12条４項，別表の「外国人技能実習機構，外国人の技能実習の適正な実施及び技能実習生の保護に関する法律」参照）。

第３　技能実習を行わせる主体

1　日本の個人又は法人

技能実習を行わせる主体は，日本の個人又は法人です（法８条１項）。個人の場合は，複数の個人事業主が技能実習を共同で行わせることは認められませんが，法人の場合には，一定の要件を満たす複数の法人が技能実習を共同で行わせることが認められています。具体的には，①親会社と子会社の関係にある複数の法人（法８条１項），②同一の親会社をもつ複数の法人（規則３条１号），③その他その相互間に密接な関係があるかを判断して法務大臣及び厚生労働大臣が個別に認めるもの（規則３条２号）の場合です。技能実習法施行規則３条２号の「その相互間に密接な関係を有する複数の法人として法務大臣及び厚生労働大臣が認めるもの」の適用を受けようとする場合には，技能実習計画の認定申請に際して，必要書類を提出し，密接な関係を有することを立証する必要があります。当該密接な関係を有する複数の法人として認められる有効期間は，技能実習計画が認定された日から３年間です（要領）。当該期間が経過した場合には，再度その該当性について，必要書類を提出して立証する必要があります（要領）。

技能実習制度運用要領は，上記③の相互間に密接な関係を有する複数の法人の代表例として，以下のような事例を挙げています。

●相互間に密接な関係を有する複数の法人の代表例

日本の自動車メーカーＸ社が，資本関係のない複数のディーラーとの間で自動車の販売委託契約（販売後の点検，整備を含む。）を締結しているところ，

Ｘ社がこれらの複数のディーラーと共同で，Ａ国から自動車整備の技能等に係る技能実習生を受け入れて，自動車の基本構造をＸ社の製造工場で教えるとともに，ディーラーの下で自動車販売後の点検，整備に関する技能等を修得させようとする事例。Ｘ社は，自動車の点検，整備を行う体制を有していないところ，国内ディーラーに自動車の点検，整備に従事する技能実習を行わせることで国内に自ら技能実習のための指導者を新たに確保する必要がなく技能実習を行うことが可能になり，また，技能実習によってＡ国内での自動車の整備，点検の技術が向上することによって自動車販売において顧客の確保につながり，他方，国内ディーラーにとってはＸ社との取引強化となることから，Ｘ社と国内ディーラーにとって事業上のメリットがあるもの。

図５－１　技能実習を行わせる主体（実習実施者の形態）

個　人	法　人	
１人の個人事業主が単独で実施	１つの法人が単独で実施	複数の法人が共同で実施 ①　親会社と子会社の関係にある複数の法人（法８条１項） ②　同一の親会社をもつ複数の法人（規則３条１号） ③　その他その相互間に密接な関係があるかを判断して法務大臣及び厚生労働大臣が個別に認めるもの（規則３条２号）

2　確認対象書類

上記１の該当性（法８条１項，規則３条１号，２号）に係る主たる確認対象書類は，次のとおりです（要領）。

①　技能実習計画認定申請書（省令様式第１号）
②　理由書（参考様式第１－26号）及び技能実習法施行規則３条２号の基準への適合性を立証する資料
　※　技能実習法施行規則３条２号の適用を受けようとする場合
③　申請者の概要書（参考様式第１－１号）
　※　複数の法人が共同で技能実習を行わせる場合には，法人ごとに１枚ず

つ必要。
④　登記事項証明書
※　法人の場合
※　複数の法人が共同で技能実習を行わせる場合には，法人ごとに１枚ずつ必要。
⑤　住民票の写し
※　個人事業主の場合

第４　監理団体の指導

団体監理型技能実習において，実習実施者は，技能実習生に修得等をさせようとする技能等について一定の知識又は経験を有する監理団体の役職員の指導の下で（規則52条８号ロ），十分に監理団体と意思疎通を図って技能実習計画を策定することが求められます（法８条４項）。そのため，実習実施者が技能実習生に修得等をさせようとする技能等については，実習監理を受けようとする監理団体の取扱職種の範囲内であることが必要となります（要領）。

なお，監理団体は，上記の指導に当たっては，技能実習を行わせる事業所及び技能実習生の宿泊施設を実地に確認する必要があります（規則52条８号柱書）。

技能実習計画の認定要件

第1 認定基準と欠格事由

技能実習を行わせようとする者（実習実施者）は，技能実習生ごとに技能実習計画を作成し，主務大臣による認定を受けなければなりません（法８条１項）。

技能実習計画の認定に当たっては，計画の適切性の担保のため，認定基準が設けられ，当該認定基準に適合しなければ認定を受けることはできません（法９条）。また，欠格事由も設けられ，当該欠格事由に該当する場合は認定を受けることはできません（法10条）。従って，技能実習計画が認定されるための要件は，認定基準に適合し，かつ，欠格事由に該当しないことです。

認定基準は，具体的には，技能実習法９条１号ないし11号のいずれにも適合することです。主なものは，後記第２のとおりです。

なお，後記第２の３（技能実習の内容），７（技能実習を行わせる体制），８（事業所の設備）及び11（日本人との同等報酬等，技能実習生に対する適切な待遇の確保）に関しては，事業所管大臣が告示で付加要件を定めた場合には，その事業に該当する職種の実習実施者又は監理団体は，特則として，当該付加要件の基準も満たすことが必要となります（規則10条２項８号，12条１項14号，12条２項２号，14条５号）。自動車整備職種及び作業関係については，平成29年国土交通省告示第386号（自動車整備職種の自動車整備作業について外国人の技能実習の適正な実施及び技能実習生の保護に関する法律施行規則に規定する特定の職種及び作業に特有の事情に鑑みて事業所管大臣が告示で定める基準を定める件）により，第８章のとおり，技能実習計画に係る認定基準に関し，特則が規定されています。また，漁船漁業職種及び養殖業職種については，平成29年農林水産省告示第937号（漁船漁業職種及び養殖業職種に属する作業について外国人の技能実習の適正な実施及び技能実習生の保護に関する法律施行規則に規定する特定の職種及び作業に特有の事情に鑑みて事業所管大臣が定める基準等）により，第９章のとおり，技能実習計画に係る認定基準に関し，特則が規定されています。さらに，介護職種については，平成29年厚生労働省告示（介護職種について外国人の技能実習の適正な実施及び技能実習生の保護に関する法律施行規則に規定する特定の職種及び作業に特有の事情に鑑みて事業所管大臣が告示で定める基準を定める件）により，第10章のとおり，技能実習計画に係る認定基準に関し，特則が規定される予定です。

図５－２　技能実習法９条が規定する認定基準の概要

<table>
<tr><td>１号</td><td>本国における修得等の困難性</td><td colspan="2">修得等をさせる技能等が，技能実習生の本国において修得等が困難なものであることであること</td></tr>
<tr><td rowspan="4">２号</td><td rowspan="4">技能実習の目標</td><td>第１号技能実習の目標</td><td>第２号技能実習に移行する予定がある場合には，技能検定等の基礎級への合格を目標とすること（規則10条１項１号イ）
第２号技能実習に移行する予定がない場合には，修得をさせる技能等を要する具体的な業務ができるようになること及び当該技能等に関する知識の修得を内容とするものであって，かつ技能実習の期間に照らし適切な目標を定めることも可能（規則10条１項１号ロ）</td></tr>
<tr><td>第２号技能実習の目標</td><td>３級の実技試験への合格を目標とすること（規則10条１項２号）</td></tr>
<tr><td>第３号技能実習の目標</td><td>２級の実技試験への合格を目標とすること（規則10条１項３号）</td></tr>
<tr><td>複数職種・作業の場合</td><td>主たる職種・作業の目標については技能検定等の合格に係る目標でなければならないが，従たる職種及び作業の目標については，技能検定等の合格を目標とするものに限らず，上記の規則10条１項１号ないし３号のいずれかを掲げるものであればよい（規則10条３項）</td></tr>
</table>

技能実習の内容	修得等させる技能等の基準	同一の作業の反復のみによって修得等できるものではないこと（規則10条２項１号イ）
		第２号技能実習及び第３号技能実習については，移行対象職種・作業であること（規則10条２項１号ロ）
	従事させる業務の基準	当該業務の性質及び当該業務に従事させるに当たっての実習環境その他の環境に照らし，外国人に技能実習として行わせることが適当でないと認められるものでないこと（規則10条２項２号イ）
		技能実習を行う事業所で通常行う業務であり，当該事業所に備えられた素材，材料等を用いること（規則10条２項２号ロ）
		移行対象職種・作業にあっては，業務に従事させる時間全体の２分の１以上を必須業務とし，関連業務は時間全体の２分の１以下，周辺業務は時間全体の３分の１以下とすること（規則10条２項２号ハ）
		移行対象職種・作業にあっては，必須業務，関連業務，周辺業務について，それぞれ，従事させる時間の10分の１以上を安全衛生に係る業務に充てること（規則10条２項２号ニ） 移行対象職種・作業以外にあっては，時間配分は定められないものの，安全衛生に係る業務を行わせること（規則10条２項２号ホ）
		上記の規則10条２項２号ハないしホのほか，技能実習の期間を通じた業務の構成が，技能実習の目標に照らして適切なものであること（規則10条２項２号ヘ）
	技能実習生の基準	帰国後に日本において修得等をした技能等を要する業務に従事することが予定されていること（規則10条２項３号ハ）
		団体監理型にあっては，技能実習生が日本

			において従事しようとする業務と同種の業務に外国において従事した経験を有し，又は技能実習を必要とする特別の事情があること（規則10条２項３号ホ）
			団体監理型にあっては，技能実習生が国籍又は住所を有する国・地域の公的機関（政府機関，地方政府機関又はこれらに準ずる機関）から推薦を受けていること（規則10条２項３号へ）
			第３号技能実習生の場合は，第２号技能実習修了後に１か月以上帰国していること（規則10条２項３号ト）
			やむを得ない事情がある場合を除き，同じ技能実習の段階に係る技能実習を過去に行ったことがないこと（規則10条２項３号チ）
		申請者（実習実施者）の基準	やむを得ない事情がある場合を除き，第２号技能実習にあっては，当該技能実習計画に係る技能実習生に第１号技能実習を行わせた者であること（規則10条２項４号ロ）
		外国の準備機関又はその役員の基準	外国の準備機関又はその役員が，過去５年以内に，実習実施者に不正に技能実習計画の認定を受けさせる目的，不正に監理団体の許可を受けさせる目的，出入国若しくは労働に関する法令の規定に違反する事実を隠蔽する目的又はその事業活動に関し外国人に不正に入管法上の許可を受けさせる目的で，偽変造文書・図画又は虚偽文書・図画を行使し，又は提供する行為を行っていないこと（規則10条２項５号）
		技能実習の実施の基準	技能実習生等（技能実習生又は技能実習生になろうとする者）又はその親族等が，保証金の徴収その他名目のいかんを問わず，金銭その他の財産を管理されず，かつ，技能実習に係る契約の不履行について違約金を定める契約その他の不当に金銭その他の財産の移転を予定する契約をしないこと

			（規則10条２項６号イ）
			団体監理型にあっては，申請者，監理団体，取次送出機関又は外国の準備機関が（企業単独型にあっては，申請者又は外国の準備機関が），他のこれらの者との間で，技能実習に係る契約の不履行について違約金を定める契約その他の不当に金銭その他の財産の移転を予定する契約をしていないこと（規則10条２項６号ロ）
			団体監理型にあっては，申請者及び監理団体が（企業単独型にあっては，申請者が），技能実習に関連して，技能実習生に対する暴行，脅迫，自由の制限その他人権を侵害する行為が行われていないことを定期的に確認すること（規則10条２項６号ハ）
			団体監理型にあっては，技能実習生等（技能実習生又は技能実習生になろうとする者）が技能実習の申込みの取次ぎ又は外国における技能実習の準備に関して取次送出機関又は外国の準備機関に支払う費用につき，その額及び内訳を十分に理解してこれらの機関との間で合意していること（規則10条２項６号ニ）
		第１号技能実習に係る入国後講習の基準	第１号技能実習生に対しては，日本語及び出入国・労働関係法令等の科目による入国後講習が行われること（規則10条２項７号）
		複数職種・作業についての基準	複数職種・作業の場合は，いずれも移行対象職種・作業であること，相互に関連性があること，合わせて行う合理性があること（規則10条４項）
３号	技能実習を実施する期間	第１号技能実習は１年以内，第２号技能実習及び第３号技能実習はそれぞれ２年以内であること	
４号	前段階の目標達成	前段階における技能実習（第２号は第１号，第３号は第２号）の際に定めた目標が達成されていること	
５号	技能等の適正な評価の実施	技能実習を修了するまでに，技能実習生が修得等をした技能等の評価を，①技能検定，②技能実習評価試験又は	

		③第１号技能実習に係る技能実習の目標（具体的な業務ができるようになること及び当該技能等に関する知識の修得を内容とするものであること）が全て達成されているかの技能実習指導員による確認により行うこと	
６号	技能実習を行わせる体制	技能実習責任者	技能実習責任者が，自己以外の技能実習指導員，生活指導員その他の技能実習に関与する職員を監督し，技能実習の進捗状況を管理するほか，一定の事項を統括管理すること（規則12条１項１号）
		技能実習指導員	技能実習の指導を担当する者として，申請者（実習実施者）又はその常勤の役職員のうち，技能実習を行わせる事業所に所属する者であって，５年以上の経験を有し，かつ，一定の欠格事由に該当しないものの中から技能実習指導員を１名以上選任していること（規則12条１項２号）
		生活指導員	技能実習生の生活の指導を担当する者として，申請者（実習実施者）又はその常勤の役職員のうち，技能実習を行わせる事業所に所属する者であって，一定の欠格事由に該当しないものの中から生活指導員を１名以上選任していること（規則12条１項３号）
		入国後講習を実施する施設の確保	第１号団体監理型技能実習にあっては監理団体が，入国後講習を実施する施設を確保していること（規則12条１項４号）
		労働者災害補償保険に係る保険関係の成立の届出等	団体監理型技能実習にあっては申請者又は監理団体が，申請者の事業に関する労働者災害補償保険法による労働者災害補償保険に係る保険関係の成立の届出その他これに類する措置を講じていること（規則12条１項５号）
		帰国旅費等の負担	団体監理型技能実習にあっては監理団体が，技能実習の終了後の帰国に要する旅費を負担するとともに，技能実習の終了後の帰国が円滑になされるよう必要な措置を講ずることとしていること（規則12条１項６号）

		外国の送出機関からの取次ぎ	団体監理型技能実習において，監理団体が団体監理型技能実習の申込みの取次ぎを受ける場合にあっては，外国の送出機関からの取次ぎであること（規則12条１項７号）
		人権侵害行為を行っていないこと	申請者又はその役職員が，過去５年以内に技能実習生の人権を著しく侵害する行為を行っていないこと（規則12条１項８号）
		偽変造文書・図画又は虚偽文書・図画の行使・提供を行っていないこと	申請者又はその役職員が，過去５年以内に，不正に技能実習計画の認定を受ける目的，監理事業を行おうとする者に不正に監理団体の許可を受けさせる目的，出入国若しくは労働に関する法令の規定に違反する事実を隠蔽する目的又はその事業活動に関し外国人に不正に入管法上の許可を受けさせる目的で，偽変造文書・図画又は虚偽文書・図画を行使し，又は提供する行為を行っていないこと（規則12条１項９号）
		認定取消事由該当時の報告	認定の取消事由のいずれかに該当するに至ったときは，直ちに，団体監理型実習実施者にあっては監理団体に，当該事実を報告することとされていること（規則12条１項10号）
		技能実習計画と反する内容の取決めをしていないこと	申請者又は監理団体において，技能実習生との間で，技能実習計画と反する内容の取決めをしていないこと（規則12条１項11号）
		改善命令に対する改善措置	団体監理型技能実習に係るものであり，監理団体が改善命令を受けたことがある場合は，当該監理団体が改善に必要な措置をとっていること（規則12条１項12号）
		技能実習を継続して行わせる体制の整備	技能実習生に対する指導体制その他の技能実習を継続して行わせる体制が適切に整備されていること（規則12条１項13号）
	事業所の設備	技能等の修得等に必要	技能等の修得等に必要な機械，器具その他の設備を備えていること（規則12条２項１

<table>
<tr><td></td><td></td><td>な機械，器具その他の設備を備えていること</td><td>号）</td></tr>
<tr><td>７号</td><td>技能実習責任者の選任</td><td colspan="2">技能実習を行わせる事業所ごとに，技能実習の実施に関する責任者が選任されていること</td></tr>
<tr><td>８号</td><td>監理団体による実習監理</td><td colspan="2">団体監理型技能実習にあっては，技能実習計画の作成について指導を受けた監理団体による実習監理を受けること</td></tr>
<tr><td rowspan="5">９号</td><td rowspan="5">日本人との同等報酬等，技能実習生に対する適切な待遇の確保</td><td colspan="2">報酬の額が日本人と同等以上であること</td></tr>
<tr><td colspan="2">団体監理型技能実習にあっては申請者又は監理団体が，技能実習生のための適切な宿泊施設を確保していること（規則14条１号）</td></tr>
<tr><td colspan="2">第１号団体監理型技能実習にあっては申請者又は監理団体が，手当の支給その他の方法により，第１号技能実習生が入国後講習に専念するための措置を講じていること（規則14条２号）</td></tr>
<tr><td colspan="2">団体監理型技能実習にあっては，監理費として徴収される費用について，直接又は間接に技能実習生に負担させないこととしていること（規則14条３号）</td></tr>
<tr><td colspan="2">食費，居住費その他名目のいかんを問わず技能実習生が定期に負担する費用について，当該技能実習生が，当該費用の対価として供与される食事，宿泊施設その他の利益の内容を十分に理解した上で申請者との間で合意しており，かつ，当該費用の額が実費に相当する額その他の適正な額であること（規則14条４号）</td></tr>
<tr><td>10号</td><td colspan="3">第３号技能実習の場合は，優良要件に適合すること</td></tr>
<tr><td>11号</td><td colspan="3">技能実習生の受入れ人数の上限を超えないこと</td></tr>
</table>

第２　認定基準

1　本国における修得等の困難性

修得等をさせる技能等が，技能実習生の本国において修得等が困難なものであることであることが必要です（法９条１号）。この点については，技能実習生の申告書（参考様式第１-20号）及び技能実習を行わせる理由書（参考様式第１-22号）によって確認されます（要領）。

2 技能実習の目標

技能実習が修了したときに到達すべき技能等の水準として，第１号技能実習から第３号技能実習の各段階において目標を定めなければなりません（法９条２号）。この点については，技能実習計画認定申請書（省令様式第１号）によって確認されます（要領）。

⑴　第１号技能実習の目標

第１号技能実習の修了時においては，第２号技能実習に移行する予定がある場合には，技能検定（職業能力開発法44条１項，３項）又は技能実習評価試験（技能実習評価試験の整備等に関する専門家会議による確認の上，技能検定に相当する検定試験として，厚生労働省職業能力開発局長が認定したもの。以下，技能検定と技能実習評価試験をあわせて「技能検定等」といいます。）の実技試験と学科試験の受検が必須とされ（法９条４号，５号），基礎級への合格を目標としなければなりません（法９条２号，規則10条１項１号イ）。他方，第２号技能実習に移行する予定がない場合には，基礎級への合格を目標としなければならないわけではなく，修得をさせる技能等を要する具体的な業務ができるようになること及び当該技能等に関する知識の修得を内容とするものであって，かつ技能実習の期間に照らし適切な目標を定めることも可能です（法９条２号，規則10条１項１号ロ）。

図５-３　第１号技能実習の目標，修了時の受検

第２号技能実習に移行する予定がある場合	第２号技能実習に移行する予定がない場合
基礎級の技能検定等の実技試験と学科試験への合格を目標とする必要あり。修了時の受検も必要。	基礎級の技能検定等への合格を目標としなければならないわけではなく，修得をさせる技能等を要する具体的な業務ができるようになること及び当該技

	能等に関する知識の修得を内容とするものであって，かつ技能実習の期間に照らし適切な目標を定めることも可能。修了時の受検も不要。

⑵　第２号技能実習の目標

第２号技能実習の修了時においては，技能検定等の実技試験の受検が必須とされ（法９条５号），３級の実技試験への合格を目標としなければなりません（法９条２号，規則10条１項２号）。第２号技能実習の修了時においては，学科試験の受検は義務ではありませんが，受検することが勧奨されます（要領）。

なお，団体監理型における第３号技能実習への円滑な移行について，以下の点に留意する必要があります。即ち，第２号技能実習が修了する６か月前を目安として技能検定等の３級相当の検定の受検が必要となりますが，この頃までに，実習実施者や監理団体は，技能実習生との間で第３号技能実習への移行を希望しているか，移行を希望する場合に実習先を変更する旨の希望があるかをあらかじめ聴取することが望まれます（要領）。また，実習先の変更がある場合にあっては，新たな実習実施者から第３号の技能実習計画の認定申請が行われる必要があるので，十分な時間的余裕を持って手続がされる必要があります（要領）。

図５－４　第２号技能実習の目標，修了時の受検

目　標	
技能検定等３級の実技試験への合格	
修了時の受検	
実技試験	学科試験
必　要	勧　奨

⑶　第３号技能実習の目標

第３号技能実習の修了時においては，技能検定等の実技試験の受検が必須とされ（法9条5号），２級の実技試験への合格を目標としなければなりません（法9条2号，規則10条1項3号）。第3号技能実習の修了時においては，学科試験の受検は義務ではありませんが，受検することが勧奨されます（要領）。

図5－5　第3号技能実習の目標，修了時の受検

目　標	
技能検定等2級の実技試験への合格	
修了時の受検	
実技試験	学科試験
必　要	勧　奨

(4)　複数職種・作業の場合

技能実習法施行前の旧制度では，単一の職種及び作業を行わせる技能実習しか認められていませんでしたが，新制度では，多能工の養成等を目的として関連する複数の職種及び作業を組み合わせた技能実習を行わせることが認められることになります。技能実習法施行規則10条3項及び4項の規定は，新制度において複数の職種及び作業に係る技能実習計画を作成する場合の特則を定めるものであり，これらの項に規定するもの以外の要件は，単一の職種及び作業を行わせる場合の通常の要件と同様のものとなります。

主たる職種・作業（複数の職種・作業のうち最も技能実習の時間が長いもの）の目標については技能検定等の合格に係る目標でなければなりませんが，「主たる職種及び作業以外の職種及び作業（＝従たる職種及び作業）の目標」については，技能実習法施行規則10条3項において，技能検定等の合格を目標とするものに限らず，上記(1)ないし(3)のいずれかを掲げるものであればよいとされます（法9条2号，規則10条3項）。従って，技能検定等の合格に係る目標以外として，移行対象職種・作業以外を行わせる第1号技能実習の場合の目標設定（規則10条1項1号ロ）に準じて，「修得をさせる技能等を要する具体的な業務ができるようになること及び当該技能等に関する知識の修得を内容とするもの」を目標として定めることも可能です。

図５－６　複数職種・作業の場合の目標

主たる職種・作業	従たる職種・作業
技能検定等の合格に係る目標でなければならない。	「修得をさせる技能等を要する具体的な業務ができるようになること及び当該技能等に関する知識の修得を内容とするもの」を目標として定めることも可能

3　技能実習の内容

⑴　修得等させる技能等の基準

ア　同一の作業の反復のみによって修得等できるものではないこと（法９条２号，規則10条２項１号イ）

「同一の作業の反復のみによって修得等できるもの」（規則10条２項１号イ）とは，同じ作業を繰り返し行い，特段のレベルアップが期待できない作業に従事するものをいいます（要領）。必ずしも作業が一つであることを意味するものではありませんが，同種の業務に係る一連の作業を行うことを反復する場合であっても，その内容が単に手足等を動かすことにより完結するものである場合は，「同一の作業の反復のみによって修得等できるもの」にあたります（要領）。

この点については，技能実習法施行規則別表第２記載の職種及び作業（以下「移行対象職種・作業」といいます。）である場合は，技能実習計画認定申請書（省令様式第１号）によって確認され，移行対象職種・作業でない場合は，それに加えて，修得等をさせる技能等についての写真付きの工程表（フローチャート）によって確認されます（要領）。

イ　第２号技能実習及び第３号技能実習については，移行対象職種・作業であること（法９条２号，規則10条２項１号ロ）

移行対象職種・作業は，技能実習評価試験の整備等に関する専門家会議による確認の上，第２号又は第３号技能実習への移行に係る技能実習において技能実習生が修得等をした技能等の評価を客観的かつ公正に行うことができる公的評価システムとして整備された技能検定等を有する職種・作業の総称をいいます（要領）。技能実習法施行規則別表第２に掲げられています。

⑵　従事させる業務の基準

ア　当該業務の性質及び当該業務に従事させるに当たっての実習環境その他の環境に照らし，外国人に技能実習として行わせることが適当でないと認められるものでないこと（法９条２号，規則10条２項２号イ）

㋐　趣　旨

個別具体的に申請があった場合において，業務の性質や実習環境等に照らし，従事させる業務が外国人に技能実習として行わせることが適当でないと認められるものでないことについて，確認するものです（要領）。技能実習生に従事させる業務が移行対象職種・作業である場合やそれと同等と評価できる場合などは，当該要件に適合することとなります（要領）。

㋑　移行対象職種・作業において従事させる業務の具体的な内容

移行対象職種・作業において従事させる業務の具体的な内容については，厚生労働省のHPに掲載される技能実習計画の審査基準，技能実習計画のモデル例等を参照して，移行対象職種・作業において技能実習生に従事させる業務の具体的内容を検討し，技能実習計画に盛り込んでいくことが必要です（要領）。

また，平成27年３月以前に対象職種に追加されたものを中心に，厚生労働省のHPに技能実習計画の審査基準，技能実習計画のモデル例等が掲載されていない移行対象職種・作業もありますが，このような移行対象職種・作業の場合には，公益財団法人国際研修協力機構が発行する「外国人技能実習制度における技能実習計画（第１分冊から第４分冊まで）」や同機構のHPにおいて，技能実習計画のダイジェスト版，技能実習計画のモデル例等が公表されていますので，これを参照して，移行対象職種・作業において技能実習生に従事させる業務の具体的内容を検討し，技能実習計画に盛り込んでいくことが望まれます（要領）。

㈦　時間外労働，休日労働，深夜労働

技能実習が，技能等の修得等を目的として行われる以上，時間外労働や休日労働，深夜労働については，技能実習として行わせる合理的な理由がない限り，原則として想定されていません。従って，技能実習計画において，時間外労働等を当初から予定した申請がされることは，原則として想定されていません（要領）。

なお，やむを得ない業務上の事情等により，時間外労働等を行う必要がある場合には，労働関係法令を遵守して行うことはもとより，時間外労働等を行わせている場合において，当該時間外労働等が技能等の修得等の活動の一環として行われ，技能実習生に対する技能等の修得等に係る指導が可能な体制が構築されていることが必要となります（要領）。

イ　技能実習を行う事業所で通常行う業務であり，当該事業所に備えられた素材，材料等を用いること（法９条２号，規則10条２項２号ロ）

技能実習を行わせる事業所において通常行われている業務であり，当該事業所における業務において一般的に用いられている機械，器具等の設備等の使用を求めるものです。技能実習生の受入れのみのために，当該事業所において通常行われていない業務を行ったり，当該事業所において一般的に用いられていない設備等を使用したりすることは，認められません（要領）。

ウ　移行対象職種・作業にあっては，業務に従事させる時間全体の２分の１以上を必須業務とし，関連業務は時間全体の２分の１以下，周辺業務は時間全体の３分の１以下とすること（法９条２号，規則10条２項２号ハ）

技能実習法施行規則10条２項２号ハ及びニ（後記エ）の要件は，移行対象職種・作業に係るものについて，技能等の修得等の促進を図り，効果的な技能実習を可能とする観点から定められたものです（要領）。

必須業務とは，技能検定又はこれに相当する技能実習評価試験の試験範囲に基づき，技能等を修得等するために必ず行わなければならない業務をいいます（規則10条２項２号ハ⑴）。関連業務とは，必須業務に従事する者により当該必須業務に関連して行われることのある業務であって，修得等をさせよ

うとする技能等の向上に直接又は間接に寄与する業務をいいます（規則10条２項２号ハ(2)）。周辺業務とは，関連業務を除き，必須業務に従事する者が当該必須業務に関連して通常携わる業務をいいます（規則10条２項２号ハ(3)）。

なお，複数の職種及び作業を行わせる場合の従事させる業務の基準（実習時間）については，以下のとおりとなります。即ち，技能実習法施行規則10条２項２号に定められている必須・関連・周辺業務の時間配分等については，主たる職種及び作業と従たる職種及び作業のそれぞれに適用されます。例えば，主たる職種及び作業と従たる職種及び作業の実習それぞれにかける時間全体の割合が７：３であった場合は，主たる業務にあっては，その７に該当する時間数が技能実習法施行規則10条２項２号の「業務に従事させる時間全体」にあたることとなります（要領）。また，ある職種・作業の必須業務が，別の職種・作業の関連作業である場合も想定されますが，このような場合においては，当該業務へ従事する時間は，必須作業の職種・作業に従事する時間とカウントすることとなります（要領）。

エ　移行対象職種・作業にあっては，必須業務，関連業務，周辺業務について，それぞれ，従事させる時間の10分の１以上を安全衛生に係る業務に充てること（法９条２号，規則10条２項２号ニ）

移行対象職種・作業以外にあっては，時間配分は定められないものの，安全衛生に係る業務を行わせることが基準となります（法９条２号，規則10条２項２号ホ）。

オ　上記ウ及びエのほか，技能実習の期間を通じた業務の構成が，技能実習の目標に照らして適切なものであること（法９条２号，規則10条２項２号へ）

例えば，上記ウ及びエで必要とされている時間配分の基準は満たしているものの，特段の理由もなく，月ごとの時間配分が著しく不均衡となっており，技能実習の目標の達成が困難となるような事案が生じないよう，要件として求められているものです（要領）。また，計画どおりに業務に従事したとしても最終的に技能検定等の合格レベルに到達しないような水準の計画の場合は，この基準を満たさないことになります（要領）。

カ　確認対象書類

上記アないしオに該当することについては，技能実習計画認定申請書（省令様式第１号）によって確認されます（要領）。

⑶　技能実習生の基準

ア　帰国後に日本において修得等をした技能等を要する業務に従事することが予定されていること（法９条２号，規則10条２項３号ハ）

これは，①技能実習開始前に所属していた勤務先等に復職することが予定されていること（新たな就職先への内定を含みます。）又は②帰国後に技能実習生が修得等した技能等を適切に活用できるよう，取次送出機関が就職先のあっせんその他の必要な支援を行うこととされていることを求めるものです（要領）。

なお，第２号技能実習の修了から第３号技能実習の開始までの帰国期間に上限はありません。もっとも，帰国後相当な期間が経過しているにもかかわらず，その間に技能実習で身に付けた技能等を全く活用していないというような場合には，帰国後の業務従事予定（規則10条２項３号ハ）の信用性等に疑義が生じることもあり得るので，技能実習生の選定にあたって留意する必要があります（機構Q&A（認定関係））。

イ　団体監理型にあっては，技能実習生が日本において従事しようとする業務と同種の業務に外国において従事した経験を有し，又は技能実習を必要とする特別の事情があること（法９条２号，規則10条２項３号ホ）

(ア)「本邦において従事しようとする業務と同種の業務に外国において従事した経験を有すること」の意義

技能実習法施行規則10条２項３号ホの「本邦において従事しようとする業務と同種の業務に外国において従事した経験を有すること」は，日本において行おうとする技能実習において中心的に修得等をしようとする技能等について送出国で業務として従事した経験を有することを求めるものです。もっとも，送出国で業務として従事していた業務の名称が形式的に同一であることまでを求めるものではありません（要領）。

(イ)「団体監理型技能実習に従事することを必要とする特別な事情があること」の意義

技能実習法施行規則10条２項３号ホの「団体監理型技能実習に従事することを必要とする特別な事情があること」は，技能実習生が従事する予定の業務と同種の業務に外国（本国等）において従事した経験を有しない場合について，特別な事情があることを求めるものです。特別な事情としては，次の①ないし③の場合が該当します（要領）。

① 実習実施者又は監理団体と送出国との間の技術協力上特に必要があると認められる場合

実習実施者や監理団体と送出国の公的機関との間で技能実習制度を活用して人材育成を行う旨の協定等に基づき，技能実習を行わせると認められる場合です。この場合，実習実施者や監理団体と送出国の公的機関との間の技術協力上の必要性を立証する資料を提出することが必要になります。

② 教育機関において同種の業務に関連する教育課程を修了している場合（修了見込みの場合も含みます。）

教育機関の形態は問いませんが（この点において，技能実習法施行規則10条２項７号ハ(2)の入国前講習に係る外国の教育機関とは異なります。），教育を受けた期間については６か月以上であることが必要です（教育期間が６か月以上であれば，どのようなものでも該当するというわけではなく，少なくとも教育機関における教育の内容が技能実習を行わせようとする職種・作業に関連する教育課程と認めるに足りる内容となっていることが求められます（機構Q&A（認定関係））。）。この場合，以下の資料を提出することが必要となります。

ⅰ 教育機関と実習実施者，監理団体又は外国の送出機関との間において締結された協定書の写し（教育機関の修了生に対し日本での技能実習を行うことを支援する内容が定められたものに限ります。）

ⅱ 教育機関の概要を明らかにする書類（同種の業務に関連する分野の教育を行っていることが分かる書類に限ります。）

ⅲ 技能実習生が当該教育機関において関連する教育課程を修了したことを証明する書類（修了見込みの証明も含みます。）

③　技能実習生が技能実習を行う必要性を具体的に説明でき，かつ，技能実習を行うために必要な最低限の訓練を受けている場合

当該技能実習を行う必要性を具体的に説明できる場合とは，家業を継ぐことになり，当該分野の技能実習を行う必要性が生じた場合や，本国で急成長している分野での就業を希望し，そのために当該分野での技能実習を行う必要性が生じた場合等をいいます。この場合は，技能実習生に技能実習を行う必要性について具体的に記載させた理由書（技能実習生の申告書（参考様式第１-20号）の別紙として作成したもの（様式自由））を提出することが必要となります。

また，技能実習を行うために必要な最低限の訓練としては，２か月以上の期間かつ320時間以上の課程を有し，そのうち１か月以上の期間かつ160時間以上の課程が日本での円滑な技能等の修得等に資する知識の科目に充てられた入国前講習のほか，これに相当する訓練がこれに該当します。この場合，入国前講習実施（予定）表（参考様式第１-29号）を提出する必要があります。

ウ　団体監理型にあっては，技能実習生が国籍又は住所を有する国・地域の公的機関（政府機関，地方政府機関又はこれらに準ずる機関）から推薦を受けていること（法９条２号，規則10条２項３号へ）

団体監理型にあっては，送出国の公的機関が作成した推薦状を技能実習生ごとに提出することが必要となります。別紙を用いて複数の技能実習生の推薦状をまとめて発行することは可能です（要領）。

なお，公的機関のうちの「これら（政府機関又は地方政府機関）に準ずる機関」（規則10条２項３号へ括弧書）とは，日本の独立行政法人や特殊法人に相当する機関が想定されていますが，その位置付けは各国の制度により異なることから，個々に判断されることとなります（要領）。

エ　第３号技能実習生の場合は，第２号技能実習修了後に１か月以上帰国していること（法９条２号，規則10条２項３号ト）

本国に１か月以上帰国する前に第３号技能実習の計画の認定申請を行う場合は，帰国の予定がある旨の記載を行うこととなります（要領）。

技能実習生が在留を継続したまま第３号技能実習へ移行する場合の入管法

上の手続については，以下のとおりです（要領）。

即ち，第３号技能実習計画の認定を受けた場合は，技能実習生は，「技能実習２号」の在留期間の満了日までに，「技能実習３号」への在留資格変更許可申請を地方入国管理局に行う必要があります。在留資格変更許可申請中の技能実習生については，入管法20条５項に規定する特例期間（申請中に限り在留期間の満了日が最大２か月延長されるもの）を活用して，みなし再入国許可により１か月以上の一旦帰国を行うことが可能です。ただし，一旦帰国の期間が45日を超えるときには，特例期間中の帰国が実現しない場合や，特例期間中に帰国した場合にもその後の在留資格変更許可申請の手続が特例期間中に完了しないおそれがあることから，新規入国での手続を行うことが望まれます。１か月以上の一旦帰国を終えて再入国した場合にあっては，技能実習生は，速やかに地方入国管理局に出頭し，「技能実習３号」の在留資格変更許可を受けた上で，第３号技能実習を開始する必要があります。

第２号技能実習の修了から第３号技能実習の開始までの帰国期間に上限はありません。もっとも，帰国後相当な期間が経過しているにもかかわらず，その間に技能実習で身に付けた技能等を全く活用していないというような場合には，帰国後の業務従事予定（規則10条２項３号ハ）の信用性等に疑義が生じることもあり得るので，技能実習生の選定に当たって留意する必要があります（機構Q&A（認定関係））。

なお，出入国管理及び難民認定法第７条第１項第２号の規定に基づき同法別表第１の５の表の下欄に掲げる活動を定める件（平成２年５月24日法務省告示第131号。以下「特定活動告示」といいます。）32号に基づく外国人建設就労者（本邦の公私の機関が策定し，国土交通大臣が認定した適正監理計画に基づき，当該機関との雇用契約に基づいて建設業務に従事する活動）及び特定活動告示35号に基づく外国人造船就労者（本邦の公私の機関が策定し，国土交通大臣が認定した適正監理計画に基づき，当該機関との雇用契約に基づいて造船業務に従事する活動）にあっては，法務大臣及び厚生労働大臣が告示で定める特定就労活動（規則附則４条）として，技能実習法施行規則10条２項３号トに規定する帰国期間について，次の①又は②のいずれかに該当することを必要とする旨の改正が予定されています（パブリックコメント「外国人の技能実習の適正な実施及び技能実習生の保護に関する法律施行規則の一部を改正する省令の一部を改正する省令（仮称）（案）」「外国人の技能実習の適正な実施及び技能実習生の保護に関する法律施行規則附則第四条の規定に基づき法務大臣及び厚生労働大臣が定める活動（仮称）（案）」に係る意見募集について）。

①　第２号技能実習の修了後本国に１月以上１年未満の期間帰国してから特定就労活動を開始し，かつ，当該特定就労活動の終了後本国に１年以上帰国してから第３号技能実習を開始するものであること。

②　第２号技能実習の修了後本国に１年以上帰国してから特定就労活動を開始し，かつ，当該特定就労活動の終了後本国に１月以上帰国してから第３号技能実習を開始するものであること。

オ　やむを得ない事情がある場合を除き，同じ技能実習の段階に係る技能実習を過去に行ったことがないこと（法９条２号，規則10条２項３号チ）

同じ段階の技能実習を再度行うことが認められるやむを得ない事情としては，以下のものが該当します（要領）。

(ア)　中断後の再開

技能実習生の病気・怪我（労災を含みます。），技能実習生の家族の都合等により，技能実習生が技能実習の継続を希望していたにもかかわらず技能実習の実施が困難となってしまったような場合の後の再開が該当します。技能実習生自身が職務怠慢により欠勤していたなど，技能実習を継続する意思や能力を欠くことに起因した中断については，再開は認められません。この場合は，理由書（様式自由）を提出することが必要となります。

なお，この場合の実習期間は，既に行った同一段階の実習期間と通算して法律上の上限の範囲内となります。

(イ)　転　籍

実習実施者の経営上・事業上の都合，実習実施者における実習認定の取消し，実習実施者における労使間の諸問題，実習実施者における対人関係の諸問題等，現在の実習実施者の下で技能実習を続けさせることが，技能実習の適正な実施及び技能実習生の保護という趣旨に沿わないと認められる事情による実習先の変更の場合が該当します。なお，専ら技能実習生の都合によるものは認められません。

この場合は，新規の技能実習計画の認定申請に際して，他の添付書類とともに，理由書（様式自由）と転籍を行うことが必要となった事情を明らかにする資料を提出することが必要となります。

なお，この場合の実習期間は，既に行った同一段階の実習期間と通算して法律上の上限の範囲内となります。ただし，上記の事情に起因して技能実習計画を実質的に履行できなかった期間については，実習期間として通算しない取扱いとされます。

(ウ)　再実習（同業種）

ある段階の技能実習を修了した者が，再び，同じ業種の技能等について，同じ段階の技能実習を行う場合です。原則として，このような再実習を行うことは想定されていませんが，以下のような要件を全て満たす場合に限って，認められる余地があります。この場合は，理由書（様式自由）と再実習（同業種）を行うことが必要となった事情を明らかにする資料を提出することが必要となります。

①　前回行った技能実習も今回行おうとする技能実習も，いずれも原則として移行対象職種・作業に係るものではなく，第１号技能実習であること

②　前回行った技能実習において移行対象職種・作業として技能実習計画を策定しなかったことに合理的な理由があること

③　前回行った技能実習の目標が達成されていること

④　今回行おうとする技能実習の内容が，前回行った技能実習の内容と比べてより上級のもの又は関連する技能等の修得を目的とするものであること

⑤　前回行った技能実習で学んだ技能等が，母国において活用されている，又は活用される予定があること

カ　確認対象書類

技能実習生の基準について，上記アないしオに該当することは，以下の書類によって確認されます（要領）。

① 技能実習計画認定申請書（省令様式第１号）
② 技能実習生の履歴書（参考様式第１－３号）
③ 技能実習生の申告書（参考様式第１－20号）
④ 技能実習を行わせる理由書（参考様式第１－22号）
⑤ 外国の所属機関による証明書（企業単独型技能実習）（参考様式第１－12号）
　※　企業単独型技能実習の場合
⑥ 技能実習生の推薦状（参考様式第１－23号）
　※　団体監理型技能実習の場合
⑦ 同種業務従事経験等証明書（団体監理型技能実習）（参考様式第１－27号）及び技能実習法施行規則10条２項３号ホの立証に関し必要な書類
　※　団体監理型技能実習の場合
　※「本邦において従事しようとする業務と同種の業務に外国において従事した経験を有すること」を立証する場合，外国の所属機関による証明書（団体監理型技能実習）（参考様式第１－28号）
　※「団体監理型技能実習に従事することを必要とする特別な事情があること」を立証する場合，上記イ(イ)に記載の書類
⑧ 再度同じ段階の技能実習を行う理由書（様式自由）及び技能実習法施行規則10条２項３号チの立証に関し必要な書類
　※「やむを得ない事情がある場合」を立証する場合，上記オ(ア)ないし(ウ)に記載の書類
⑨ 外国の所属機関による証明書（団体監理型技能実習）（参考様式第１－28号）
　※　団体監理型技能実習の場合

(4)　申請者（実習実施者）の基準

やむを得ない事情がある場合を除き（規則10条２項４号ロ括弧書），第２号技能実習にあっては，当該技能実習計画に係る技能実習生に第１号技能実習を行わせた者であることが必要です（法９条２号，規則10条２項４号ロ）。

やむを得ない事情がある場合とは，第１号技能実習を行わせた者が第２号技能実習を行わせることができない場合及び第１号技能実習を行わせた者が

第２号技能実習を行わせることが適当でない場合等です（規則10条２項４号ロ括弧書）。具体的には，①第１号技能実習を行わせた実習実施者の倒産・経営状態悪化，②第１号技能実習を行わせた実習実施者における実習認定の取消し，③第１号技能実習を行わせた実習実施者における労使間の諸問題，④第１号技能実習を行わせた実習実施者における対人関係の諸問題，⑤その他，第１号技能実習を行わせた実習実施者で技能実習を続けさせた場合において技能実習の適正な実施が期待できないと認められるとき等です（要領）。

なお，第３号技能実習については，基礎的な技能等を効果的・効率的に修得等する期間は修了しており，いわゆる応用段階の実習になることから，第２号技能実習を行わせた実習実施者と同一の者の下での技能実習であることは必ずしも求められていません。技能実習生の意向に基づいて，実習先を選択することが可能となっています。

上記の申請者（実習実施者）の基準に該当することについては，①技能実習計画認定申請書（省令様式第１号）及び②技能実習を行わせる理由書（参考様式第１-22号）によって確認されます（要領）。

(5)　外国の準備機関又はその役員の基準

外国の準備機関又はその役員が，過去５年以内に，実習実施者に不正に技能実習計画の認定（法８条１項，11条１項）を受けさせる目的，不正に監理団体の許可（法23条１項，32条１項，31条２項）を受けさせる目的，出入国若しくは労働に関する法令の規定に違反する事実を隠蔽する目的又はその事業活動に関し外国人に不正に入管法上の許可を受けさせる目的で，偽変造文書・図画又は虚偽文書・図画を行使し，又は提供する行為を行っていないことが必要です（法９条２号，規則10条２項５号）。

外国の準備機関とは，取次送出機関を除き，技能実習生になろうとする者の外国における準備に関与する外国の機関をいいます（規則１条９号）。例えば，技能実習生が本国で所属していた機関，技能実習生になろうとする者を対象として行う講習実施機関，技能実習生が渡航するために旅券や航空券取得の代行を行う機関等です（要領）。

上記の外国の準備機関又はその役員の基準に該当することについては，次の書類によって確認されます（要領）。

①　外国の所属機関による証明書（企業単独型技能実習）（参考様式第１－12号） 　※　企業単独型技能実習の場合 ②　外国の準備機関の概要書及び誓約書（参考様式第１－13号）

(6)　技能実習の実施の基準

ア　技能実習生等（技能実習生又は技能実習生になろうとする者）又はその親族等が，保証金の徴収その他名目のいかんを問わず，金銭その他の財産を管理されず，かつ，技能実習に係る契約の不履行について違約金を定める契約その他の不当に金銭その他の財産の移転を予定する契約をしないこと（法９条２号，規則10条２項６号イ）

技能実習法施行規則10条２項６号イの「保証金の徴収その他名目のいかんを問わず，金銭その他の財産を管理されないこと」については，実習実施者，監理団体，取次送出機関又は外国の準備機関のみならず，日本国内において技能実習に関与するいわゆるブローカー等を含め，幅広く規制の対象とするものです（要領）。このため，技能実習法施行規則10条２項６号イは，特段主語を規定していません。また，技能実習法施行規則10条２項６号イは，技能実習生のみならず，技能実習生と社会生活において密接な関係を有する者（親族等）まで対象としています。

イ　団体監理型にあっては，申請者，監理団体，取次送出機関又は外国の準備機関が（企業単独型にあっては，申請者又は外国の準備機関が），他のこれらの者との間で，技能実習に係る契約の不履行について違約金を定める契約その他の不当に金銭その他の財産の移転を予定する契約をしていないこと（法９条２号，規則10条２項６号ロ）

取次送出機関とは，外国の送出機関（法23条２項６号）であって団体監理型技能実習生になろうとする者からの技能実習に係る求職の申込みを日本の監理団体に取り次ぐものをいいます（規則１条８号）。

技能実習法施行規則10条２項６号ロは，技能実習生等との直接の契約でなくとも，実習実施者と取次送出機関などの関係者間で違約金を定めるような契約が行われた場合は，違約金を払う立場の機関が技能実習生等から保証金や高額な手数料等を徴収するおそれがあるため，技能実習生の保護の観点から定められているものです。具体的には，技能実習生が失踪した場合に，制裁として，取次送出機関が実習実施者に対し違約金等を支払うこと等を定める契約等が想定されます（要領）。

ウ　団体監理型にあっては，申請者及び監理団体が（企業単独型にあっては，申請者が），技能実習に関連して，技能実習生に対する暴行，脅迫，自由の制限その他人権を侵害する行為が行われていないことを定期的に確認すること（法９条２号，規則10条２項６号ハ）

保証金契約や違約金契約（規則10条２項６号イ参照）以外にも，技能実習生が不当な取扱いを受けていないことを，技能実習生の保護の観点から実習実施者及び監理団体に定期的に確認させることを目的とするものです。不当な取扱いとは，例えば，取次送出機関の日本駐在事務所の職員が，実習実施者の知らないところで外出禁止等の不当な取決めをしているような場合等が想定されます（要領）。

エ　団体監理型にあっては，技能実習生等（技能実習生又は技能実習生になろうとする者）が技能実習の申込みの取次ぎ又は外国における技能実習の準備に関して取次送出機関又は外国の準備機関に支払う費用につき，その額及び内訳を十分に理解してこれらの機関との間で合意していること（法９条２号，規則10条２項６号ニ）

各国の法制に従って適法に行われることが前提となりますが，旅券の取得等に要した費用等，社会通念上，技能実習生が負担することに合理的な理由が認められるものについて，技能実習生に額及び内訳を十分に理解させた上で，合意に基づき，取次送出機関や外国の準備機関が費用を徴収することは可能です（要領）。

取次送出機関が監理団体へ技能実習生を取り次ぐ場合にあっては，当該技能実習生が取次送出機関及び外国の準備機関から徴収された費用の額及びその内訳について，技能実習生から聴取するなどして，当該費用が技能実習生の合意の下で徴収されたものであることを確認することが必要です。

オ　確認対象書類

技能実習の実施の基準について，上記アないしエに該当することは，以下の書類によって確認されます（要領）。

> ①　申請者の誓約書（参考様式第１－２号）
> ②　技能実習計画の認定に関する取次送出機関の誓約書（参考様式第１－10号）
> 　※　団体監理型技能実習の場合
> ③　外国の所属機関による証明書（企業単独型技能実習）（参考様式第１－12号）
> 　※　企業単独型技能実習の場合
> ④　外国の準備機関の概要書及び誓約書（参考様式第１－13号）
> ⑤　技能実習の準備に関し本国で支払った費用の明細書（参考様式第１－21号）
> 　※　団体監理型技能実習の場合

⑺　第１号技能実習に係る入国後講習の基準

第１号技能実習生に対しては，日本語及び出入国・労働関係法令等の科目による入国後講習（法２条２項１号，４項１号，規則１条７号）が行われることが必要です（法９条２号，規則10条２項７号）。入国後講習は，具体的には，以下のとおりです。

ア　実施主体

第１号企業単独型技能実習にあっては申請者が，第１号団体監理型技能実習にあっては監理団体が，自ら又は他の適切な者に委託して，座学（見学を含みます。）により実施する必要があります（法９条２号，規則10条２項７号イ）。

イ　科　目

科目が，①日本語，②日本での生活一般に関する知識，③出入国又は労働に関する法令の規定に違反していることを知ったときの対応方法その他技能実習生の法的保護に必要な情報，④そのほか日本での円滑な技能等の修得等に資する知識である必要があります（法９条２号，規則10条２項７号ロ）。

②及び③については，技能実習生手帳を教材の一つとして必ず使用し，技

能実習生に対し，技能実習生手帳の活用を促すようにすることが求められています（要領）。

③については，特に申告・相談先である機構における母国語相談や，労働基準法違反の申告・相談先である労働基準監督署等の行政機関への連絡及び申告の要件や方法と不利益取扱いの禁止に係る事項，賃金未払いに関する立替払制度や休業補償制度，労働安全衛生や労働契約に関する知識，厚生年金の脱退一時金制度のほか，やむを得ない理由による転籍をしなければならなくなった際の対応等に関する事項が，講義内容に含まれていなければなりません（要領）。③の講習の時間数の目安は，技能実習法令，入管法令，労働関係法令，その他法的保護に必要な情報について，少なくとも各２時間ずつ実施することを目安とし，合計で８時間実施することが必要です。なお，通訳を付して実施する場合は，通訳に要する時間を考慮して当該８時間の内容を実施することが必要です（要領）。③の講義を行うのは，専門的な知識を有する者でなければなりません（規則10条２項７号ロ⑶括弧書）。また，第１号団体監理型技能実習にあっては，申請者又は監理団体に所属する者であってはなりません（規則10条２項７号ロ⑶括弧書）。

④については，機械の構造や操作に関する知識のほか，技能実習への心構え，企業内での規律等の講義が想定されます。また，現場施設見学を行う場合がこの科目に該当することとなります（要領）。なお，講習実施施設の外で講習を実施しても差し支えありませんが，実習実施者の工場の生産ライン等の商品生産施設においては見学以外の活動は認められません。商品生産施設での機械操作教育や安全衛生教育は，講習とは別に実習実施者において，技能等の修得のための活動として実施しなければなりません（規則10条２項７号ニ，要領）。

ウ　総時間数

⑺　原則と例外

入国後講習の総時間数（実施時間が８時間を超える日は８時間として計算します。）が，原則として，技能実習生が日本において行う第１号技能実習の予定時間全体の６分の１以上である必要があります（法９条２号，規則10条

２項７号ハ柱書)。例外として，当該技能実習生が，過去６月以内に，外国において，上記イ①②又は④の科目につき，１月以上の期間かつ160時間以上の課程を有し，座学により実施される一定の入国前講習を受けた場合には，12分の１以上であればよいとされます（規則10条２項７号ハ柱書括弧書)。

入国後講習の時間数は，第１号技能実習の「予定」時間全体から決定されます（規則10条２項７号ハ柱書)。従って，残業を行ったケース等，技能実習の実施時間が技能実習計画の認定後の事情変更により増えた場合に，講習を追加的に実施することは，原則として求められていません（要領)。

(ｲ)　入国前講習が未了の場合の取扱い

技能実習計画の認定申請は，申請以後６か月以内に技能実習を開始するものに限られています。従って，認定申請を行う段階で，入国前講習が所定の時間数を満たしていないことも想定されます。しかし，その場合でも，技能実習生が日本に入国する前までに所定の時間を行うことが見込まれるときは，入国前講習を受講した場合の時間数で考えて差し支えありません。もっとも，入国前講習の受講を見込みで実習認定を行った場合において，技能実習生が日本に入国する時点で所定の講習時間数を満たしていないときは，技能実習の総時間数の６分の１以上の入国後講習を行うことが必要となります（要領)。

エ　実施時期

入国後講習の実施時期については，企業単独型にあっては，上記イの③の科目のみ，団体監理型にあっては，全ての科目について，実習実施者における技能等の修得活動を行わせる前に実施しなければなりません（規則10条２項７号ニ)。従って，団体監理型にあっては，実習実施者と技能実習生との間の雇用契約が発効する前に監理団体が実施する講習のみを，入国後講習の時間数として計算することができます。このため，雇用契約発効後に行われる講習は，監理団体が実施した場合であっても，技能実習法施行規則で規定する入国後講習の必要時間数に含めません（要領)。

なお，技能実習生が危険又は有害な業務に従事することが予定されている場合に，法令で義務付けられている技能講習，特別教育等を受講する必要がある場合がありますが，これについては，特に必要と認められる場合を除き，入国後講習終了後に各実習実施者における技能等修得活動中に受講させるものであることが望ましいものです（要領）。なお，入国後講習期間中に受講させる場合であっても，①当該講習等が実習実施者による指揮命令を受けるものでないこと，②監理団体の責任の下で行われること，③実習実施者の施設で行われるものでないこと，④事故等により負傷等した場合の補償措置が講じられていること，⑤技能実習計画の認定申請時に技能講習等の実施時期，場所等が記載され，入国後講習として行うことが明らかになっていること等が必要です（要領）。

オ　確認対象書類

第１号技能実習に係る入国後講習の基準について，上記アないしエに該当することは，以下の書類によって確認されます（要領）。

① 技能実習計画認定申請書（省令様式第１号）
② 委託機関との間に締結された入国後講習実施に係る契約書写し等委託関係を明らかにする資料及び委託機関の概要を明らかにする資料
　※ 入国後講習を実施するとした場合であって，申請者又は監理団体が委託するとき
③ 申請者の誓約書（参考様式第１－２号）
④ 入国前講習実施（予定）表（参考様式第１－29号）
　※ 入国前講習を実施するとした場合
⑤ 委託機関との間に締結された入国前講習実施に係る契約書写し等委託関係を明らかにする資料及び委託機関の概要を明らかにする資料
　※ 入国前講習を実施するとした場合であって，申請者又は監理団体が委託するとき
⑥ 外国の公的機関が作成した技能実習生が所定の科目を履修したことを証する文書
　※ 入国前講習を実施するとした場合であって，外国の公的機関が実施するとき
　※ 外国の公的機関とは，外国の国又は地方公共団体の機関をいい，日本における独立行政法人や公益法人に相当する機関は該当しません。
⑦ 外国の教育機関が作成した技能実習生が所定の科目を履修したことを証する文書及び外国の教育機関の概要を明らかにする資料
　※ 入国前講習を実施するとした場合であって，外国の教育機関が実施するとき
　※ 外国の教育機関として認められるのは，原則として，その国又は地域

における学校教育制度に照らして正規の教育機関として認定されているものであり，かつ，義務教育終了後に入学する機関をいいます。
⑧　外国の公私の機関が作成した技能実習生が所定の科目を履修したことを証する文書
※　入国前講習を実施するとした場合であって，外国の公私の機関が実施するとき

⑻　複数職種・作業についての基準

複数職種・作業の場合は，いずれも移行対象職種・作業であること，相互に関連性があること，合わせて行う合理性があることが必要です（法９条２号，規則10条４項）。

複数職種及び作業として同時に行わせることのできる職種及び作業の数は，２が基本となり，通常３までが想定されています。これは，通常，主たる職種及び作業の目標を達成するために必要な時間を確保した上で，さらに，従たる職種及び作業の目標を達成することに，一定の時間の制約上の限界があると考えられるためです。同時に３つの職種及び作業に係る技能実習計画を提出する場合には，複数の職種及び作業に係る技能実習を行わせる理由書（参考様式第１-30号）において高いレベルでの説明が求められます。４以上の職種及び作業を同時に行わせる技能実習計画は，通常認められることは想定されていません（要領）。

相互に関連性があることについては，当該複数の職種及び作業に係る業務が同一の申請者において行われていることはもとより，当該複数の職種及び作業が社会通念に鑑み，一般的にも相互に関連していると考えられることが求められます。同一の職種内の複数の作業を同時実施する場合には一般的に相互に関連している場合が多いと想定されますが，異なる職種間にまたがる作業を同時実施する場合には相互に関連していることについて詳細な説明が必要となります（要領）。

合わせて行う合理性については，当該複数の職種及び作業に係る技能実習を行わせることにより技能等の移転がより一層図られ，技能実習の成果が高いものになると考えられるなど，技能実習制度の趣旨に沿った理由が求めら

れます。最低限，申請者の技能実習を行わせようとする事業所において日本人労働者が当該複数の職種及び作業を行っていることが必要不可欠です（要領）。

なお，従たる職種・作業については，技能実習法施行規則10条４項の規定により，「本国に帰国後本邦において修得等をした技能等を要する業務に従事することが予定されていること」（規則10条２項３号ハ）及び「本邦において従事しようとする業務と同種の業務に外国において従事した経験を有すること」（規則10条２項３号ホ）の要件が課されていません。しかし，技能実習として行われることには変わりませんので，制度の趣旨を踏まえた技能等の修得等につながるよう適切に運用することが求められます（要領）。

4　技能実習を実施する期間

第１号技能実習は１年以内，第２号技能実習及び第３号技能実習はそれぞれ２年以内であることが必要です（法９条３号）。同一区分の技能実習の期間については，原則として単一の技能実習計画の範囲内で判断されます。但し，同じ段階の技能実習を行ったことについてやむを得ない事情があるとして，中断後の再開又は転籍を行う場合にあっては，既に行った同一段階の技能実習計画上の技能実習の期間と通算してその期間が判断されます（要領）。

5　前段階の目標達成

前段階における技能実習（第２号は第１号，第３号は第２号）の際に定めた目標（法９条２号，規則10条１項１号イ，２号）が達成されていることが必要です（法９条４号）。具体的には，第２号技能実習に係る技能実習計画の認定を受けるためには，第１号技能実習で目標として定めた基礎級の技能検定等への合格が必要であり，第３号技能実習計画に係る技能実習計画の認定を受けるためには，第２号技能実習で目標として定めた３級の技能検定等の実技試験への合格が必要です。

技能検定等の合否結果が出ていない状況で，次の段階の技能実習計画の認定申請を行う場合には，受検中又は受検予定であることが分かる資料を添えて申請を行って下さい。この場合，合格が判明した後に，資料の追完を行わなければなりません（要領）。

上記の前段階の目標達成の基準に該当することについては，次の書類によって確認されます（要領）。なお，機構が行う受検手続支援（機構策定に係る受検手続支援要領参照）を受けた場合には，試験実施機関から機構に対し技能実習生の技能検定等の合否結果が提供されます。このため，技能検定の合格証書等の証明書類の提出は，省略をすることが可能となります（要領）。

①　技能実習計画認定申請書（省令様式第１号）
②　基礎級の技能検定の合格証書の写し若しくは技能検定試験合格通知の写し又はこれに相当する技能実習評価試験の合格を証明する書面
　※　第２号技能実習計画の認定申請の場合
③　３級の技能検定の実技試験の合格証書の写し若しくは技能検定試験合格通知の写し又はこれに相当する技能実習評価試験の合格を証明する書面
　※　第３号技能実習計画の認定申請の場合

6　技能等の適正な評価の実施

(1)　評価の実施方法

技能実習を修了するまでに，技能実習生が修得等をした技能等の評価を，①技能検定，②技能実習評価試験又は③第１号技能実習に係る技能実習の目標（具体的な業務ができるようになること及び当該技能等に関する知識の修得を内容とするものであること）が全て達成されているかの技能実習指導員による確認により行うことが必要です（法９条５号）。

つまり，技能実習生が修得等をした技能等の評価は，移行対象職種・作業に係るものであり，技能検定等の合格に係る目標を定めている場合は，技能実習生の技能検定等の受検によって行います。他方，移行対象職種・作業に係るものでない第１号技能実習であり，かつ，当該第１号技能実習計画において，技能検定等の合格以外の目標を定めた場合には，技能実習指導員による技能実習計画の目標が達成されているかどうかの確認によって行います

（規則11条１項括弧書）。

なお，第１号技能実習の場合で第２号技能実習への移行希望がない場合，第２号技能実習の場合で第３号技能実習への移行希望がない場合又は第３号技能実習の場合は，次段階の技能実習がありませんが，そのような場合でも，技能実習法９条５号により，技能実習計画の中で設定した目標（技能検定等の合格）の達成に向けて受検しなければなりません。

⑵　技能検定等の受検時期，再受検

技能検定等の受検については，次のとおりの時期に受検することが推奨されます。即ち，第１号技能実習にあっては，第１号技能実習が修了する３か月前まで，第２号技能実習にあっては，第２号技能実習が修了する６か月前まで，第３号技能実習にあっては，第３号技能実習が修了するまでに受検することが推奨されます（要領）。技能実習の期間中の再受検は，１回に限り認められます（要領）。

⑶　確認対象書類

上記の技能等の適正な評価の実施の基準に該当することについては，次の書類によって確認されます（要領）。

①　技能実習計画認定申請書（省令様式第１号）
②　申請者の誓約書（参考様式第１－２号）
③　技能実習指導員の就任承諾書及び誓約書（参考様式第１－７号）
※　移行対象職種・作業に係るものでない第１号技能実習の場合

7　技能実習を行わせる体制

⑴　技能実習責任者

技能実習責任者が，自己以外の技能実習指導員，生活指導員その他の技能実習に関与する職員を監督し，技能実習の進捗状況を管理するほか，次の①ないし⑨の事項を統括管理することが必要です（法９条６号，規則12条１項１号）。

技能実習責任者は，技能実習を行わせる事業所ごとに選任されていることが必要です（法９条７号）。また，この技能実習責任者は，申請者（実習実施者）又はその常勤の役職員であって，技能実習に関与する職員を監督することができる立場にあり，かつ，過去３年以内に法務大臣及び厚生労働大臣が告示で定める講習を修了した者のうち，一定の欠格事由（規則13条，12条１項２号イないしハ）に該当しない者の中から選任しなければなりません（規則13条）。技能実習責任者は，技能実習指導員，生活指導員等を監督する立場にあることから，新人職員を名ばかりの技能実習責任者に選任することは認められません（要領）。技能実習責任者を，同一の実習実施場所において複数選任することの可否については，それぞれが当該事業所における技能実習の全体について連帯して責任を負うことができるのであれば，複数名選任することも排除されてはいません（機構Q&A（認定関係））。

なお，技能実習責任者，技能実習指導員及び生活指導員は，各々に求められる要件を備えた上であれば，兼務することは可能です（要領）。

① 技能実習計画の作成（規則12条１項１号イ）
② 技能実習生が修得等をした技能等の評価（規則12条１項１号ロ）
③ 法務大臣及び厚生労働大臣若しくは機構又は監理団体に対する届出，報告，通知その他の手続（規則12条１項１号ハ）
④ 帳簿書類の作成及び保管並びに報告書の作成（規則12条１項１号ニ）
⑤ 技能実習生の受入れの準備（規則12条１項１号ホ）
⑥ 監理団体との連絡調整（規則12条１項１号ヘ）
⑦ 技能実習生の保護（規則12条１項１号ト）
⑧ 技能実習生の労働条件，産業安全及び労働衛生（規則12条１項１号チ）
⑨ 国及び地方公共団体の機関であって技能実習に関する事務を所掌するもの，機構その他関係機関との連絡調整（規則12条１項１号リ）

図５－７　技能実習責任者の役割

技能実習に関与する職員の監督
技能実習の進捗状況の管理

統括管理	①　技能実習計画の作成 ②　技能実習生が修得等をした技能等の評価 ③　法務大臣及び厚生労働大臣若しくは機構又は監理団体に対する届出，報告，通知その他の手続 ④　帳簿書類の作成及び保管並びに報告書の作成 ⑤　技能実習生の受入れの準備 ⑥　監理団体との連絡調整 ⑦　技能実習生の保護 ⑧　技能実習生の労働条件，産業安全及び労働衛生 ⑨　国及び地方公共団体の機関であって技能実習に関する事務を所掌するもの，機構その他関係機関との連絡調整

(2)　技能実習指導員

技能実習の指導を担当する者として，申請者（実習実施者）又はその常勤の役職員のうち，技能実習を行わせる事業所に所属する者であって，５年以上の経験を有し，かつ，一定の欠格事由（規則12条１項２号イないしハ）に該当しないものの中から技能実習指導員を１名以上選任していることが必要です（法９条６号，規則12条１項２号）。

「５年以上の経験」について，移行対象職種・作業である場合には，職種及び作業の単位で一致する経験を有していること，指導する職種及び作業に係る技能検定等の２級の合格者であるなどの有資格者であることが望ましいとされています（要領）。なお，実習実施者における経験には限定されず，実習実施者でない他の機関での経験年数も含めることができます（要領）。また，複数の職種及び作業に係る技能実習を行わせる場合は，その全ての職種及び作業に係る修得等をする技能等について５年以上の経験を有することが必要となります。技能実習指導員が１人で全ての経験を網羅することが困難な場合には，職種及び作業ごとに異なる技能実習指導員を配置することも可能です（要領）。

「技能実習を行わせる事業所に所属する」について，技能実習指導員は，技能実習生を直接指導する必要があることから，技能実習を行わせる事業所（工場等）に所属して勤務し，現場に常駐する者を選任しなければなりません（要領）。

技能実習指導員は，技能実習責任者と異なり講習の受講は義務ではありませんが，技能実習指導員に対する講習を修了したものであることが望ましいとされます（要領）。技能実習指導員に対する講習を修了している場合は，優良な実習実施者の要件の加点要素とされます（法９条10号，11号，規則15条２号，16条２項，要領）。

⑶　生活指導員

技能実習生の生活の指導を担当する者として，申請者（実習実施者）又はその常勤の役職員のうち，技能実習を行わせる事業所に所属する者であって，一定の欠格事由（規則12条１項３号，２号イないしハ）に該当しないものの中から生活指導員を１名以上選任していることが必要です（法９条６号，規則12条１項３号）。生活指導員は，技能実習生の生活上の留意点について指導するだけでなく，技能実習生の生活状況を把握するほか，技能実習生の相談に乗るなどして，問題の発生を未然に防止することが求められます。なお，生活指導員が全ての生活指導を自ら行わなければならないものではなく，補助者を付けて生活指導をすることも可能です（要領）。

「技能実習を行わせる事業所に所属する」について，生活指導員は，技能実習生を生活面から直接指導する必要があることから，技能実習を行わせる事業所（工場等）に所属して勤務し，現場に常駐する者を選任しなければなりません（要領）。

生活指導員は，技能実習責任者と異なり講習の受講は義務ではありませんが，生活指導員に対する講習を修了したものであることが望ましいとされます（要領）。生活指導員に対する講習を修了している場合は，優良な実習実施者の要件の加点要素とされます（法９条10号，11号，規則15条２号，16条２項，要領）。

⑷　入国後講習を実施する施設の確保

第１号団体監理型技能実習にあっては監理団体が（第１号企業単独型技能実習にあっては申請者が），入国後講習を実施する施設を確保していることが必要です（法９条６号，規則12条１項４号）。

入国後講習を実施する施設は，入国後講習が座学で行われることに照らして，机と椅子が整えられた学習に適した施設で行われなければなりません（要領）。なお，この要件に関しては，監理団体が施設を自己所有していることまでを求めるものではなく，例えば市や町の公民館を借りるなど，監理団体が他の者から賃借するなどの方法で施設を確保することでも差し支えありません（要領）。

⑸　労働者災害補償保険に係る保険関係の成立の届出等

団体監理型技能実習にあっては申請者又は監理団体が（企業単独型技能実習にあっては申請者が），申請者の事業に関する労働者災害補償保険法による労働者災害補償保険に係る保険関係の成立の届出その他これに類する措置を講じていることが必要です（法９条６号，規則12条１項５号）。「その他これに類する措置」については，労災保険制度において暫定任意適用事業とされている農林水産の事業の一部を想定しているものであり，この場合，労災保険の代替措置として民間の任意保険に加入しなければなりません（要領）。労災保険制度において暫定任意適用事業とされているのは，①労働者数５人未満の個人経営の農家であって，特定の危険又は有害な作業を主として行う事業以外のもの，②労働者を常時は使用することなく，かつ，年間使用延労働者数が300人未満の個人経営の林業，③労働者数５人未満の個人経営の畜産，養蚕又は水産（総トン数５トン未満の漁船による事業等）の事業です。

なお，団体監理型技能実習においては，一般的に入国後講習期間中は実習実施者との雇用関係が成立していないため，入国後講習期間中の保険の加入については義務付けられていません。

⑹　帰国旅費等の負担

団体監理型技能実習にあっては監理団体が（企業単独型技能実習にあっては申請者が），技能実習の終了後の帰国（第２号技能実習の終了後に行う第３号技能実習の開始前の一時帰国を含みます。）に要する旅費（第３号技能実習に係るものであって，第２号技能実習生が第２号技能実習を行っている間に申請がされた場合にあっては，第３号技能実習の開始前の日本への渡航に要する旅費及び第３号技能実習の終了後の帰国に要する旅費）を負担するとともに，技能実習の終了後の帰国が円滑になされるよう必要な措置を講ずることとしていることが必要です（法９条６号，規則12条１項６号）。

第２号技能実習と第３号技能実習の実習実施者が異なる場合は，第２号技能実習終了後の一旦帰国時の帰国旅費については第２号技能実習を行わせた監理団体が，第３号技能実習開始前の日本への渡航旅費については第３号技能実習を行わせる監理団体が，それぞれ負担することとなります（要領）。

なお，監理団体が負担すべき帰国旅費（技能実習の終了後の帰国に要する旅費）については，終了に係る帰国事由を限定していません。技能実習生の自己都合により技能実習が終了して帰国する場合であっても，帰国旅費の負担が監理団体によってされていない場合には，技能実習法９条６号，技能実習法施行規則12条１項６号に適合しないこととなります（要領）。これは，技能実習生と監理団体との間で「自己都合」に関して解釈に争いが生じ，結果として，技能実習生の帰国に支障を来すことを防ぐためとされます（要領）。

⑺　外国の送出機関からの取次ぎ

団体監理型技能実習において，監理団体が団体監理型技能実習の申込みの取次ぎを受ける場合にあっては，外国の送出機関（法23条２項６号）からの取次ぎであることが必要です（法９条６号，規則12条１項７号）。

取次送出機関（規則１条８号）が，団体監理型技能実習に係る求職の申込みを日本の監理団体に取り次ぐのは，原則として，技能実習生になろうとする者が外国にいる場合に限定されます。従って，既に日本に在留している技能実習生については，一般的に，入国時の第１号技能実習計画の認定申請書において記載されている機関が，取次送出機関となります。しかし，取次送出機関は，技能実習生が日本での技能実習を行っている間も，実習実施者又は監理団体と連携して，本国の必要な情報を提供するなど一定の役割を果たす場合があるほか，帰国した技能実習生に対する就職先のあっせんその他の必要な支援を行うことが求められていることから（規則25条４号），入国後に取次送出機関を変更した場合には，新たな取次送出機関として届出等を行うことが必要となります（規則17条，要領）。添付書類については，後記第４節第４の図５－10　技能実習計画の変更認定と届出の区分における「８　監理団体等」の「８　取次送出機関の氏名又は名称」欄を参照して下さい。

⑻　人権侵害行為を行っていないこと

申請者又はその役職員が，過去５年以内に技能実習生の人権を著しく侵害する行為を行っていないことが必要です（法９条６号，規則12条１項８号）。「技能実習生の人権を著しく侵害する行為」の代表的な例は，技能実習生から人権侵害を受けた旨の申告があり人権擁護機関において人権侵犯の事実が認められた場合や，実習実施者が技能実習生の意に反して預金通帳を取り上げていた場合等です（要領）。

⑼　偽変造文書・図画又は虚偽文書・図画の行使・提供を行っていないこと

申請者又はその役職員が，過去５年以内に，不正に技能実習計画の認定（法８条１項，11条１項）を受ける目的，監理事業を行おうとする者に不正に監理団体の許可（法23条１項，32条１項，31条２項）を受けさせる目的，出入国若しくは労働に関する法令の規定に違反する事実を隠蔽する目的又はその事業活動に関し外国人に不正に入管法上の許可を受けさせる目的で，偽変造文書・図画又は虚偽文書・図画を行使し，又は提供する行為を行っていないことが必要です（法９条６号，規則12条１項９号）。労働に関する法令の規定に違反する事実を隠蔽する目的での虚偽文書の行使の例として，機構が実習実施者に対し，実地検査をした際，技能実習生に対する賃金の不払事実を隠蔽するために，二重に作成した虚偽の賃金台帳を提示した場合が挙げられます（要領）。

⑽　認定取消事由該当時の報告

認定の取消事由（法16条１項各号）のいずれかに該当するに至ったときは，直ちに，団体監理型実習実施者にあっては監理団体に（企業単独型実習実施者にあっては機構に），当該事実を報告することとされていることが必要です（法９条６号，規則12条１項10号）。監理団体への報告は，書面・口頭を問わず，適宜の方式で報告することとして差し支えありません（要領）。実習実施者から当該報告を受けた監理団体は，監査を行うこと等により，その事実を確認しなければなりません（法39条３項，規則52条２号）。

⑾　技能実習計画と反する内容の取決めをしていないこと

申請者又は監理団体において，技能実習生との間で，技能実習計画と反する内容の取決めをしていないことが必要です（法9条6号，規則12条1項11号）。

⑿　改善命令に対する改善措置

団体監理型技能実習に係るものであり，監理団体が改善命令（36条1項）を受けたことがある場合は，当該監理団体が改善に必要な措置をとっていることが必要です（法9条6号，規則12条1項12号）。

⒀　技能実習を継続して行わせる体制の整備

ア　財務的基盤，指導体制

技能実習生に対する指導体制その他の技能実習を継続して行わせる体制が適切に整備されていることが必要です（法9条6号，規則12条1項13号）。

技能実習法9条6号，技能実習法施行規則12条1項13号により，実習実施者は，一定程度の財務的基盤を有することが必要であり，この点については，実習実施者の事業年度末における欠損金の有無，債務超過の有無等から総合的に勘案されることになります（要領）。また，技能実習を継続して行わせる体制を整備する観点から，技能実習生の人数及び作業内容に照らして，技能実習指導員の数が著しく少ない場合等には，その体制を強化し適切なものとすることが求められます（要領）。

イ　確認対象書類

上記アの財務的基盤を有することについては，次の書類によって確認されます（要領）。

① 直近の2事業年度に係る貸借対照表及び損益計算書又は収支計算書の写し
　※　納税地の所轄税務署長に提出したもの（損益計算書又は収支計算書については，可能な限り事業区分（セグメント）単位で売上額が確認できるもの）であることが求められます。
② 資産の内容を証する書類（直近の2事業年度に係る法人税の確定申告書の写し，納税証明書の写し等）
　※　法人税の確定申告書の写しについては，納税地の所轄税務署長に法人税の確定申告書が提出され，納税地の所轄税務署長の受付印のあるもの

（電子申請の場合は，納税地の所轄税務署に受け付けられた旨が確認できるもの）であることが求められます。納税証明書の写しについては，国税通則法施行令41条１項３号ロに係る同法施行規則別紙第８号様式（その２）による法人の事業年度における所得金額に関するものであることが求められます。
③　中小企業診断士，公認会計士等の企業評価を行う能力を有すると認められる公的資格を有する第三者が改善の見通しについて評価を行った書面
※　直近期末において債務超過がある場合

8 事業所の設備

技能等の修得等に必要な機械，器具その他の設備を備えていることが必要です（法９条６号，規則12条２項１号）。「必要な機械，器具その他の設備」については，移行対象職種・作業として実習を行う場合には，その移行対象職種・作業の技能実習計画の審査基準や技能実習計画のモデル例等を参照し，記載のある機械，器具等を用いて技能等の修得等を行わせることが推奨されます（要領）。

9 技能実習責任者の選任

技能実習を行わせる事業所ごとに，技能実習の実施に関する責任者が選任されていることが必要です（法９条７号）。この技能実習責任者は，申請者（実習実施者）又はその常勤の役職員であって，技能実習に関与する職員を監督することができる立場にあり，かつ，過去３年以内に法務大臣及び厚生労働大臣が告示で定める講習を修了した者のうち，一定の欠格事由（規則13条，12条１項２号イないしハ）に該当しない者の中から選任しなければなりません（規則13条）。詳細は，上記７⑴を参照して下さい。

10 監理団体による実習監理

団体監理型技能実習にあっては，技能実習計画の作成について指導を受けた監理団体による実習監理を受けることが必要です（法９条８号）。

実習認定を受けて技能実習を開始した後に，監理団体が許可の取消しを受けるなどの事情により，実習監理を受ける監理団体に変更が生じ得る場合は，技能実習法９条８号の基準に従って，新たな監理団体による技能実習計画の作成の指導が必要となります。従って，実習実施者は，新たな監理団体による指導の下で技能実習計画を作成した上，技能実習計画の変更認定（法11条１項）を受けなければなりません。

11　日本人との同等報酬等，技能実習生に対する適切な待遇の確保

(1)　報酬の額が日本人と同等以上であること（法９条９号）

技能実習生に対する報酬の額については，技能実習生であるという理由で不当に低くなるということがあってはなりません。報酬とは，一定の役務の給付の対価として与えられる反対給付をいい，一般的に通勤手当，扶養手当，住宅手当等の実費弁償の性格を有するもの（課税対象となるものを除きます。）は含まれません。同程度の技能等を有する日本人労働者がいる場合には，技能実習生の任される職務内容や技能実習生の職務に対する責任の程度が当該日本人労働者と同等であることを説明した上で，当該日本人労働者に対する報酬の額と同等以上であることを説明する必要があります（要領）。

同程度の技能等を有する日本人労働者がいない場合については，技能実習生に対する報酬の額が日本人労働者に対する報酬の額と同等以上であるということについて，賃金規程がある場合には同規程に照らした個々の企業の報酬体系の観点から，賃金規程がない場合には，例えば，技能実習生の任される職務内容や技能実習生の職務に対する責任の程度が最も近い職務を担う日本人労働者と比べてどのように異なるかという観点から，説明を行うこととなります（要領）。以上について，技能実習生の報酬に関する説明書（参考様式第１-16号）を参照して下さい。

技能実習生を継続して受け入れる場合について，第２号技能実習及び第３号技能実習の賃金が前段階の技能実習よりも上回るなど技能等の習熟度に応じた賃金の格付けを行う等，技能実習生が技能等の修得等をしようとする意欲の向上に資するようにすることが必要です（要領）。

⑵　団体監理型技能実習にあっては申請者又は監理団体が，技能実習生のための適切な宿泊施設を確保していること（法９条９号，規則14条１号）

「適切な宿泊施設」といえるためには，次の①ないし⑧の要件を満たす必要があります（要領。宿泊施設の適正についての確認書（参考様式第１－17号）及び技能実習の期間中の待遇に関する重要事項説明書（参考様式第１－19号）参照)。技能実習生の入国日以降に宿泊施設が使用できる契約となっていることが確認できれば，「宿泊施設を確保している」（規則14条１号）といえます。賃貸借契約の内容によっては，入国前から賃料を払い続けなければならない場合も想定されますが，その場合であっても，技能実習生が実際に入居する前の賃料については，「実費に相当する額」（規則14条４号）とはいえず，実習生にその負担を求めることはできません。賃貸借契約の内容が，入国前から賃料を払い続ける必要はない代わりに，他に当該賃貸物件の契約をしようとする者があった場合は，契約が解除されるといったものであるときは，「契約が解除されていた際には，改めて適切な宿泊施設を確保する」旨の誓約をしていれば足ります（機構Q&A（認定関係))。

なお，監理団体等が確保した宿泊施設とは別の物件を技能実習生が宿泊施設として希望した場合（例えば近隣の賃貸物件を希望した場合）には，技能実習生の自己負担により，この基準を満たす宿泊施設に宿泊施設を変更することは差し支えありませんが，その場合には技能実習計画の変更の届出が必要となります（規則17条，要領)。

① 宿泊施設を確保する場所は，爆発物，可燃性ガス等の火災による危険の大きい物を取扱い・貯蔵する場所の付近，高熱・ガス・蒸気・粉じんの発散等衛生上有害な作業場の付近，騒音・振動の著しい場所，雪崩・土砂崩壊のおそれのある場所，湿潤な場所，出水時浸水のおそれのある場所，伝染病患者収容所建物及び病原体によって汚染のおそれの著しいものを取り扱う場所の付近を避ける措置を講じていること

② ２階以上の寝室に寄宿する建物には，容易に屋外の安全な場所に通ずる階段を２箇所以上（収容人数15人未満は１箇所）設ける措置を講じていること

※　すべり台，避難はしご，避難用タラップ等の同様の代替措置により技能実習生の安全を確保できる措置を講じている場合には，宿泊施設の適正についての確認書（参考様式第１-17号）の特記事項に当該代替措置等を記載し，必要に応じて疎明資料を添付した上で申請することが必要です（要領）。

③　適当かつ十分な消火設備を設置する措置を講じていること

④　寝室については，床の間・押入を除き，１人当たり4.5㎡以上を確保することとし，個人別の私有物収納設備，室面積の７分の１以上の有効採光面積を有する窓及び採暖の設備を設ける措置を講じていること

※　旧制度から技能実習生を受け入れて使用している宿泊施設については，寝室が4.5㎡に満たなくとも，寝室以外に私有可能なスペースを別途設けている等の取組みにより，実質的に１人当たり4.5㎡以上の私有スペースが確保されていると認められる場合には，例外的に，当該宿泊施設を使用している間は，適切な宿泊施設を確保していると認められる余地があります。機構の地方事務所・支所の認定課に事前に相談した上で，宿泊施設の適正についての確認書（参考様式第１-17号）の特記事項に上記の取組み等を記載し，必要に応じて疎明資料を添付した上で申請することが必要です（要領）。

⑤　就眠時間を異にする２組以上の技能実習生がいる場合は，寝室を別にする措置を講じていること

⑥　食堂又は炊事場を設ける場合は，照明・換気を十分に行い，食器・炊事用器具を清潔に保管し，ハエその他の昆虫・ネズミ等の害を防ぐための措置を講じていること

⑦　他に利用し得るトイレ，洗面所，洗濯場，浴場のない場合には，当該施設を設けることとし，施設内を清潔にする措置を講じていること

⑧　宿泊施設が労働基準法10章に規定する「事業の附属寄宿舎」に該当する場合は，同章で定められた寄宿舎規則の届出等を行っており，又は速やかに行うこととしていること

※　原則として，以下のⅰないしⅲの条件を満たせば，労働基準法上の

事業場附属寄宿舎に該当します（要領）。

ⅰ　常態的に相当人数の労働者が宿泊し，共同生活の実態を備えていること

ⅱ　独立又は区画された施設であること（事業主の母屋に同居する場合は寄宿舎に該当しません。）

ⅲ　事業経営の必要上その一部として設けられているような事業との関連をもっていること（労務管理上共同生活の必要性の有無，事業場所内又はその付近にあるか。社宅・アパートは非該当）

⑶　第１号団体監理型技能実習にあっては申請者又は監理団体が，手当の支給その他の方法により，第１号技能実習生が入国後講習に専念するための措置を講じていること（法９条９号，規則14条２号）

入国後講習期間中に技能実習生の自己負担が発生する一方で手当が支給されない場合等には，入国後講習に専念することができないことが想定されるため，食費，居住費等に自己負担がある場合に，これと同等以上の額の講習手当が支払われることが必要となります（要領。技能実習の期間中の待遇に関する重要事項説明書（参考様式第１-19号）参照）。

⑷　団体監理型技能実習にあっては，監理費（法28条２項）として徴収される費用について，直接又は間接に技能実習生に負担させないこととしていること（法９条９号，規則14条３号）

監理費とは，技能実習法28条２項の規定に基づき，監理団体が，監理事業に通常必要となる経費等を勘案して技能実習法施行規則37条で定める①職業紹介費，②講習費，③監査指導費，④その他諸経費について，適正な種類及び額の監理費を実習実施者等へあらかじめ用途及び金額を明示した上で徴収するものをいいます。食事・宿泊施設の提供や，日用品の支給を行う場合などの実費については，監理費に含まれるものではないことから，当該費用を技能実習生から徴収することは差し支えありません（要領）。

⑸　食費，居住費その他名目のいかんを問わず技能実習生が定期に負担する費用について，当該技能実習生が，当該費用の対価として供与される食事，宿泊施設その他の利益の内容を十分に理解した上で申請者との間

で合意しており，かつ，当該費用の額が実費に相当する額その他の適正な額であること（法９条９号，規則14条４号）

ア　食　費

食費については，提供される食事，食材等の提供内容に応じて，以下のとおり，合理的な費用でなければなりません（要領。雇用条件書（参考様式第１－15号）及び徴収費用の説明書（参考様式第１－18号）参照）。

(ア)　食材，宅配弁当等の現物支給の場合

購入に要した額以内の額

(イ)　社員食堂での食事提供の場合

従業員一般に提供する場合に技能実習生以外の従業員から徴収する額以内の額

(ウ)　食事の調理・提供の場合

材料費，水道・光熱費，人件費等の費用の提供を受ける者（技能実習生のみに限られません。）の人数で除した額以内の額

イ　居住費

居住費については，自己所有物件の場合，借上物件の場合に応じて，以下のとおりでなければなりません（要領。雇用条件書（参考様式第１－15号）及び徴収費用の説明書（参考様式第１－18号）参照）。

(ア)　自己所有物件の場合

実際に建設・改築等に要した費用，物件の耐用年数，入居する技能実習生の人数等を勘案して算出した合理的な額

(イ)　借上物件の場合

借上げに要する費用（管理費・共益費を含み，敷金・礼金・保証金・仲介手数料等は含みません。）を入居する技能実習生の人数で除した額以内の額

ウ　水道・光熱費

水道・光熱費については，実際に要した費用を当該宿泊施設で技能実習生と同居している者（実習実施者やその家族を含みます。）の人数で除した額以内の額でなければなりません（要領。雇用条件書（参考様式第１－15号）及び徴収費用の説明書（参考様式第１－18号）参照）。

12　第３号技能実習の場合は，優良要件に適合すること（法９条10号，規則15条）

優良な実習実施者の基準については，技能実習法施行規則15条において，同条１号から６号までに掲げる事項を総合的に評価して，技能等の修得等をさせる能力につき高い水準を満たすと認められるものであることとするとされています。その具体的な運用に当たっては，技能実習制度運用要領に定める表で６割以上の点数（120点満点で72点以上）を獲得した場合に，「優良」であると判断することとされています。詳細については，第３章第３節第２を参照して下さい。

13　技能実習生の受入れ人数の上限を超えないこと（法９条11号，規則16条）

後記第３を参照して下さい。

第３　技能実習生の数

技能実習計画の認定を受けるための基準として，技能実習生の受入れ人数の上限を超えないことが必要であり（法９条11号），具体的に技能実習法施行規則16条が図５－８のように定めています。

1　原則的な形態に関するもの

(1)　優良な実習実施者・監理団体の場合の人数枠

企業単独型技能実習の場合は実習実施者が，団体監理型技能実習の場合は実習実施者と監理団体が，優良である場合（実習実施者が技能実習法施行規則15条の基準に適合し，監理団体が一般監理事業に係る監理許可を受けている場合）には，技能実習法９条11号，技能実習法施行規則16条２項の規定の適用を受けることができます。これにより，第１号又は第２号の技能実習生について，技能実習法施行規則16条１項の規定の適用を受けた通常の場合と比べて人数

図５－８　技能実習生の数

基本人数枠

実習実施者の常勤の職員の総数	技能実習生の人数
301人以上	常勤職員総数の　20分の1
201人～300人	15人
101人～200人	10人
51人～100人	6人
41人～50人	5人
31人～40人	4人
30人以下	3人

※　常勤職員数には、技能実習生（1号、2号及び3号）は含まれない。

人数枠（団体監理型）

人数枠				
第１号（1年間）	第２号（2年間）	優良基準適合者		
		第１号（1年間）	第２号（2年間）	第３号（2年間）
基本人数枠	基本人数枠の２倍	基本人数枠の２倍	基本人数枠の４倍	基本人数枠の６倍

人数枠（企業単独型）

企業	技能実習生の人数枠				
	第1号（1年間）	第2号（2年間）	優良基準適合者		
			第1号（1年間）	第2号（2年間）	第3号（2年間）
法務大臣及び厚生労働大臣が継続的で安定的な実習を行わせる体制を有すると認める企業	基本人数枠	基本人数枠の2倍	基本人数枠の2倍	基本人数枠の4倍	基本人数枠の6倍
上記以外の企業	常勤職員総数の20分の1	常勤職員総数の10分の1	常勤職員総数の10分の1	常勤職員総数の5分の1	常勤職員総数の10分の3

○　団体監理型・企業単独型ともに、下記の人数を超えてはならない。
（1号実習生：常勤職員の総数、2号実習生：常勤職員数の総数の2倍、3号実習生：常勤職員数の総数の3倍）

○　特有の事情のある職種については、事業所管大臣が定める告示で定められた人数とする。

○　やむを得ない事情で他の実習実施者から転籍した実習生を受け入れる場合、上記の人数枠と別に受け入れることを可能とする。

枠が倍となります。また，第３号の技能実習生の人数枠については，その設定を，第１号の２倍ではなく，第１号の３倍までとし，他の実習実施者からの技能実習生の受入れを可能としています。

なお，企業単独型技能実習，団体監理型技能実習のいずれの場合も，次の人数を超えてはならないこととされています。即ち，第１号技能実習生については常勤の職員の総数を，第２号技能実習生については常勤の職員の総数の２倍を，第３号技能実習生については常勤の職員の総数の３倍を超えてはならないこととされています（規則16条２項２号括弧書）。

⑵　留意事項

ア　「常勤」の職員について

常勤の職員には，技能実習生を受け入れている実習実施者に継続的に雇用されている職員（いわゆる正社員をいいますが，正社員と同様の就業時間で継続的に勤務している日給月給者を含みます。）が該当します。外国にある事業所に所属する常勤の職員及び技能実習生は，常勤の職員に該当しません。これは，技能実習生は，技能等を修得等する立場にあるため，実習実施者の指導体制の目安として設けている受入れ人数枠の算出根拠となる常勤の職員には含まないとするものです（要領）。

イ　常勤の職員の「総数」について

実習実施者の常勤の職員の総数については，本社，支社，事業所を含めた企業全体（法人全体）の常勤の職員数を基に算出し，事業所ごとには算出しません。実習実施者が親会社，子会社等の複数の法人で構成される場合は，当該法人全ての常勤の職員の総数，当該法人全てに受け入れられている技能実習生の人数をそれぞれ合算して算出することになります（要領）。

ウ　建設業における常勤の職員の取扱い

建設工事は，多くの工程から構成される総合組立作業であるため，多くの関係者が重層的な構造で関わっており，一つの事業所の正規職員以外の作業員も当該事業所の職員と同様に同一の管理の下で作業に従事している実態があります。このような特殊性に鑑み，建設業における常勤の職員については，次のとおり取り扱うことを可能としています。また，造船業における常勤の職員についても，同様の取扱いを可能としています（要領）。

①　実習実施者甲（この項において「甲」といいます。）との請負契約により甲の工事の一部を請け負った乙（下請企業等，この項において「乙」といいます。）に継続的に雇用される者丙（この項において「丙」といいます。）が次のＡからＣまでのいずれにも該当する場合には，甲の常勤の職員として取り扱うことが可能となります。この場合，丙を乙の常勤の職員としては取り扱いません。

Ａ　甲と乙との間に，甲を注文者として乙を請負人とする請負契約が過去１年以上おおむね継続的に締結されていること

Ｂ　甲が注文者である工事現場において，丙が乙の監督の下，甲に雇用されている者と共に甲の業務にフルタイムでおおむね６か月以上継続して従事していること

Ｃ　丙の勤務形態が労働関係法令その他の法令に違反するものではないこと

②　請負契約に基づいて元請企業（注文者）の常勤職員として計上される下請企業から，別途，同一の実習実施場所での技能実習計画の認定申請があった場合には，既に下請企業の常勤の職員は元請企業の常勤の職員とみなされているため，下請企業の常勤職員として計上することはできません。

エ　農業における常勤の職員の取扱い

農業における常勤の職員については，申請者である農家が個人事業主である場合にあっては，確定申告をした前年分の収支内訳書（農業所得用）のうち「事業専従者の氏名等」欄に氏名の記載があるかなどを確認するほか，当該専従者の就労状況について具体的な説明を求めた上で，常勤の職員として認めることが適当か否か判断することとなります（要領）。

オ　異なる形態の技能実習を同時に行う場合の取扱い

異なる形態の技能実習を同時に行う場合は，現に技能実習計画の認定申請を行う受入れ形態に従った基準を適用して受入れ人数枠が決まることになります。

例えば，常勤職員の総数が40人の優良な実習実施者において，既に特定監理事業の許可を有する監理団体から実習監理を受けるとして団体監理型技能実習で第１号技能実習の技能実習生を１人受け入れている場合，企業単独型技能実習による受入れの申請で優良な実習実施者の基準に適合すれば，企業単独型技能実習における第１号技能実習の受入れ人数枠は常勤職員総数の10分の１（４人）となるため，追加的に受入れ可能な第１号技能実習生は３人です。ただし，その後，一般監理事業の許可を有する監理団体から実習監理を受けるとして団体監理型技能実習による技能実習計画の認定申請があり，優良な実習実施者の基準に適合すれば，団体監理型技能実習における第１号技能実習の受入れ人数枠は基本人数枠の２倍（８人）となり，（これら４人に加えて）更に４人の第１号技能実習生の受入れが可能となります（要領）。

異なる形態の技能実習の例としては，企業単独型技能実習と団体監理型技能実習による受入れを同時に行う場合や，一般監理事業の許可を有する監理団体と特定監理事業の許可を有する監理団体の複数の監理団体から技能実習生を受け入れる場合があります。

2 人数枠の特例措置

以下の①から④までに掲げる技能実習生に技能実習を行わせようとし，又は行わせている場合であって，当該①から④までに定める技能実習生を受け入れ，又は受け入れていることにより，技能実習法施行規則16条１項から３項までで定める数（２項の規定により１項で定める数を超えて技能実習生を受け入れているときは，１項で定める数又は現に受け入れている技能実習生の数のいずれか少ない数）を超えるときは，例外として，当該数に以下に掲げる技能実習生の数を加えた数とすることが可能です（規則16条４項柱書）。

① 他の実習実施者が技能実習を行わせることが困難となった第１号技能実習生であって申請者が引き続き技能実習を行う機会を与えるもの　第１号技能実習又は第２号技能実習（規則16条４項１号）

② 他の実習実施者が技能実習を行わせることが困難となった第２号技能実習生であって申請者が引き続き技能実習を行う機会を与えるもの　第

２号技能実習（規則16条４項２号）

③　他の実習実施者が技能実習を行わせることが困難となった第３号技能実習生であって申請者が引き続き技能実習を行う機会を与えるもの　第３号技能実習（規則16条４項３号）

④　申請者が技能実習を行わせている第１号技能実習生であって第１号技能実習の開始後に特別な事情が生じたにもかかわらず申請者の下で引き続き技能実習を行うことを希望するもの　第２号技能実習（規則16条４項４号）

上記①ないし③の「他の実習実施者が技能実習を行わせることが困難となった技能実習生」にあたるためには，技能実習法施行規則10条２項３号チの「やむを得ない事情がある場合」に該当し転籍が必要であると認められることが必要となります（要領）。

上記④の「第１号技能実習生であって第１号技能実習の開始後に特別な事情が生じたにもかかわらず申請者の下で引き続き技能実習を行うことを希望するもの」については，第１号技能実習の開始後に実習実施者が優良な実習実施者の基準（規則15条）に適合しなくなったことにより技能実習生の人数枠が減少し，技能実習法施行規則16条４項４号がなければ第２号技能実習への移行ができない場合や，第１号技能実習の開始後に実習実施者の常勤の職員の総数が減少したことにより技能実習生の人数枠が減少し，技能実習法施行規則16条４項４号がなければ第２号技能実習への移行ができない場合が該当します（要領）。

第４　欠格事由

技能実習法10条１号ないし12号は，技能実習計画の認定に係る欠格事由を定めています。具体的には，①関係法律による刑罰を受けたことによる欠格事由（法10条１号ないし４号），②技能実習法による処分等を受けたこと等による欠格事由（法10条６号ないし８号），③申請者等の行為能力・役員等の適格性の観点からの欠格事由（法10条５号，10号，11号），④暴力団排除の観点からの欠格事由（法10条９号，12号）に分類できます。

1 関係法律による刑罰を受けたことによる欠格事由

具体的には，①禁錮以上の刑に処せられ，その執行を終わり，又は執行を受けることがなくなった日から起算して５年を経過しない者（法10条１号），②技能実習法その他出入国若しくは労働に関する法令の規定により，罰金の刑に処せられ，その執行を終わり，又は執行を受けることがなくなった日から起算して５年を経過しない者（法10条２号，政令１条），③暴力団員による不当な行為の防止等に関する法律又は刑法の関連規定の罪若しくは暴力行為等処罰に関する法律の罪を犯したことにより，罰金の刑に処せられ，その執行を終わり，又は執行を受けることがなくなった日から起算して５年を経過しない者（法10条３号），④健康保険法，船員保険法，労働者災害補償保険法，厚生年金保険法，労働保険の保険料の徴収等に関する法律又は雇用保険法の各関連規定により，罰金の刑に処せられ，その執行を終わり，又は執行を受けることがなくなった日から起算して５年を経過しない者（法10条４号）が該当します。

2 技能実習法による処分等を受けたこと等による欠格事由

具体的には，①実習認定を取り消され，当該取消しの日から５年を経過しない者（法10条６号），②実習認定を取り消された者が法人である場合（技能実習法16条１項３号により実習認定を取り消された場合については，当該法人が２号又は４号に規定する者に該当することとなったことによる場合に限ります。）において，当該取消しの処分を受ける原因となった事項が発生した当時現に当該法人の役員であった者で，当該取消しの日から起算して５年を経過しないもの（法10条７号），③認定申請の日前５年以内に出入国又は労働に関する法令に関し不正又は著しく不当な行為をした者（法10条８号）が該当します。

上記②の欠格事由の対象となる「役員」については，法人の役員に形式上なっている者のみならず，実態上法人に対して強い支配力を有すると認められる者についても対象となります。具体的には，業務を執行する社員，取締役，執行役又はこれらに準ずる者をいい，相談役，顧問その他いかなる名称を有する者であるかを問わず，法人に対し業務を執行する社員，取締役，執行役又はこれらに準ずる者と同等以上の支配力を有するものと認められる者のことを指します（法10条７号括弧書）。

上記③の「認定申請の日前５年以内に出入国又は労働に関する法令に関し不正又は著しく不当な行為をした者」については，個別具体的な事案の重大性に応じて該当性が判断されることとなります（要領）。旧制度及び現行制度施行以後にかかわらず，地方入国管理局から，技能実習生の受入れを一定期間認めない旨の「不正行為」の通知を受けている者については，当該受入れ停止期間中は欠格事由に該当し，技能実習計画の認定を受けることはできません（要領）。

3　申請者等の行為能力・役員等の適格性の観点からの欠格事由

具体的には，①成年被後見人若しくは被保佐人又は破産手続開始の決定を受けて復権を得ない者（法10条５号），②営業に関し成年者と同一の行為能力を有しない未成年者であって，その法定代理人が欠格事由に該当するもの（法10条10号），③法人であって，その役員のうちに欠格事由に該当する者があるもの（法10条11号）が該当します。

4　暴力団排除の観点からの欠格事由

具体的には，①暴力団員又は暴力団員でなくなった日から５年を経過しない者（暴力団員等）（法10条９号），②暴力団員等がその事業活動を支配する者（法10条12号）が該当します。

第3節 技能実習計画の認定申請に係る添付書類

技能実習計画の認定申請に係る技能実習計画認定申請書（省令様式第１号）の添付書類一覧は，図５－９のとおりです（法８条３項，規則８条１号ないし26号，要領）。

技能実習法令の規定により法務大臣及び厚生労働大臣又は機構に提出する資料が外国語により作成されているときは，その資料に日本語の翻訳文を添付しなければなりません（規則68条１項）。また，技能実習法令の規定により法務大臣及び厚生労働大臣又は機構に提出し，又は事業所に備えて置く日本語の書類に，技能実習生の署名を求める場合には，技能実習生が十分に理解できる言語も併記の上，署名を求めなければなりません（規則68条２項）。

なお，申請書のほか，各様式の用紙の左肩に記載されたアルファベットＡ～Ｆについては，技能実習の区分により，分類しているものです（Ａが第１号企業単独型技能実習，Ｂが第２号企業単独型技能実習，Ｃが第３号企業単独型技能実習，Ｄが第１号団体監理型技能実習，Ｅが第２号団体監理型技能実習，Ｆが第３号団体監理型技能実習です）。申請する技能実習計画に係る技能実習の区分に応じた書類を作成し，提出することが必要です。

図５－９　技能実習計画の認定申請の添付書類一覧

番号	必要な書類	様式番号	技能実習の区分						留意事項
			A（1号イ）	B（2号イ）	C（3号イ）	D（1号ロ）	E（2号ロ）	F（3号ロ）	
1	申請者の概要書	参考様式第1-1号	○1	○1	○1	○1	○1	○1	複数の法人が共同で技能実習を行わせる場合には、法人ごとに1枚ずつ作成すること。
2	登記事項証明書	－	○1	○1	○1	○1	○1	○1	
3	直近２事業年度の貸借対照表の写し	－	○1	○1	○1	○1	○1	○1	直近の事業年度で債務超過がある場合、中小企業診断士、公認会計士等の企業評価を行う能力を有すると認められる公的資格を有する第三者が改善の見通しについて評価を行った書類の提出も必要。
4	直近２事業年度の損益計算書又は収支計算書の写し	－	○1	○1	○1	○1	○1	○1	
5	直近２事業年度の法人税の確定申告書の写し		○1	○1	○1	○1	○1	○1	税務署の受付印があるものに限る。
6	直近２事業年度の法人税の納税証明書 申請者が法人の場合		○1	○1	○1	○1	○1	○1	納税証明書「その2」の所得金額の証明の提出が必要。
7	役員の住民票の写し	－	○1	○1	○1	○1	○1	○1	・役員全員分の提出が必要（技能実習に関する業務の執行に直接的に関与しない役員に関しては、住民票の写しに代えて、誓約書（技能実習に関する業務の執行に直接的に関与しない旨と法令に定められている欠格事由に該当する者でない旨について申請者が確認し、誓約したもの。様式は機構HPを参照）の提出でも可） ・マイナンバーの記載がないもの。 ・日本人の場合は、本籍及び筆頭者氏名の記載があるもの。 ・外国人（特別永住者を除く）の場合は、国籍等、在留資格、在留期間、在留期間の満了の日、在留カード番号の記載があるもの。 ・特別永住者の場合は、特別永住者である旨、特別永住者証明書番号の記載があるもの。

（注）技能実習の区分の欄のうち、
◎印は、必ず提出が必要なもの
○１印は、過去３年以内に他の技能実習計画に関し機構への申請又は届出により提出したものと内容に変更（経年による変更を除く）がない場合に提出が不要なもの
○２印は、過去５年以内に同一の技能実習生に関し機構への申請又は届出により提出したものと内容に変更（経年による変更を除く）がない場合に提出が不要なもの
△印は、実習先変更により新たな技能実習生を受け入れる場合に提出が必要なもの
×印は、提出が不要なもの

番号	必要な書類	様式番号	技能実習の区分						留意事項
			A（１号イ）	B（２号イ）	C（３号イ）	D（１号ロ）	E（２号ロ）	F（３号ロ）	
8	申請者の住民票の写し（申請者が個人事業主の場合）	-	○１	○１	○１	○１	○１	○１	・マイナンバーの記載がないもの。 ・日本人の場合は、本籍及び筆頭者氏名の記載があ るもの。 ・外国人（特別永住者を除く）の場合は、国籍等、在留資格、在留期間、在留期間の満了の日、在留カード番号の記載があるもの。 ・特別永住者の場合は、特別永住者である旨、特別永住者証明書番号の記載があるもの。
9	直近２年度の納税申告書の写し（申請者が個人事業主の場合）	-	○１	○１	○１	○１	○１	○１	税務署の受付印があるものに限る。
１０	技能実習を行わせる理由書	参考様式第1-22号	◎	○２ △	○２ △	◎	○２ △	○２ △	
１１	複数の職種及び作業に係る技能実習を行わせる理由書	参考様式第1-30号	◎	○２ △	○２ △	◎	○２ △	○２ △	複数の職種及び作業に係る技能実習を行わせる場合に提出が必要。
１２	複数の法人が共同で技能実習生を受け入れる理由書	様式自由	◎	○１	○１	◎	○１	○１	複数の法人が申請者となり共同で技能実習を行わせようとする場合に提出が必要。
１３	技能実習生の推薦状	参考様式第1-23号	×	×	×	◎	○２	○２	
１４	再度同じ段階の技能実習を行う理由書	様式自由	◎	◎	◎	◎	◎	◎	過去に同じ段階の技能実習を行ったことがある場合で再度技能実習を行おうとする場合に提出が必要。
１５	技能実習計画における業務内容、使用する素材・材料、機械設備、製品等の例など技能実習の内容を明らかにする資料として、写真付きの工程表（フローチャート）	様式自由	○１	×	×	○１	×	×	移行対象職種・作業でない場合に提出が必要。
１６	技能実習生の申告書	参考様式第1-20号	◎	○２	○２	◎	○２	○２	
１７	技能実習生の履歴書	参考様式第1-3号	◎	○２	○２	◎	○２	○２	

（注）技能実習の区分の欄のうち、
◎印は、必ず提出が必要なもの
○１印は、過去３年以内に他の技能実習計画に関し機構への申請又は届出により提出したものと内容に変更（経年による変更を除く）がない場合に提出が不要なもの
○２印は、過去５年以内に同一の技能実習生に関し機構への申請又は届出により提出したものと内容に変更（経年による変更を除く）がない場合に提出が不要なもの
△印は、実習先変更により新たな技能実習生を受け入れる場合に提出が必要なもの
×印は、提出が不要なもの

番号	必要な書類	様式番号	技能実習の区分						留意事項
			A（１号イ）	B（２号イ）	C（３号イ）	D（１号ロ）	E（２号ロ）	F（３号ロ）	
１８	外国の所属機関による証明書（企業単独型技能実習）	参考様式第1-12号	◎	○２	○２	×	×	×	
１９	外国の所属機関の概要書（企業単独型技能実習）	参考様式第1-11号	◎	○２	○２	×	×	×	
２０	同種業務従事経験等証明書（団体監理型技能実習）	参考様式第1-27号	×	×	×	◎	○２	○２	
２１	外国の所属機関による証明書（団体監理型技能実習）	参考様式第1-28号	×	×	×	◎	○２	○２	技能実習生が本国を出国する時点で所属している勤務先がある場合に提出が必要。
２２	外国の事業所が登記・登録されていることを証する公的な書類	－	◎	○１	○１	×	×	×	規則2条1号に該当することを立証する場合に提出が必要。
２３	１年以上の取引期間又は過去１年間に10億円以上の取引額があることを証する信用状及び船荷証券（航空貨物運送状を含む。）の写し	－	◎	○１	○１	×	×	×	規則2条1号に該当することを立証する場合に提出が必要。
２４	外国の準備機関の概要書及び誓約書	参考様式第1-13号	◎	○２	○２	◎	○２	○２	所属機関（勤務先）以外に技能実習の準備に関与する機関（入国前講習の実施機関、手続の代行機関）がある場合に提出が必要。
２５	技能実習計画の認定に関する取次送出機関の誓約書	参考様式第1-10号	×	×	×	◎	○２	○２	
２６	技能実習の準備に関し本国で支払った費用の明細書	参考様式第1-21号	×	×	×	◎	○２	○２	
２７	申請者の誓約書	参考様式第1-2号	◎	◎	◎	◎	◎	◎	
２８	監理団体と実習実施者の間の実習監理に係る契約書又はこれに代わる書類の写し	様式自由	×	×	×	○１	○１	○１	契約書に代わる書類として、監理団体（組合）と実習実施者（組合員）との関係を規定している書類（監理団体が定めた技能実習に関する事業に係る規約及び当該規約に実習実施者が組合員として服することが分かる書類）の提出も可能。
２９	団体監理型技能実習生と取次送出機関との間の技能実習に係る契約書の写し	様式自由	×	×	×	◎	○２	○２	

（注）技能実習の区分の欄のうち、
◎印は、必ず提出が必要なもの
○１印は、過去３年以内に他の技能実習計画に関し機構への申請又は届出により提出したものと内容に変更（経年による変更を除く）がない場合に提出が不要なもの
○２印は、過去５年以内に同一の技能実習生に関し機構への申請又は届出により提出したものと内容に変更（経年による変更を除く）がない場合に提出が不要なもの
△印は、実習先変更により新たな技能実習生を受け入れる場合に提出が必要なもの
×印は、提出が不要なもの

番号	必要な書類	様式番号	技能実習の区分						留意事項
			A （１号イ）	B （２号イ）	C （３号イ）	D （１号ロ）	E （２号ロ）	F （３号ロ）	
３０	技能実習責任者の履歴書	参考様式第1-4号	○１	○１	○１	○１	○１	○１	
３１	技能実習責任者の社会保険・労働保険の加入状況を証する書類（健康保険等の被保険者証などの写し）	-	○１	○１	○１	○１	○１	○１	
３２	技能実習責任者の就任承諾書及び誓約書の写し	参考様式第1-5号	○１	○１	○１	○１	○１	○１	
３３	技能実習指導員の履歴書	参考様式第1-6号	○１	○１	○１	○１	○１	○１	
３４	技能実習指導員の社会保険・労働保険の加入状況を証する書類（健康保険等の被保険者証などの写し）	-	○１	○１	○１	○１	○１	○１	
３５	技能実習指導員の就任承諾書及び誓約書の写し	参考様式第1-7号	○１	○１	○１	○１	○１	○１	
３６	生活指導員の履歴書	参考様式第1-8号	○１	○１	○１	○１	○１	○１	
３７	生活指導員の社会保険・労働保険の加入状況を証する書類（健康保険等の被保険者証などの写し）	-	○１	○１	○１	○１	○１	○１	
３８	生活指導員の就任承諾書及び誓約書の写し	参考様式第1-9号	○１	○１	○１	○１	○１	○１	
３９	技能実習のための雇用契約書の写し	参考様式第1-14号	◎	◎	◎	◎	◎	◎	
４０	雇用条件書の写し	参考様式第1-15号	◎	◎	◎	◎	◎	◎	
４１	技能実習生の報酬に関する説明書	参考様式第1-16号	◎	◎	◎	◎	◎	◎	
４２	宿泊施設の適正についての確認書	参考様式第1-17号	◎	○１ △	○１ △	◎	○１ △	○１ △	
４３	徴収費用の説明書	参考様式第1-18号	◎	◎	◎	◎	◎	◎	
４４	技能実習の期間中の待遇に関する重要事項説明書	参考様式第1-19号	◎	◎	◎	◎	◎	◎	

（注）技能実習の区分の欄のうち、
◎印は、必ず提出が必要なもの
○１印は、過去３年以内に他の技能実習計画に関し機構への申請又は届出により提出したものと内容に変更（経年による変更を除く）がない場合に提出が不要なもの
○２印は、過去５年以内に同一の技能実習生に関し機構への申請又は届出により提出したものと内容に変更（経年による変更を除く）がない場合に提出が不要なもの
△印は、実習先変更により新たな技能実習生を受け入れる場合に提出が必要なもの
×印は、提出が不要なもの

番号	必要な書類	様式番号	技能実習の区分						留意事項
			A（1号イ）	B（2号イ）	C（3号イ）	D（1号ロ）	E（2号ロ）	F（3号ロ）	
45	入国前講習実施（予定）表	参考様式第1-29号	◎	×	×	◎	×	×	技能実習生に対し、外国で1か月以上、かつ、160時間以上の入国前講習を実施し、入国後講習の時間数を第1号技能実習の合計時間数の12分の1とする場合に提出が必要。
46	外部機関との委託契約がある場合は、委託契約書の写し	−	◎	×	×	◎	×	×	同上
47	外部機関（委託機関）の概要を明らかにする書類（パンフレット等）	−	◎	×	×	◎	×	×	同上
48	外国の公的機関若しくは教育機関又は外国の公私の機関が実施した場合は、技能実習生が履修した科目について当該実施機関が証明する文書	様式自由	◎	×	×	◎	×	×	同上（外国の公私の機関は、1号イのみ）
49	外国の公的機関若しくは教育機関又は外国の公私の機関が実施した場合は、当該実施機関の概要を明らかにする書類（パンフレット等）	−	◎	×	×	◎	×	×	同上（外国の公私の機関は、1号イのみ）
50	前段階の技能実習計画において目標として定めた技能検定又は技能実習評価試験の合格又は一部合格を証する書類の写し	−	×	◎	◎	×	◎	◎	試験実施機関に対し合否結果の機構への提供に同意している場合は提出不要。
51	優良要件適合申告書（実習実施者）	参考様式第1-24号	◎	◎	◎	◎	◎	◎	第3号技能実習を行わせようとする場合又は規則16条2項（人数枠の拡大）の適用を受けようとする場合に提出が必要。
52	技能実習生の名簿	参考様式第1-25号	○1	○1	○1	○1	○1	○1	
53	技能実習生の旅券その他の身分を証する書類の写し	−	◎	○2	○2	◎	○2	○2	身分事項が確認できる部分の写し ※在留カードの交付を受けている場合は、その写しの提出が必要

（注）技能実習の区分の欄のうち、
◎印は、必ず提出が必要なもの
○１印は、過去３年以内に他の技能実習計画に関し機構への申請又は届出により提出したものと内容に変更（経年による変更を除く）がない場合に提出が不要なもの
○２印は、過去５年以内に同一の技能実習生に関し機構への申請又は届出により提出したものと内容に変更（経年による変更を除く）がない場合に提出が不要なもの
△印は、実習先変更により新たな技能実習生を受け入れる場合に提出が必要なもの
×印は、提出が不要なもの

※　技能実習計画の認定基準に関し事業所管大臣が告示で要件を定めた職種に係る技能実習計画の認定申請である場合や、個別具体的な申請内容に応じて資料が必要であると認められる場合などには、上記以外の資料の提出が求められることがあります。

以下、規則２条２号、規則３条２号、規則１６条１項２号に該当するとして申請する場合にのみ必要な書類

<table>
<tr><th rowspan="2">番号</th><th rowspan="2">必要な書類</th><th rowspan="2">様式番号</th><th colspan="6">技能実習の区分</th><th rowspan="2">留意事項</th></tr>
<tr><th>A
（１号イ）</th><th>B
（２号イ）</th><th>C
（３号イ）</th><th>D
（１号ロ）</th><th>E
（２号ロ）</th><th>F
（３号ロ）</th></tr>
<tr><td>１</td><td>理由書</td><td>参考様式第1-26号</td><td rowspan="6">○１</td><td rowspan="6">○１</td><td rowspan="6">○１</td><td rowspan="6">×</td><td rowspan="6">×</td><td rowspan="6">×</td><td rowspan="6">・規則２条２号に該当するものとして主務大臣から新規又は更新の認定を希望する場合に提出が必要。一度該当すると認定を受けたら、認定の有効期間は、当初認定を受けた技能実習計画に係る認定日から３年間。
・左欄の２の書類は、技能実習を行わせる理由書（参考様式第1-22号）に併せて記載しても差し支えない。</td></tr>
<tr><td>２</td><td>申請者が外国にある事業所から技能実習生を受け入れる理由書</td><td>様式自由</td></tr>
<tr><td>３</td><td>外国にある事業所が申請者に技能実習生を派遣する理由書</td><td>様式自由</td></tr>
<tr><td>４</td><td>申請者と外国の公私の機関が国際的な業務上の提携等を行っていることを証する書類（取引先、提携先等が分かる書類）として、信用状及び船荷証券（航空貨物運送状を含む。）の写し、業務提携契約書の写しなど</td><td>－</td></tr>
<tr><td>５</td><td>外国にある事業所が登記、登録されていることを証する公的な書類</td><td>－</td></tr>
<tr><td>６</td><td>外国にある事業所のパンフレット（事業内容、取引先、常勤の職員数などが分かるもの）</td><td>－</td></tr>
<tr><td>７</td><td>理由書</td><td>参考様式第1-26号</td><td rowspan="2">○１</td><td rowspan="2">○１</td><td rowspan="2">○１</td><td rowspan="2">○１</td><td rowspan="2">○１</td><td rowspan="2">○１</td><td rowspan="2">規則３条２号に該当するものとして主務大臣から新規又は更新の認定を希望する場合に提出が必要。一度該当すると認定を受けたら、認定の有効期間は、当初認定を受けた技能実習計画に係る認定日から３年間。</td></tr>
<tr><td>８</td><td>複数の法人（申請者）が事業上密接な関係を有することを証する書類として、取引先、提携先等が分かる書類の写し、業務提携契約書の写し、会社パンフレットなど</td><td>－</td></tr>
<tr><td>９</td><td>理由書</td><td>参考様式第1-26号</td><td rowspan="3">○１</td><td rowspan="3">○１</td><td rowspan="3">○１</td><td rowspan="3">×</td><td rowspan="3">×</td><td rowspan="3">×</td><td rowspan="3">規則16条１項２号に該当するものとして主務大臣から新規又は更新の認定を希望する場合に提出が必要。一度該当すると認定を受けたら、認定の有効期間は、当初認定を受けた技能実習計画に係る認定日から３年間。</td></tr>
<tr><td>１０</td><td>主務大臣から認定を受けて特例人数枠で技能実習生を受け入れる理由書</td><td>様式自由</td></tr>
<tr><td>１１</td><td>過去に受け入れて帰国した技能実習生の現在の職務内容を明らかにする書類</td><td>－</td></tr>
</table>

（注）技能実習の区分の欄のうち、
◎印は、必ず提出が必要なもの
○１印は、過去３年以内に他の技能実習計画に関し機構への申請又は届出により提出したものと内容に変更（経年による変更を除く）がない場合に提出が不要なもの
○２印は、過去５年以内に同一の技能実習生に関し機構への申請又は届出により提出したものと内容に変更（経年による変更を除く）がない場合に提出が不要なもの
△印は、実習先変更により新たな技能実習生を受け入れる場合に提出が必要なもの
×印は、提出が不要なもの

第４節 技能実習計画の変更

第１ 変更の程度に応じた対応

実習実施者は，認定を受けた技能実習計画について，技能実習計画に記載された事項（法８条２項各号）を変更しようとするときは，記載の変更の程度（重要な変更，通常の変更又は些細な変更）に応じた対応が必要となります。即ち，①重要な変更の場合は変更認定が必要となり（法11条１項），②通常の変更（日標や職種・作業に係るものでなく，かつ，認定計画に従った技能実習の実施に実質的な影響を与えない変更）の場合は軽微な変更の届出が必要となり（法11条１項括弧書，規則17条１項），③些細な変更の場合は届出不要です。

第２ 変更認定

重要な変更をしようとする場合にあっては，当該変更を行おうとする前に，あらかじめ変更認定を受けることが必要です（法11条１項）。変更認定を受けるためには，後記第４の表に掲げる変更事由に応じた書類の提出，監理団体の技能実習計画に係る指導，手数料の納付が必要となるほか，上記第２節第２の認定基準（法９条）に適合し，第２節第４の欠格事由（法10条）に該当しないことが求められます（法11条２項）。この技能実習計画の変更認定の申請は，機構の地方事務所・支所の認定課に提出します（法12条３項，１項，11条１項）。なお，技能実習の区分（法８条２項５号）を事後的に変更することは，法律上想定されていません（法11条１項括弧書）。

第３ 軽微な変更の届出

通常の変更（目標や職種・作業に係るものでなく，かつ，認定計画に従った技能実習の実施に実質的な影響を与えない変更）をしようとする場合にあっては，変更に係る事由が発生した日から１か月以内に（要領），機構の地方事務所・支所の認定課に技能実習計画軽微変更届出書（省令様式第３号）を提出しなければなりません（法11条１項括弧書，規則17条１項）。届出をするに際しては，後記第４の表に掲げる変更事由に応じた書類を併せて提出することが求められます（規則17条１項柱書）。また，団体監理型技能実習にあっては，実習監理を受ける監理団体の指導に基づいて当該届出をしなければなりません（規則17条２項）。なお，届出が受理された後に，機構が技能実習計画の認定の各要件に適合しないものであることを確認した場合にあっては，当該変更を是正するよう指導されることとなります。当該指導に従わない場合にあっては，技能実習計画の認定取消し，改善命令等の対応が執られます（要領）。

第４ 具体的な変更内容ごとの対応

具体的な変更内容ごとの対応については，次の表のとおりです（要領）。

図５－10　技能実習計画の変更認定と届出の区分

		計画記載事項	変更認定	届出	添付書類	特記事項
1 実習実施者	1	氏名又は名称	×	○	・登記事項証明書（法人） ・住民票の写し（個人）	・実習実施者自体を変更（交代）する場合には新規の技能実習計画の認定が必要。 ・実習実施者が法人の場合にあっては，合併，会社分割により，消滅したとき，個人事業の場合にあっては，死亡したときは新規の技能実習計画の認定が必要。 ・住民票の写しは，マイナンバーの記載がないもの。また，日本人の場合は，本籍地及び筆頭者の氏名の記載があるもの。外国人（特別永住者を除く）の場合は，

						国籍等，在留資格，在留期間，在留期間の満了の日，在留カード番号の記載があるもの。特別永住者の場合は，特別永住者である旨，特別永住者証明書番号の記載があるもの。
	2	住所	×	○	・登記事項証明書（法人） ・住民票の写し（個人）	・電話番号の変更を含む。 ・住民票の写しは，マイナンバーの記載がないもの。また，日本人の場合は，本籍地及び筆頭者の氏名の記載があるもの。外国人（特別永住者を除く）の場合は，国籍等，在留資格，在留期間，在留期間の満了の日，在留カード番号の記載があるもの。特別永住者の場合は，特別永住者である旨，特別永住者証明書番号の記載があるもの。
	3	代表者の氏名（実習実施者が法人の場合）	×	○	・登記事項証明書	【代表者の変更（交代）】 ・代表者を変更（交代）する場合には届出が必要。 【代表者の氏名の変更】 ・代表者が婚姻するなどの事情により氏名を変更する場合であって，代表者の変更（交代）を伴わない変更の届出は不要。
	4	役員の氏名（実習実施者が法人の場合）	×	○	・登記事項証明書 ・役員の住民票の写し	【役員の変更（交代又は追加で新規に選任）】 ・役員を変更（交代又は追加で新規に選任）する場合には届出が必要。 ・住民票の写しは，マイナンバーの記載がないもの。また，日本人の場合は，本籍地及び筆頭者の氏名の記載があるもの。外国人（特別永住者を除く）の場合は，国籍等，在留資格，在留期間，在留期間の満了の日，在留カード番号の記載があるもの。特別永住者の場合は，特別永住者である旨，特別永住者証明書番号の記載があるもの。 【役員の氏名の変更】 ・役員が婚姻するなどの事情により氏名を変更する場合であって，役員の変更（交代又は追加で新規に選任）を伴わない変更の届出は不要。

	5	役員の役職名（実習実施者が法人の場合）	×	×		
	6	役員の住所（実習実施者が法人の場合）	×	×		
	7	業種	×	×		
2 技能実習を行わせる事業所	1	技能実習を行わせる事業所（名称，所在地）	×	○	・実習実施予定表（省令様式第１号第４～６面）の変更箇所	・新規認定申請時に提出した実習実施予定表の写しに赤字で訂正したものを添付書類として届け出ることでも差し支えない。
	2	技能実習責任者の氏名	×	○	・技能実習責任者の履歴書 ・技能実習責任者の就任承諾書及び誓約書の写し	【技能実習責任者の変更（交代又は追加で新規に選任）】 ・技能実習責任者を変更（交代又は追加で新規に選任）する場合には届出が必要。 【技能実習責任者の氏名の変更】 ・技能実習責任者が婚姻するなどの事情により氏名を変更する場合であって，技能実習責任者の変更（交代又は追加で新規に選任）を伴わない変更の届出は不要。
	3	技能実習責任者の役職名	×	×		
	4	技能実習指導員の氏名	×	○	・技能実習指導員の履歴書 ・技能実習指導員の就任承諾書及び誓約書の写し ・実習実施予定表（省令様式第１号４～６面）（技能実習指導員の担当する指導に変更があった場合）	【技能実習指導員の変更（交代又は追加で新規に選任）】 ・技能実習指導員を変更（交代又は追加で新規に選任）する場合には届出が必要。 【技能実習指導員の氏名の変更】 ・技能実習指導員が婚姻するなどの事情により氏名を変更する場合であって，技能実習指導員の変更（交代又は追加で新規に選任）を伴わない変更の届出は不要。 【技能実習指導員が担当する指導内容の変更】 ・申請時に申告した技能実習指導員に変更（交代又は追加で新規に選任）はないものの，必須業務，関連業務又は周辺業務として記載している具体的な業務ごとに記載した技能実習指導員の担当を変更する場合の届出は不要。
	5	技能実習指導員の役職名	×	×		

	6	生活指導員の氏名	×	○	・生活指導員の履歴書 ・生活指導員の就任承諾書及び誓約書の写し	【生活指導員の変更（交代又は追加で新規に選任）】 ・生活指導員を変更（交代又は追加で新規に選任）する場合には届出が必要。 【生活指導員の氏名の変更】 ・生活指導員が婚姻するなどの事情により氏名を変更する場合であって，生活指導員の変更（交代又は追加で新規に選任）を伴わない変更の届出は不要。
	7	生活指導員の役職名	×	×		
3 技能実習生	1	氏名	×	○	旅券その他の身分を証する書類の写し	
	2	国籍（国又は地域）	×	○	旅券その他の身分を証する書類の写し	
	3	生年月日	×	○	旅券その他の身分を証する書類の写し	
	4	性別	×	○	旅券その他の身分を証する書類の写し	
	5	帰国期間（第３号技能実習に限る）	×	○		【帰国期間の変更】 帰国期間が認定申請時に予定していた期間を下回り，１か月未満となる場合には届出が必要。
4 技能実習の内容	1	技能実習の職種・作業及び分野	○	×	・実習実施予定表（省令様式第１号第４～６面）の変更箇所	【職種・作業に係る技能実習の追加】 ・認定を受けた技能実習計画に記載されている職種・作業の技能実習に新たな職種・作業の技能実習を追加して行おうとする場合に変更認定が必要。 【全く別の技能実習への変更】 ・通常想定されているものではないが，認定を受けた技能実習計画に記載された職種・作業の技能実習を中止して，全く別の職種・作業の技能実習を行おうとする場合にあっては，変更認定の対象とならず，新規の技能実習計画の認定が必要。
5 技能実習の目標	1	技能実習の目標	○	×	・実習実施予定表（省令様式第１号第４～６面）の変更箇所	

6 前段階の技能実習計画の目標の達成状況	1	前段階の技能実習計画の目標の達成状況	×	×		【目標の達成状況の変更】 ・通常，変更されることが想定されているものではないが，変更がある場合は，実習認定取消し事由該当事実に係る報告書の提出が必要。
7 技能実習の期間及び時間数	1	実習期間	○	○	・実習実施予定表（省令様式第１号第４～６面）の変更箇所	【実習の開始時期の変更】 ・実習の開始時期を当初の予定から３か月以上早め，又は，遅らせる場合には届出が必要。 【実習の延べ期間の変更】 ・実習の延べ期間を当初の予定から延長する場合には変更認定が必要。 ・実習の延べ期間を当初の予定から短縮する場合には届出の対象とはしないが，別途技能実習実施困難時届出書の提出が必要。
	2	実習時間数	○	○	・実習実施予定表（省令様式第１号第４～６面）の変更箇所	・新規認定申請時に提出した実習実施予定表の写しに赤字で訂正したものを添付書類として届け出ることでも差し支えない。 ・時間外労働等（時間外労働や休日労働，深夜労働）は原則として想定されていないが，やむを得ない業務上の事情等により行う場合には，実習時間数に時間外労働等の労働時間を含めて，変更認定又は届出をすることが必要。 【年間の合計時間数の変更】 ・年間の合計時間数を予定の50％以上に相当する時間数を変更する場合には変更認定が必要。 ・年間の合計時間数を予定の25％以上50％未満に相当する時間数を変更する場合には届出が必要。 【合計時間数の変更】 ・講習の合計時間数を変更する場合は届出が必要。
8 監理団体等	1	許可番号	×	×		
	2	許可の別	×	×		
	3	名称	○	×	・監理団体と実習実施者の間の実習監理に係る契約書又はこれに代わる書類の写し	【監理団体の変更】 ・監理団体を変更（交代）する場合には技能実習計画の変更認定が必要。 【監理団体の名称の変更】

					・入国後講習実施予定表（省令様式第１号第３面Ｄ）（講習を実施する監理団体に変更があった場合）	・監理団体の名称変更がある場合には技能実習計画の変更認定や変更届出は不要。
	4	住所	×	×		
	5	代表者の氏名	×	×		
	6	監理責任者の氏名	×	×		
	7	担当事業所の名称	×	○		
	8	取次送出機関の氏名又は名称	×	○	・技能実習生と取次送出機関の間の技能実習に係る契約書の写し ・取次送出機関の誓約書	
9　技能実習生の待遇	1	賃金	×	○	・雇用条件書の写し ・技能実習生の報酬に関する説明書（当初の技能実習計画の認定時に技能実習生の報酬を決定する上で比較対象とした日本人労働者等に変更があったことにより，新たな比較対象とした日本人の報酬額に従って技能実習生の報酬額を変更した場合）	
	2	講習手当（金銭に限られず現物支給も含む）	×	○	・技能実習の期間中の待遇に関する重要事項説明書	
	3	その他の報酬	×	○	・雇用条件書の写し ・技能実習生の報酬に関する説明書（技能実習生の報酬を決定する上で比較対象とした日本人労働者等に変更があった場合のみ）	
	4	雇用契約期間	×	○	・雇用条件書の写し	
	5	労働時間及び休憩	×	○	・雇用条件書の写し	
	6	所定労働時間	×	○	・雇用条件書の写し	
	7	休日	×	○	・雇用条件書の写し	
	8	休暇	×	○	・雇用条件書の写し	
	9	宿泊施設	×	○	・宿泊施設の適正についての確認書	

					・技能実習の期間中の待遇に関する重要事項説明書	
	10	技能実習生が定期に負担する費用	×	○	・徴収費用の説明書	
10 入国後講習実施予定（企業単独型）	1	講習実施施設（施設名，所在地，連絡先）	×	○	・入国後講習実施予定表（省令様式第1号第3面A）	・新規認定申請時に提出した講習実施予定表の写しに赤字で訂正したものを添付書類として届け出ることでも差し支えない。
	2	法的保護に必要な情報について講義を行う講師（氏名，職業，所属機関，専門的知識の経歴，資格・免許）	×	○	・入国後講習実施予定表（省令様式第1号第3面A）	・新規認定申請時に提出した講習実施予定表の写しに赤字で訂正したものを添付書類として届け出ることでも差し支えない。
	3	講習期間	×	○	・入国後講習実施予定表（省令様式第1号第3面A）	・新規認定申請時に提出した講習実施予定表の写しに赤字で訂正したものを添付書類として届け出ることでも差し支えない。 【入国後講習の開始時期の変更】 ・当初の予定から3か月以上早め，又は，遅らせる場合には届出が必要。 【講習の延べ期間の変更】 ・当初の予定より講習の延べ期間を短縮する変更を行う場合には届出が必要。
	4	講習内容 講師の氏名（役職・経験年数・委託の有無）	×	○	・入国後講習実施予定表（省令様式第1号第3面A）	・新規認定申請時に提出した講習実施予定表の写しに赤字で訂正したものを添付書類として届け出ることでも差し支えない。 【講習科目の変更】 ・講習科目を変更する場合は届出が必要。 【講師の変更】 ・法的保護の講師以外の講師を変更する場合の届出は不要。 【委託の有無の変更】 ・委託の有無を変更する場合には届出が必要。
	5	講習時間数	×	○	・入国後講習実施予定表（省令様式第1号第3面A）	・新規認定申請時に提出した講習実施予定表の写しに赤字で訂正したものを添付書類として届け出ることでも差し支えない。 【月ごとの時間数の変更】 ・月ごとの講習の各科目の時間数又は合計時間数を変更

						する場合の届出は不要。 【科目ごとの時間数の変更】 ・講習の科目ごとの合計時間数を変更する場合は届出が必要。 【合計時間数の変更】 ・講習の合計時間数を変更する場合は届出が必要。
11 入国後講習実施予定（団体監理型）	1	講習実施施設（施設名，所在地，連絡先）	×	○	・入国後講習実施予定表（省令様式第１号第３面Ｄ）	・新規認定申請時に提出した講習実施予定表の写しに赤字で訂正したものを添付書類として届け出ることでも差し支えない。
	2	監理団体（名称，住所，代表者の氏名）	○	×	・監理団体と実習実施者の間の実習監理に係る契約書又はこれに代わる書類の写し ・入国後講習実施予定表（省令様式第１号第３面Ｄ）	・新規認定申請時に提出した講習実施予定表の写しに赤字で訂正したものを添付書類として届け出ることでも差し支えない。 【監理団体の変更】 ・監理団体を変更（交代）する場合には技能実習計画の変更認定が必要。 【監理団体の名称の変更】 ・監理団体の名称変更がある場合には技能実習計画の変更認定や変更届出は不要。
	3	法的保護に必要な情報について講義を行う講師（氏名，職業，所属機関，専門的知識の経歴，資格・免許）	×	○	・入国後講習実施予定表（省令様式第１号第３面Ｄ）	・新規認定申請時に提出した講習実施予定表の写しに赤字で訂正したものを添付書類として届け出ることでも差し支えない。
	4	講習期間	×	○	・入国後講習実施予定表（省令様式第１号第３面Ｄ）	・新規認定申請時に提出した講習実施予定表の写しに赤字で訂正したものを添付書類として届け出ることでも差し支えない。 【入国後講習の開始時期の変更】 ・当初の予定から３か月以上早め，又は，遅らせる場合には届出が必要。 【講習の延べ期間の変更】 ・当初の予定より講習の延べ期間を短縮する変更を行う場合には届出が必要。
	5	講習内容（実施日，科目，時間，委託の有無，講習施設，講師）	×	○	・入国後講習実施予定表（省令様式第１号第３面Ｄ）	・新規認定申請時に提出した講習実施予定表の写しに赤字で訂正したものを添付書類として届け出ることでも差し支えない。 【講習科目の変更】 ・講習科目を変更する場合は

						届出が必要。 【実施日又は実施時間の変更】 ・講習の各科目における全体の時間数を変更せず，各科目の実施日又は実施時間のみを変更する場合の届出は不要。 【委託の有無の変更】 ・委託の有無を変更する場合には届出が必要。 【講習施設の変更】 ・講習の科目ごとに実施する講習施設を変更する場合の届出は不要。 【講師の変更】 ・法的保護の講師以外の講師を変更する場合の届出は不要。
	6	講習時間数	×	○	・入国後講習実施予定表（省令様式第１号第３面D）	・新規認定申請時に提出した講習実施予定表の写しに赤字で訂正したものを添付書類として届け出ることでも差し支えない。 【１日当たりの時間数の変更】 １日当たりの時間数を変更する場合の届出は不要。 【科目ごとの時間数の変更】 ・講習の科目ごとの合計時間数を変更する場合は届出が必要。 【合計時間数の変更】 ・講習の合計時間数を変更する場合は届出が必要。
12 実習実施予定表	1	技能実習を行わせる事業所（事業所名，所在地）	×	○	・実習実施予定表（省令様式第１号第４～６面）の変更箇所	・新規認定申請時に提出した実習実施予定表の写しに赤字で訂正したものを添付書類として届け出ることでも差し支えない。
	2	実習期間	○	○	・実習実施予定表（省令様式第１号第４～６面）の変更箇所	・新規認定申請時に提出した実習実施予定表の写しに赤字で訂正したものを添付書類として届け出ることでも差し支えない。 【実習の開始時期の変更】 ・実習の開始時期を当初の予定から３か月以上早め，又は，遅らせる場合には届出が必要。 【実習の延べ期間の変更】 ・実習の延べ期間を当初の予定から延長する場合には変更認定が必要。 ・実習の延べ期間を当初の予定から短縮する場合には届出の対象とはしないが，別

					途技能実習実施困難時届出書の提出が必要。
3	技能実習の内容 必須業務，関連業務及び周辺業務の別 指導員の役職・氏名	×	○	・実習実施予定表（省令様式第１号第４～６面）の変更箇所 （指導員を変更する場合） ・技能実習指導員の履歴書 ・技能実習指導員の就任承諾書及び誓約書の写し	・新規認定申請時に提出した実習実施予定表の写しに赤字で訂正したものを添付書類として届け出ることでも差し支えない。 【業務の内容の変更】 ・必須業務・関連業務及び周辺業務として記載している具体的な業務の内容を変更する場合には届出が必要。 【指導員の変更】 ・技能実習指導員を変更（交代又は追加で新規に選任）する場合には届出が必要。 ・技能実習指導員の役職を変更する場合，又は婚姻するなどの事情により氏名を変更する場合の届出は不要。 ・申請時に申告した技能実習指導員に変更（交代又は追加で新規に選任）はないものの，必須業務・関連業務及び周辺業務として記載している具体的な業務ごとに記載した技能実習指導員の担当を変更する場合の届出は不要。
4	技能実習を行わせる事業所	×	○	・実習実施予定表（省令様式第１号第４～６面）の変更箇所	・新規認定申請時に提出した実習実施予定表の写しに赤字で訂正したものを添付書類として届け出ることでも差し支えない。 【業務ごとの事業所の変更】 ・必須業務・関連業務及び周辺業務として記載している具体的な業務ごとに記載した事業所を変更する場合は届出が必要。
5	月・時間数	○	○	・実習実施予定表（省令様式第１号第４～６面）の変更箇所	・新規認定申請時に提出した実習実施予定表の写しに赤字で訂正したものを添付書類として届け出ることでも差し支えない。 ・時間外労働等（時間外労働や休日労働，深夜労働）は原則として想定されていないが，やむを得ない業務上の事情等により行う場合には，実習時間数に時間外労働等の労働時間を含めて，変更認定又は届出をすることが必要。 【月ごとの時間数の変更】

						・月ごとの合計時間数を80時間以上延長する場合には変更認定が必要（80時間未満延長する場合には届出も不要）。 ・月ごとの合計時間数を80時間以上短縮する場合には届出が必要。 【業務ごとの時間数の変更】 ・必須業務・関連業務及び周辺業務として記載している具体的な業務ごとにみて，合計時間数を予定の50％以上に相当する時間数を変更する場合には変更認定が必要。 ・必須業務・関連業務及び周辺業務として記載している具体的な業務ごとにみて，合計時間数を予定の25％以上50％未満に相当する時間数を変更する場合には届出が必要。 【年間の合計時間数の変更】 ・年間の合計時間数を予定の50％以上に相当する時間数を変更する場合には変更認定が必要。 ・年間の合計時間数を予定の25％以上50％未満に相当する時間数を変更する場合には届出が必要。
	6	使用する素材，材料等	×	○	・実習実施予定表（省令様式第１号第４～６面）の変更箇所	・新規認定申請時に提出した実習実施予定表の写しに赤字で訂正したものを添付書類として届け出ることでも差し支えない。
	7	使用する機械，器具等	×	○	・実習実施予定表（省令様式第１号第４～６面）の変更箇所	・新規認定申請時に提出した実習実施予定表の写しに赤字で訂正したものを添付書類として届け出ることでも差し支えない。
	8	製品等の例	×	○	・実習実施予定表（省令様式第１号第４～６面）の変更箇所	・新規認定申請時に提出した実習実施予定表の写しに赤字で訂正したものを添付書類として届け出ることでも差し支えない。

第5節 実習実施者に対する処分等

第1 実地検査及び報告徴収

1 主務大臣によるもの

主務大臣は，技能実習計画の認定に関する業務について，必要な限度において，実習実施者又は監理団体等に対し，報告若しくは帳簿書類の提出若しくは提示を命じ，若しくは出頭を求め，又は当該主務大臣の職員に質問若しくは立入検査をさせることができます（法13条１項）。

主務大臣が行う報告徴収等について，拒んだり，虚偽の回答を行ったりした場合等には，技能実習計画の認定の取消事由となる（法16条１項４号）ほか，罰則（30万円以下の罰金）の対象ともなります（法112条１号）。

2 機構によるもの

主務大臣は，技能実習法12条１項により機構に認定事務の全部又は一部を行わせるときは，必要な限度において，次に掲げる事務を機構に行わせることができます。即ち，①実習実施者又は監理団体等に対して必要な報告又は帳簿書類の提出若しくは提示を求める事務，②職員をして，関係者に対して質問させ，又は実地に実習実施者等若しくは監理団体等の設備若しくは帳簿書類その他の物件を検査させる事務を，機構に行わせることができます（法14条１項）。

この機構が行う実地検査等については，虚偽の回答を行ったりする等，一定の場合に技能実習計画の認定の取消事由となります（法16条１項５号）。機構による検査等を単に拒んだり，妨げたり，忌避したことのみでは認定の取消事由には該当しないものの（この点で，主務大臣による検査等と異なります。），調査への協力が得られない場合には，技能実習計画の認定に必要な情報が得られないとして，技能実習計画が認定されないこととなります（要領）。

なお，機構は，監理団体に対して１年に１回程度の頻度，実習実施者に対して３年に１回程度の頻度で定期的に実地検査を行うことを予定していますので，機構が行う検査には協力し，自らが行う技能実習の内容が適正に行われていることを明らかにすることが求められます（要領）。

第２　改善命令

１　改善命令の内容

主務大臣は，実習実施者が技能実習計画に従って技能実習を実施していないとき又は技能実習法や入管法令，労働法令に違反した場合において技能実習の適正な実施を確保するために必要があると認めるときには，改善命令を発することができます（法15条１項）。

この改善命令は，違反行為そのものについての是正を行うことはもとより，実習実施者として，違反行為を起こすような管理体制や運営を行っていることそのものについて，改善を行わせることを目的として発せられるものになります。実習実施者は，主務大臣から，期限を定めて問題となっている事項の改善に必要な措置をとるよう命じられますので，期限内に命じられた事項について，改善措置を講じる必要があります。

改善命令に従わない場合や，改善措置を講じたとしても主務大臣から適切な措置であると認められない場合には，技能実習計画の認定の取消事由となります（法16条１項１号，２号，６号，７号）。また，改善命令に従わないことは，罰則（６月以下の懲役又は30万円以下の罰金）の対象ともなります（法111条１号）。さらに，改善命令を受けた実習実施者は，改善命令を受けた旨を公示されることとなりますので（法15条２項），不適正な受入れを行っていたことが周知の事実となります。従って，改善命令を受けることのないよう，日常的に技能実習を適正に実施することが求められます。そのためには，技能実習法に通じた弁護士等の法律専門家から継続的な助言指導を受けられる体制の構築が必須です。

なお，技能実習法に基づく新制度においては，行政手続法及び行政不服審査法が適用されるため，実習実施者に対する改善命令（法15条１項）については，事前手続として，聴聞（行政手続法13条１項１号ニ）又は弁明の機会の付与（行政手続法13条１項２号）が行われること及び不服がある者は審査請求することができること（行政不服審査法２条）は，第１章第１節第２　３で述べたとおりです。

2　改善命令を受けた場合にとるべき措置

改善命令を受けた場合は，示された改善期日までに改善のために主務大臣が求めた措置が講じられ，かつ，今後は法令違反を犯さないような体制に改善されたことを明らかにするため，改善命令に係る改善報告書を提出することが必要です（要領）。再度同様の法違反に及んだ場合にあっては，技能実習計画の認定の取消し等のより厳しい措置の対象となり得ることから，改善した管理体制や運営を維持することが求められます。

第３　認定の取消し

1　認定の取消しの内容

主務大臣は，一度認定された技能実習計画であっても，次のいずれかに該当するときは，実習認定を取り消すことができます（法16条１項柱書）。即ち，①実習実施者が認定計画に従って技能実習を行わせていないとき（法16条１項１号），②認定計画が認定基準（法９条各号）のいずれかに適合しなくなったとき（法16条１項２号），③実習実施者が欠格事由（法10条各号）のいずれかに該当することとなったとき（法16条１項３号），④主務大臣の命令に対する報告若しくは帳簿書類の提出若しくは提示をせず，若しくは虚偽の報告若しくは虚偽の帳簿書類の提出若しくは提示をし，又は質問に対して答弁をせず，若しくは虚偽の答弁をし，若しくは検査を拒み，妨げ，若しくは忌避したとき（法16条１項４号），⑤機構が行う報告若しくは帳簿書類の提出若しくは提示の求めに虚偽の報告若しくは虚偽の帳簿書類の提出若しくは提示をし，又は機構の職員が行う質問に対して虚偽の答弁をしたとき（法16条１項５号），⑥改善命令に違反したとき（法16条１項６号），⑦出入国又は労働に関する法令に関し不正又は著しく不当な行為をしたとき（法16条１項７号）は，認定の取消しの対象となります。

技能実習計画の認定が取り消されると，技能実習を行わせることができなくなり，現在受け入れている技能実習生の受入れも継続できなくなります。また，認定の取消しを受けた旨が公示されることとなり（法16条２項），不適正な受入れを行っていることが周知の事実となるほか，取消しの日から５年間は新たな技能実習計画の認定が受けられなくなります（法10条６号）。

2　認定の取消しを受けた場合の措置

技能実習計画の認定の取消しが行われた場合にあっては，原則として，対象となる実習実施者に在籍する全ての技能実習生について，当該実習実施者の下では実習を継続することができないこととなります（要領）。そのため，技能実習生が円滑に転籍を行うことが可能となるよう，団体監理型技能実習の場合は，実習監理を行う監理団体の協力を得て，在籍している技能実習生の転籍を行うことが必要です（要領）。

第6章

実習実施者の届出制等

技能実習の適正な実施を確保するためには，主務大臣がどのような事業者が技能実習の実施者となっているか等について網羅的かつ体系的に把握した上で，適切に指導監督する必要があります。そのため，技能実習法は，実習実施者に対し，技能実習を開始したときに届出を行うこと等の義務を課しています（法17条ないし22条）。

第1節 実施の届出

実習実施者は，初めて技能実習生を受け入れて実際に技能実習を開始したときは，遅滞なく，①開始した日，②届出者の氏名又は名称及び住所，③技能実習計画の認定番号及び認定年月日を，機構の地方事務所・支所の認定課に届け出なければなりません（法18条，17条，規則20条２項）。この届出は，技能実習計画の認定を受けて技能実習を行わせる都度ではなく，当該実習実施者において初めて技能実習計画の認定を受けて技能実習を開始したときのみ，届出を行うことで差し支えありません。

技能実習を行わせることが困難となった場合の通知等

第1 団体監理型実習実施者

団体監理型実習実施者は，技能実習を行わせることが困難となったときは，遅滞なく，①届出者の実習実施者届出受理番号，氏名又は名称及び住所，②技能実習計画の認定番号，認定年月日及び技能実習の区分，③技能実習生の氏名，国籍，生年月日，年齢及び性別，④技能実習を行わせることが困難となった事由並びにその発生時期及び原因，⑤技能実習生の現状，⑥技能実習の継続のための措置を，実習監理を受ける監理団体に通知しなければなりません（法19条２項，規則21条２項）。

そして，通知を受けた監理団体は，対象の実習実施者の住所地を管轄する機構の地方事務所・支所の認定課に対し，技能実習実施困難時届出（省令様式第18号）をしなければなりません（法33条，18条）。

上記の通知及び届出の前提として，受け入れている技能実習生が技能実習を継続したいとの希望を持っているかを確認することが必要となります。継続の希望を持っている場合には，他の実習実施者や監理団体等との連絡調整等の必要な措置を講じなければなりません（法51条，規則21条２項６号）。実習実施者や監理団体が責任を持って次の実習先を確保することが必要ですが，機構が行う実習先変更支援のサービスを利用することも可能です。また，次の実習先が確保されるまでの間の技能実習生の待遇がどのようになっているのかなど，技能実習生の現状（規則21条２項５号）を含めて通知し，又は届け出る必要があります（法19条２項，33条１項）。

第２ 企業単独型実習実施者

企業単独型実習実施者は，技能実習を行わせることが困難となったときは，遅滞なく，上記第１の①ないし⑥の事項について，機構の地方事務所・支所の認定課に対し，技能実習実施困難時届出（省令様式第９号）をしなければなりません（法19条１項，３項，18条)。

第３ 技能実習生が技能実習計画の満了前に途中で帰国することとなる場合

技能実習生が技能実習計画の満了前に途中で帰国することとなる場合には，技能実習生に対し，意に反して技能実習を中止して帰国する必要がないことの説明や帰国の意思確認を書面により十分に行った上で，技能実習生の帰国が決定した時点で，上記第１及び第２のとおり，帰国前に機構の地方事務所・支所の認定課へ届け出なければなりません（法19条１項，規則21条１項，２項６号，省令様式第９号「技能実習実施困難時届出書」の「６　企業単独型技能実習の継続のための措置」の「企業単独型技能実習生の企業単独型技能実習の継続意思」の有無のチェック欄及び注記５」，法33条１項，規則48条１項，２項４号，５号，省令様式第18号「技能実習実施困難時届出書」の「８　団体監理型技能実習の継続のための措置」の「団体監理型技能実習生の団体監理型技能実習の継続意思」の有無のチェック欄及び注記６)。これは，旧制度において技能実習生の意に反して技能実習計画の満了前に帰国させるという事案が発生したことを受けたものです。

第４ 技能実習生が失踪した場合

技能実習生が失踪した場合についても，技能実習を行わせることが困難となった場合に該当することから，上記第１及び第２のとおり，機構への技能実習実施困難時届出が必要となります（団体監理型につき法19条２項，33条，

18条，企業単独型につき法19条１項，３項，18条）。なお，失踪した技能実習生については，入管法上の在留資格取消手続の対象となります（入管法22条の４第１項５号，６号）。

第５ 技能実習計画の認定の取消しがなされた場合

既に行われている技能実習計画に係る認定が取り消された場合には，新たに技能実習を開始することはできません。技能実習計画の認定は受けたものの，在留資格認定証明書が未だ交付されていない，又は同証明書は交付されたが技能実習生が入国をしていない場合については，上記第１及び第２のとおり，技能実習実施困難時届出書を提出することが必要となります。

帳簿の備付け

第1 作成・備置きが必要な帳簿書類

実習実施者は，技能実習に関して，一定の帳簿書類を作成し，技能実習を行わせる事業所に備えて置かなければなりません（法20条）。これらの帳簿書類は，機構が行う実地検査や主務大臣が行う立入検査の際にも提示できるよう適切に作成して備えておく必要があります。なお，書面に代えて，一定の方法での電磁的記録により帳簿書類の作成・保存を行うことも認められています（民間事業者等が行う書面の保存等における情報通信の技術の利用に関する法律３条１項，４条１項，外国人の技能実習の適正な実施及び技能実習生の保護に関する法律に係る民間事業者等が行う書面の保存等における情報通信の技術の利用に関する法律施行規則３条，５条）。書面によらず電磁的記録により帳簿書類の備付けを行う場合は，必要に応じ電磁的記録に記録された事項を出力することにより，直ちに整然とした形式及び明瞭な状態で使用に係る電子計算機その他の機器に表示し，書面を作成できるようにする必要があります（外国人の技能実習の適正な実施及び技能実習生の保護に関する法律に係る民間事業者等が行う書面の保存等における情報通信の技術の利用に関する法律施行規則４条２項）。

作成・備置きが必要な帳簿書類は，以下のとおりです（規則22条１項）。即ち，①技能実習生の管理簿（規則22条１項１号），②認定計画の履行状況に係る管理簿（規則22条１項２号，参考様式第４－１号），③技能実習生に従事させた業務及び技能実習生に対する指導の内容を記録した日誌（規則22条１項３号，参考様式第４－２号），④企業単独型実習実施者にあっては，入国前講習及び入国後講習の実施状況を記録した書類（規則22条１項４号，参考様式第４－３号及び第４－４号），⑤上記のほか，法務大臣及び厚生労働大臣が告示で定める特定の職種及び作業にあっては，事業所管大臣が告示で定める書類（規則22条１項５号）です。

第２ 技能実習生の管理簿の構成

上記第１のうち，技能実習生の管理簿は，①技能実習生の名簿，②技能実習生の履歴書（参考様式第１－３号），③技能実習のための雇用契約書（参考様式第１－14号），④雇用条件書（参考様式第１－15号），⑤技能実習生の待遇に係る記載がされた書類（賃金台帳（労働基準法108条）等労働関係法令上必要とされる書類の備え付けにより対応可能）から構成されます（要領）。

第３ 技能実習生の名簿の記載事項

上記第２の技能実習生の名簿における最低限の記載事項は，①氏名，②国籍（国又は地域），③生年月日，④性別，⑤在留資格，⑥在留期間，⑦在留期間の満了日，⑧在留カード番号，⑨外国人雇用状況届出の届出日，⑩技能実習を実施している認定計画の認定番号，⑪技能実習を実施している認定計画の認定年月日，⑫技能実習を実施している認定計画の技能実習の区分，⑬技能実習を実施している認定計画の技能実習の開始日，⑭技能実習を実施している認定計画の技能実習の終了日，⑮技能実習を実施している認定計画の変更認定に係る事項（変更の認定年月日，変更事項），⑯技能実習を実施している認定計画の変更届出に係る事項（変更の届出年月日，変更事項），⑰既に終了した認定計画に基づき在留していた際の前記⑤から⑦までの事項，⑱既に終了した認定計画に係る前記⑨から⑯までの事項です（要領）。

第４ 備置期間

実習実施者は，上記第１の帳簿書類を，技能実習生が帳簿書類の基となる技能実習を終了した日から１年間，技能実習を行わせる事業所に備えて置かなければなりません（規則22条２項）。例えば，技能実習生が第２号までの３年間の実習を行った場合，第２号終了時から１年間，第１号開始時からの帳簿を備えて置く必要があります（要領）。

実施状況報告

第1 報告義務

実習実施者は，技能実習を行わせたときは，技能実習の実施の状況に関する報告書を作成し，機構の地方事務所・支所の認定課に提出しなければなりません（法21条，18条）。この実施状況報告書は，技能実習事業年度（４月１日に始まり翌年３月31日に終わる技能実習に関する事業年度）ごとに（毎年１回），所定の書式（省令様式第10号）により，技能実習の実施状況を記載し，翌技能実習事業年度の５月31日までに提出しなければなりません（規則23条１項）。例えば，７月１日から翌年６月30日までの１年間，技能実習生を受け入れる場合には，７月１日から翌年３月31日までの実施状況について実施状況報告書を作成し，翌年５月31日までに提出することとなります。なお，残りの翌年４月１日から翌年６月30日までの実施状況については，次の技能実習事業年度分として翌々年の４月１日から５月31日までに提出することとなります。団体監理型技能実習にあっては，実習監理を受ける監理団体の指導に基づいて報告書を作成しなければなりません（規則23条２項）。

第３号技能実習を行わせている実習実施者又は優良基準適合者としての拡大枠（規則16条２項）で技能実習生を受け入れている実習実施者は，優良要件適合申告書（参考様式第１-24号）のほか，優良基準（規則15条）を満たすことを明らかにする書類を添付する必要があります（省令様式第10号注記13）。

第2 報告を求められる事項

上記第１の実施状況報告書において報告を求められる事項は，次のとおりです（規則23条１項，省令様式第10号）。なお，⑦につき，行方不明者率が

20％以上かつ３人以上の実習実施者については，管轄する機構の地方事務所・支所の認定課に対し，行方不明者の多発を防止するための実効性のある対策を講じていることについて，理由書（様式自由）を提出することが求められます（要領）。

① 報告対象技能実習年度

② 実習実施者の実習実施者届出受理番号，氏名・名称，住所・電話番号

③ 報告対象技能実習生の人数（段階ごと及び合計）

④ 技能検定等受検状況（基礎級程度，３級程度学科・実技，２級程度学科・実技という試験区分ごとに，受検者数，合格者数，合格率）

⑤ 実施体制（技能実習責任者の講習受講歴，技能実習指導員の講習受講歴，生活指導員の講習受講歴）

⑥ 実習実施者での労働条件（基本給・諸手当・割増賃金の段階ごとの支給額及び経費・社会保険・税の段階ごとの控除額，第２号移行時及び第３号移行時の昇給率，所定時間外労働・休日労働・深夜労働に係る労働時間数）

⑦ 行方不明者数及び行方不明率

⑧ 他の実習実施者における技能実習の継続が困難となった技能実習生の受入人数及び実習先変更支援ポータルサイトへの登録の有無

⑨ 地域社会との共生に向けた取組みの実施状況（日本語教育支援，地域社会との交流の機会提供，日本文化を学ぶ機会の提供）

⑩ 報告に係る担当者の氏名，職名，連絡先

図６－１　実施状況報告書

別記様式第10号（第23条第１項関係）　　（日本工業規格Ａ列４）

※ 実施状況報告受理番号	

実　施　状　況　報　告　書

年　月　日

外国人技能実習機構　理事長　殿

提出者　㊞

（団体監理型技能実習に係るものである場合の指導証明）

監理団体　㊞

外国人の技能実習の適正な実施及び技能実習生の保護に関する法律第21条第１項の規定により、下記のとおり技能実習の実施の状況に関する報告書を提出します。

記

<table>
<tr><td colspan="2">１報告対象技能実習事業年度</td><td colspan="5">年度（　年４月１日～　年３月31日）</td></tr>
<tr><td rowspan="3">２実習実施者</td><td>①実習実施者届出受理番号</td><td colspan="5"></td></tr>
<tr><td>（ふりがな）
②氏名又は名称</td><td colspan="5"></td></tr>
<tr><td>③住所</td><td colspan="5">〒　－
（電話　－　－　）</td></tr>
<tr><td colspan="2">３報告対象技能実習生</td><td colspan="5">計　人（第１号　人，第２号　人，第３号　人）</td></tr>
<tr><td rowspan="7">４技能検定等受検状況</td><td rowspan="2" colspan="1">試験区分</td><td colspan="3">受検対象者数(A)</td><td rowspan="2">合格者数(B)</td><td rowspan="2">合格率（Ｂ／Ａ）</td></tr>
<tr><td>(a)修了者数</td><td>(b)やむを得ない不受検者数</td><td>(A)＝(a)－(b)</td></tr>
<tr><td>①基礎級程度（第１号修了者）</td><td>人</td><td>人</td><td>人</td><td>人</td><td>％</td></tr>
<tr><td>②３級程度（第２号修了者）　実技</td><td>人</td><td>人</td><td>人</td><td>人</td><td>％</td></tr>
<tr><td>③２級程度（第３号修了者）　実技</td><td>人</td><td>人</td><td>人</td><td>人</td><td>％</td></tr>
<tr><td>試験区分</td><td colspan="2">受検者数（Ａ）</td><td>合格者数（Ｂ）</td><td colspan="2">合格率（Ｂ／Ａ）</td></tr>
<tr><td>④３級程度（第２号修了者）　学科</td><td colspan="2">人</td><td>人</td><td colspan="2">％</td></tr>
</table>

	⑤２級程度（第３号修了者）	学科	人	人	%

		受講者名	受講講習名	受講年月日
５実施体制	①技能実習責任者の講習受講歴			
	②技能実習指導員の講習受講歴			
	③生活指導員の講習受講歴			

					第１号技能実習生	第２号技能実習生	第３号技能実習生
６実習実施者での労働条件	①支給・控除	支給総額			円／月	円／月	円／月
		支給項目	基本給	基本給	円／月	円／月	円／月
				その他（　　　）	円／月	円／月	円／月
				その他（　　　）	円／月	円／月	円／月
			諸手当	通勤手当	円／月	円／月	円／月
				期末手当（賞与）	円／月	円／月	円／月
				その他（　　　）	円／月	円／月	円／月
				その他（　　　）	円／月	円／月	円／月
				その他（　　　）	円／月	円／月	円／月
			割増賃金	超過勤務手当	円／月	円／月	円／月
				その他（　　　）	円／月	円／月	円／月
		控除総額			円／月	円／月	円／月
		控除項目	経費・社会保険	食費	円／月	円／月	円／月
				居住費	円／月	円／月	円／月

<table>
<tr><td rowspan="20"></td><td rowspan="10"></td><td rowspan="10"></td><td rowspan="10">・税</td><td>水道・光熱費</td><td>円／月</td><td>円／月</td><td>円／月</td></tr>
<tr><td>所得税</td><td>円／月</td><td>円／月</td><td>円／月</td></tr>
<tr><td>住民税</td><td>円／月</td><td>円／月</td><td>円／月</td></tr>
<tr><td>社会保険
（　　　　）</td><td>円／月</td><td>円／月</td><td>円／月</td></tr>
<tr><td>労働保険
（　　　　）</td><td>円／月</td><td>円／月</td><td>円／月</td></tr>
<tr><td>その他
（　　　　）</td><td>円／月</td><td>円／月</td><td>円／月</td></tr>
<tr><td>その他
（　　　　）</td><td>円／月</td><td>円／月</td><td>円／月</td></tr>
</table>

<table>
<tr><td rowspan="2">②昇給率</td><td>第２号移行時</td><td>／</td><td>％</td><td>／</td></tr>
<tr><td>第３号移行時</td><td>／</td><td>／</td><td>％</td></tr>
<tr><td rowspan="3">③労働時間</td><td>所定時間外労働</td><td>時間／月</td><td>時間／月</td><td>時間／月</td></tr>
<tr><td>休日労働</td><td>時間／月</td><td>時間／月</td><td>時間／月</td></tr>
<tr><td>深夜労働</td><td>時間／月</td><td>時間／月</td><td>時間／月</td></tr>
</table>

<table>
<tr><td>７行方不明者の発生状況</td><td colspan="2">行方不明者　　　　　　人（行方不明率　　　　　％）</td></tr>
<tr><td rowspan="2">８他の実習実施者における技能実習の継続が困難となった技能実習生の受入れ状況及び実習先変更支援ポータルサイトへの登録の有無</td><td>人数</td><td>人</td></tr>
<tr><td>登録の有無</td><td>有　・　無</td></tr>
</table>

<table>
<tr><td rowspan="4">９地域社会との共生に向けた取組の実施状況</td><td></td><td>概要</td></tr>
<tr><td>①日本語学習支援</td><td></td></tr>
<tr><td>②地域社会との交流の機会提供</td><td></td></tr>
<tr><td>③日本文化を学ぶ機会の提供</td><td></td></tr>
</table>

10備考	

（注意）
1　※印欄には、記載をしないこと。
2　１欄は、報告を行おうとする技能実習事業年度について記載すること。
3　３欄は、報告対象技能実習事業年度内に実習実施者における技能実習を終了（実施困難時届出書を提出した場合を含む。）した技能実習生及び報告対象技能実習事業年度末に技能実習を行っている技能実習生について記載すること。
4　４欄は、報告対象技能実習事業年度内に技能実習の各段階を修了し、又は修了する予定であった技能実習生について記載すること。したがって、報告対象技能実習事業年度内に受検した者であっても、その段階の技能実習の修了予定が次技能実習事業年度の場合は、次技能実習事業年度分の本報告書に計上すること。
　また、やむを得ない不受検者とは、報告対象技能実習事業年度に技能実習を修了し、又は修了する予定であったが、実習実施者の責めによらない行方不明、技能実習生の事情による途中帰国、技能実習生の病気や怪我により受検機会を逃した場合など、実習実施者や監理団体の責めによらない事情により、技能検定等を受検しなかった者をいう。
5　５欄は、報告対象技能実習事業年度内に講習を受講した者の全てについて記載すること。受講した者が複数あり、その記載事項の全てを欄内に記載することができないときは、同欄に「別紙のとおり」と記載し、別紙を添付すること。
6　６欄の①は、３欄の記載の対象となる報告対象技能実習生について、１名当たりの平均を算出した上で記載すること。なお、支給総額は、税等控除前の支給額をいい、現金支給額ではないことに注意すること。
7　６欄の②は、３欄の記載の対象となる報告対象技能実習生のうち報告対象技能実習事業年度内に第２号技能実習又は第３号技能実習への移行があった者について、移行前後の基本給（基本賃金等の固定的給与）を算出し、１名当たりの平均を記載すること。
8　６欄の③は、３欄の記載の対象となる報告対象技能実習生について、１名当たりの平均を算出した上で記載すること。
9　７欄は、報告対象技能実習事業年度内に行方不明となった技能実習生について記載し、行方不明率については、３欄の記載の対象となる報告対象技能実習生を分母として算出し記載すること。
10　８欄は、他の実習実施者が技能実習を行わせていた技能実習生のうち、新たに技能実習計画の認定を受けて技能実習を行わせることとなった者について記載すること。
11　９欄は、各項目について該当するものがあれば概要欄に記載した上、その内容が分かる別紙を必要に応じ添付すること。
12　10欄は、報告に係る担当者の氏名、職名及び連絡先を記載すること。その他伝達事項があれば、併せて記載すること。
13　第３号技能実習を行わせている実習実施者又は外国人の技能実習の適正な実施及び技能実習生の保護に関する法律施行規則第16条第２項の規定の適用を受ける実習実施者については、同令第15条の基準を満たすことを明らかにする書類を添付すること。

図６－２　実習実施者の届出制等のまとめ

	内　容
実施の届出（法18条，17条，規則20条２項）	技能実習を開始したときに機構に届出
技能実習を行わせることが困難となった場合の通知等（法19条２項，規則21条２項）	団体監理型にあっては，技能実習を行わせることが困難となったときに監理団体に通知
帳簿の備付け（法20条，規則22条）	①技能実習生の管理簿，②認定計画の履行状況に係る管理簿，③技能実習生に従事させた業務及び技能実習生に対する指導の内容を記録した日誌，④企業単独型実習実施者にあっては，入国前講習及び入国後講習の実施状況を記録した書類，⑤上記のほか，法務大臣及び厚生労働大臣が告示で定める特定の職種及び作業にあっては，事業所管大臣が告示で定める書類を作成し，技能実習生が技能実習を終了した日から１年間，技能実習を行わせる事業所に備え置き
実施状況報告（法21条，18条，規則23条，省令様式第10号）	技能実習事業年度ごとに，所定の書式により，技能実習の実施状況を記載し，翌技能実習事業年度の５月31日までに機構に提出。団体監理型技能実習にあっては，監理団体の指導に基づいて作成。第３号技能実習を行わせている実習実施者又は優良基準適合者としての拡大枠で技能実習生を受け入れている実習実施者は，優良基準を満たすことを明らかにする書類を添付

組織変更等の場合の手続

第1 個人事業主が法人化する場合又は法人が個人事業主となる場合の手続等

現に技能実習計画の認定を受けている個人事業主が法人化する場合又は法人が個人事業主となる場合は，実習実施者の主体が変更されることになります。従って，新たな事業組織による新規の技能実習計画の認定申請を行うことが必要です（要領）。実習実施者の届出等の他の手続についても同様です（要領）。

第2 個人事業主が死亡した場合の手続等

個人事業主が死亡した場合には，実習認定を受けた技能実習計画の効果は当然に終了します（要領）。団体監理型技能実習の場合，死亡を把握した実習実施者を実習監理する監理団体は，遅滞なく実習実施困難時届出書を機構の地方事務所・支所の認定課に提出することが必要です。

もっとも，死亡の日から10日以内に死亡を理由とした実習実施困難時届出書が提出された場合は，死亡の日から１か月間は，監理団体の指導の下，技能実習責任者等の責任において技能実習の継続が可能となります。この場合において，引き続き技能実習を行わせようとする者からの新規の技能実習計画の認定申請が行われた場合には，技能実習計画の認定の許否が通知される日まで監理団体の指導の下，技能実習責任者等の責任において技能実習の継続が認められます（要領）。

第3　法人の合併等をする場合の手続等

法人の合併等に際し，消滅する法人（以下「消滅法人」といいます。）が実習認定を受けた技能実習計画に基づき技能実習を行わせており，当該消滅法人の事業所において，合併後存続する法人（以下「存続法人」といいます。）又は合併により新たに設立される法人（以下「新設法人」といいます。）が引き続き技能実習を行わせようとする場合等には，以下のとおり取り扱われます（要領）。

1　吸収合併の場合の取扱い

(1)　新規に技能実習計画の認定申請を要する場合

合併前に存続法人が技能実習計画の認定を受けておらず，かつ，消滅法人が認定を受けている場合であって，合併後に存続法人が技能実習を行わせようとするときは，新規技能実習計画の認定申請が必要となります。

この場合，実習認定を受けた技能実習計画に基づいた技能実習を行わせる期間に空白が生じることを避けるため，技能実習計画の認定申請に当たっては，例えば合併を決議した総会議事録等により合併が確実に行われることを確認することにより，合併と同日付けで実習認定を受けることが可能となるよう，存続法人において事前に技能実習計画の認定申請を行うこととなります。

その際，合併により，事業開始予定日まで又は事業開始予定日付けで，法人の名称，住所，代表者，役員，技能実習責任者が変更するときであって，これらについて，技能実習計画の認定申請時に合併を決議した総会議事録等により当該変更が確認できるときは，技能実習計画認定申請書（省令様式第１号）においては，変更後のものを記載し，変更後直ちに，その内容に違いがない旨の報告が必要となります。

合併後の法人に係る技能実習計画の認定申請を合併前の法人に行わせるものであるため，通常の技能実習計画の認定手続に必要な関係書類のほか，原則として，次の書類を提出することが必要となります。即ち，①合併の経緯，合併後の法人及び技能実習を行わせる事業所の概要，②関係法人の総会議事録（合併を決議したもの），③社会・労働保険等合併後に提出すべき書類，④存続する法人及び消滅する法人の最近の事業年度における貸借対照表等の提出が必要となります。

また，認定基準のうち実習実施者の技能実習を継続して行わせる体制（財産的基礎）に関する要件は，原則として，存続する法人の貸借対照表等により確認することとなりますが，存続する法人の資産状況が，合併により大きく毀損するおそれがある場合（消滅する法人の最近の事業年度の決算において，多額の負債が確認できる場合等）にあっては，申請者から，合併後も技能実習を継続して行わせる体制（財産的基礎）に関する要件を満たしていることを疎明することが求められます。

⑵　新規に技能実習計画の認定申請を要しない場合

合併前に存続法人が実習認定を受けている場合であって，合併後に存続法人が技能実習を行わせようとするときは，新規の技能実習計画の認定申請を行う必要はありません。もっとも，合併により法人の名称等に変更がある場合には，変更の届出を行うことが必要です。

2　新設合併の場合の取扱い

新設合併の場合（合併する法人が全て解散し，それと同時に新設法人が成立する場合）には，合併後に新設法人が技能実習を行わせようとするときは，新規の技能実習計画の認定申請が必要となります。

この場合，上記１⑴の吸収合併の場合の取扱いと同様の手続により事前に技能実習計画の認定申請を行って差し支えありませんが，申請時には新設法人の主体はないため，特例的に合併後の予定に基づいて申請書等を記載するものとし，新設法人の成立後直ちに，その内容に違いがない旨を報告することが必要です。

なお，全ての消滅法人が合併前に実習認定を受けており，かつ，当該消滅法人の事業所において，合併後に新設法人が引き続き技能実習を行わせようとするときであっても，技能実習を継続して行わせる体制（財産的基礎）に関する判断に係る認定基準については，通常どおり取り扱うこととなります。

3 吸収分割又は新設分割の場合の取扱い

既に存在する他の法人に分割する法人の営業を継承させる吸収分割の場合又は新設する法人に分割する営業を継承させる新設分割の場合には，上記1の吸収合併の場合の取扱いに準じて対応することとなります。

なお，分割する法人について事業所数等が変更したときは，変更の届出を行うことが必要です。

第7章

技能実習生に対する保護方策

第1節 禁止行為

技能実習法は，監理団体の許可制，技能実習計画の認定制，機構や主務大臣による実地検査の制度を設け，管理監督体制を強化することにより，技能実習生の保護を図っています。そのほか，以下のとおり禁止行為を定め，実習実施者若しくは監理団体又はこれらの役職員が違反する事実がある場合においては，技能実習生は，その事実を主務大臣に申告することができるとしています（法49条１項）。また，この申告をしたことを理由として，技能実習生に対して不利益な取扱いをすることは禁止されています（法49条２項）。

第1 暴力，脅迫，監禁等による技能実習の強制の禁止

実習監理者又はその役職員が，暴行，脅迫，監禁その他精神又は身体の自由を不当に拘束する手段によって，技能実習生の意思に反して技能実習を強制することは禁止されています（法46条）。これに違反した場合には，罰則（１年以上10年以下の懲役又は20万円以上300万円以下の罰金）の対象となります（法108条）。許可を受けた監理団体のほか，許可を受けずに実習監理を行う者も規制対象に含まれます（技能実習法46条ないし48条は，「監理団体」ではなく「実習監理を行う者（実習監理者）」と規定しています。）。

技能実習法46条では実習実施者について触れられていませんが，使用者である実習実施者については，労働基準法５条（強制労働の禁止）の適用があります。違反した場合の罰則も，技能実習法と同じ法定刑となっています（労働基準法117条）。

第２　技能実習に係る契約の不履行についての違約金等の禁止

実習監理者又はその役職員が，技能実習生等（技能実習生又は技能実習生になろうとする者）又はその配偶者，直系若しくは同居の親族その他技能実習生等と社会生活において密接な関係を有する者との間で，技能実習に係る契約の不履行について違約金を定め，又は損害賠償額を予定する契約をすることは禁止されています（法47条１項）。保証金の徴収は，技能実習法47条１項が禁止する「技能実習に係る契約の不履行について違約金を定め，又は損害賠償額を予定する契約」に該当するものであり，禁止されています（要領）。保証金の徴収その他名目のいかんを問わず金銭その他の財産を管理することがあってはなりません（要領）。なお，技能実習生が技能実習に係る契約の不履行をした場合を想定して，監理団体が外国の送出機関に対して違約金等の設定を行うことは，技能実習生等との直接の契約でなくとも，違約金を払う立場の外国の送出機関が技能実習生等から保証金や高額な手数料等を徴収するおそれがあるため，技能実習生の保護の観点からあってはならないものです（要領）。技能実習法施行規則10条２項６号ロの規定にも違反します。

さらに，技能実習生等に技能実習に係る契約に付随して貯蓄の契約をさせ，又は技能実習生等との間で貯蓄金を管理する契約をすることも禁止されています（法47条２項）。技能実習法47条１項又は２項に違反した場合には，罰則（６月以下の懲役又は30万円以下の罰金）の対象となります（法111条４号）。許可を受けた監理団体のほか，許可を受けずに実習監理を行う者も規制対象に含まれます。

技能実習法47条では実習実施者について触れられていませんが，使用者である実習実施者については，労働基準法16条（賠償予定の禁止）及び18条（強制貯金）の適用があります。違反した場合の罰則も，技能実習法と同じ法定刑となっています（労働基準法119条１号）。

第３　旅券・在留カードの保管等の禁止

1　旅券・在留カードの保管の禁止

技能実習生の旅券や在留カードの保管や外出等の私生活の自由の制限は，技能実習生の国内における移動を制約することで実習実施者における業務従事の強制等の問題を引き起こし，技能実習生の自由意思に反した人権侵害行為を惹起するおそれがあり，こうした行為から技能実習生を保護することが必要とされています。このため，技能実習を行わせる者若しくは実習監理者又はこれらの役員が，技能実習生の旅券や在留カードを保管することは禁止されています（法48条１項）。これに違反して，技能実習生の意思に反して技能実習生の旅券や在留カードを保管した場合には，罰則（６月以下の懲役又は30万円以下の罰金）の対象となります（法111条５号）。許可を受けずに実習監理を行う者や認定を受けずに技能実習を行わせる者（技能実習法48条１項及び２項は，「実習実施者」ではなく「技能実習を行わせる者」と規定しています。）も，規制対象に含まれます。

2　私生活の自由の不当な制限の禁止

技能実習を行わせる者若しくは実習監理者又はこれらの役員が，技能実習生の外出その他の私生活の自由を不当に制限することは禁止されています（法48条２項）。これに違反して，技能実習生に対し，解雇その他の労働関係上の不利益又は制裁金の徴収その他の財産上の不利益を示して，技能実習が行われる時間以外における他の者との通信若しくは面談又は外出の全部又は一部を禁止する旨を告知した場合には，罰則（６月以下の懲役又は30万円以下の罰金）の対象となります（法111条６号）。許可を受けずに実習監理を行う者や認定を受けずに技能実習を行わせる者も，規制対象に含まれます。

相談・支援体制の整備

第1 母国語による通報・相談窓口の整備等

機構により，中国語，ベトナム語，インドネシア語，タガログ語（フィリピン語），英語，タイ語への対応がなされます。電話のほか，メールでの対応も予定されています。また，技能実習生本人の希望や緊急性・必要性等を考慮して一時退避先を提供する仕組みも検討されています。

第2 実習先変更支援体制の構築

技能実習法は，実習実施者及び監理団体に対し，実習継続が困難な場合の届出義務（法19条，33条）及び実習継続に関する対応義務（法51条）を課しています。即ち，実習実施者及び監理団体は，実習継続が困難な場合の届出をしようとするときは，当該実習実施者及び当該監理団体に係る技能実習生であって引き続き技能実習を行うことを希望するものが技能実習を行うことができるよう，他の実習実施者又は監理団体その他関係者との連絡調整その他の必要な措置を講じなければなりません（法51条１項）。そして，主務大臣は，この措置の円滑な実施のためその他必要があるときは，実習実施者，監理団体その他関係者に対する必要な指導及び助言を行うことができます（法51条２項）。

また，機構が，技能実習生からの相談に対応し，保有情報を活用しながら，転籍先の調整も含む支援を実施します（法87条２号，３号，５号）。

第3　法違反事実の主務大臣への申告権の明記

実習実施者又は監理団体に技能実習法令違反事実がある場合は，技能実習生は，主務大臣に申告できます（法49条1項）。この申告は，上記第1の機構が実施する母国語による相談窓口（電話，メール）を通じて行うこともできます（要領）。また，申告は，技能実習生本人だけでなく，技能実習生から委任を受けた代理人によっても可能です。代理人が申告を行う場合は，技能実習生の意思による申告であることを明らかにするため，委任状を併せて提出することが必要となります（要領）。

実習実施者若しくは監理団体又はこれらの役職員は，申告を理由とする不利益取扱いをしてはならず（法49条2項），この違反に対する罰則（6月以下の懲役又は30万円以下の罰金）が規定されています（法111条7号）。

罰則の整備

技能実習法は，技能実習の適正な実施及び技能実習生の保護（法１条）を図るために，以下のとおり罰則を設けています。

第１　技能実習生の保護を図るための罰則

技能実習法は，技能実習生の保護を図るために，次のとおり，監理団体及び実習実施者に対する罰則を整備しています。また，法人の代表者又は法人若しくは人の代理人，使用人その他の従業者が，その法人又は人の業務に関して，罰則の対象となる違反行為をしたときは，行為者を罰するほか，その法人又は人に対しても，各本条の罰金刑を科することとしています（両罰規定。法113条）。

なお，罰則の対象とはならなくても，禁止されている行為もあることに留意する必要があります。

図７－１　技能実習生の保護を図るための罰則一覧

法定刑	監理団体役職員を対象とする構成要件	実習実施者役職員を対象とする構成要件	罰則に対応する禁止行為
１年以上10年以下の懲役又は20万円以上300万円以下の罰金	①〔技能実習強制罪〕暴行，脅迫，監禁その他精神又は身体の自由を不当に拘束する手段によって技能実習を強制する行為（法108条，46条）	労働基準法に同様の規定あり（労働基準法117条，５条）	禁止行為の内容は，①の構成要件と同じ
６月以下の懲役又は30万円以下の	②〔賠償予定罪〕違約金を定め，又は損害賠償額を予定する契	労働基準法に同様の規定あり（労働基準法119条１号，16条，	禁止行為の内容は，②又は③の構成要件と同じ

罰金	約を締結する行為（法111条４号，47条１項） ③〔強制貯金罪〕 技能実習に係る契約に付随して貯蓄の契約をさせ，又は貯蓄金を管理する契約を締結する行為（法111条４号，47条２項）	18条１項）	
	④〔旅券等保管罪〕 技能実習生の意思に反して，旅券又は在留カードを保管する行為（法111条５号，48条１項）		技能実習生の意思に反しないで，旅券又は在留カードを保管する行為は，罰則の対象ではないが禁止（法48条１項）
	⑤〔通信等禁止告知罪〕 技能実習生に対し，労働関係上の不利益又は財産上の不利益を示して，技能実習が行われる時間以外における他の者との通信若しくは面談又は外出の全部又は一部を禁止する旨を告知する行為（法111条６号，48条２項）		⑤の構成要件に該当する行為以外でも，技能実習生の外出その他の私生活の自由を不当に制限する行為は，禁止（法48条２項）
	⑥〔申告不利益取扱罪〕 法違反事実を主務大臣に申告したことを理由とする技能実習生に対する不利益取扱い（法111条７号，49条２項）		禁止行為の内容は，⑥の構成要件と同じ（法49条２項）

第２　技能実習の適正な実施を図るための罰則

技能実習法は，技能実習の適正な実施を図るために，次のとおり，監理団体及び実習実施者に対する罰則を整備しています（機構関係の規定は除いています。）。また，法人の代表者又は法人若しくは人の代理人，使用人その他の従業者が，その法人又は人の業務に関して，罰則の対象となる違反行為（技能実習法54条４項及び56条４項に係るものを除きます。）をしたときは，行為者を罰するほか，その法人又は人に対しても，各本条の罰金刑を科することとしています（両罰規定。法113条）。

図７－２　技能実習の適正な実施を図るための罰則一覧（機構関係の規定は除きます。）

罰則適用条項	内　容	法定刑	罰則規定
法13条１項 （報告徴収等）	法13条１項の規定による報告若しくは帳簿書類の提出若しくは提示をせず，若しくは虚偽の報告若しくは虚偽の帳簿書類の提出若しくは提示をし，又はこれらの規定による質問に対して答弁をせず，若しくは虚偽の答弁をし，若しくはこれらの規定による検査を拒み，妨げ，若しくは忌避した者	30万円以下の罰金	法112条１号
法15条１項 （改善命令等）	法15条１項の規定による改善命令の処分に違反した者	６月以下の懲役又は30万円以下の罰金	法111条１号
法17条 （実施の届出）	法17条の規定による実施の届出をせず，又は虚偽の届出をした者	30万円以下の罰金	法112条２号
法19条１項 （技能実習を行わせることが困難となった場合の届出等）	法19条１項の規定による技能実習継続困難時の届出をせず，又は虚偽の届出をした者	30万円以下の罰金	法112条３号
法19条２項 （技能実習を行わせることが困難となった場合の届出等）	法19条２項の規定による技能実習継続困難時の通知をせず，又は虚偽の通知をした者	30万円以下の罰金	法112条４号
法20条 （帳簿の備付け）	法20条の規定に違反して帳簿書類を作成せず，若しくは事	30万円以下の罰金	法112条５号

	業所に備えて置かず，又は虚偽の帳簿書類を作成した者		
法23条1項（監理団体の許可）	法23条1項の規定に違反して許可を受けずに実習監理を行った者	1年以下の懲役又は100万円以下の罰金	法109条1号
法23条1項，法31条2項又は法32条1項（監理団体の許可）等	偽りその他不正の行為により，許可，許可の有効期間の更新又は変更の許可を受けた者	1年以下の懲役又は100万円以下の罰金	法109条2号
法23条2項（法31条5項及び法32条2項において準用する場合を含む。）（監理団体の許可）等	法23条2項（法31条5項及び法32条2項において準用する場合を含む。）に規定する申請書であって虚偽の記載のあるものを提出した者	30万円以下の罰金	法112条6号
法23条3項（法31条5項及び法32条2項において準用する場合を含む。）（監理団体の許可）等	法23条3項（法31条5項及び法32条2項において準用する場合を含む。）に規定する書類であって虚偽の記載のあるものを提出した者	30万円以下の罰金	法112条6号
法28条1項（監理費）	法28条1項の規定に違反して，手数料又は報酬を受けた者	6月以下の懲役又は30万円以下の罰金	法111条2号
法32条3項（変更の許可等）	法32条3項の規定による変更の届出をせず，若しくは虚偽の届出をし，又は同項に規定する書類であって虚偽の記載のあるものを提出した者	30万円以下の罰金	法112条7号
法33条1項（技能実習の実施が困難となった場合の届出）	法33条1項の規定による技能実習継続困難時の届出をせず，又は虚偽の届出をした者	30万円以下の罰金	法112条8号

法34条１項 （事業の休廃止）	法34条１項の規定による事業の休廃止の届出をしないで，又は虚偽の届出をして，監理事業を廃止し，又はその全部若しくは一部を休止した者	30万円以下の罰金	法112条９号
法35条１項 （報告徴収等）	法35条１項の規定による報告若しくは帳簿書類の提出若しくは提示をせず，若しくは虚偽の報告若しくは虚偽の帳簿書類の提出若しくは提示をし，又はこれらの規定による質問に対して答弁をせず，若しくは虚偽の答弁をし，若しくはこれらの規定による検査を拒み，妨げ，若しくは忌避した者	30万円以下の罰金	法112条１号
法36条１項 （改善命令等）	法36条１項の規定による改善命令の処分に違反した者	６月以下の懲役又は30万円以下の罰金	法111条３号
法37条３項 （許可の取消し等）	法35条１項の規定による事業停止命令の処分に違反した者	１年以下の懲役又は100万円以下の罰金	法109条３号
法38条 （名義貸し）	自己の名義をもって，他人に監理事業を行わせた者	１年以下の懲役又は100万円以下の罰金	法109条４号
法40条１項 （監理責任者の設置等）	法40条の規定に違反して事業所ごとに監理責任者を選任しなかった者	30万円以下の罰金	法112条10号
法41条 （帳簿の備付け）	法41条の規定に違反して帳簿書類を作成せず，若しくは事業所に備えて置かず，又は虚偽の帳簿書類を作成した者	30万円以下の罰金	法112条11号
法44条 （秘密保持義務）	正当な理由なく，その業務に関して知ることができた秘密を漏らし，又は盗用した監理団体の役職員	１年以下の懲役又は50万円以下の罰金	法110条
法54条４項	正当な理由なく，その業務に	１年以下の懲	法110条

（事業協議会）	関して知ることができた秘密を漏らし，又は盗用した事業協議会の事務に従事する者又は従事していた者	役又は50万円以下の罰金	
法56条４項（地域協議会）	正当な理由なく，その業務に関して知ることができた秘密を漏らし，又は盗用した地域協議会の事務に従事する者又は従事していた者	１年以下の懲役又は50万円以下の罰金	法110条

第 8 章

自動車整備の特則

自動車整備職種及び作業関係については，事業所管大臣告示により特則があります。即ち，平成29年法務省・厚生労働省告示第４号（外国人の技能実習の適正な実施及び技能実習生の保護に関する法律施行規則の規定に基づき法務大臣及び厚生労働大臣が定める特定の職種及び作業）及び平成29年国土交通省告示第386号（自動車整備職種の自動車整備作業について外国人の技能実習の適正な実施及び技能実習生の保護に関する法律施行規則に規定する特定の職種及び作業に特有の事情に鑑みて事業所管大臣が告示で定める基準を定める件。以下「自動車整備告示」といいます。）により，以下のとおり，技能実習計画に係る認定基準及び監理団体の業務の実施に関する基準について，特則が規定されています。

技能実習の内容の基準に係る特則

技能実習計画が第１号技能実習に係るものである場合にあっては，入国後講習又は入国前講習（規則10条２項７号ハ）において，国土交通大臣が指定する教材を使用して，自動車整備作業に関する基礎的な知識を修得させる講習を実施することが，技能実習計画に係る認定基準のうちの技能実習の内容の基準（法９条２号）として加わります（規則10条２項８号，自動車整備告示１条）。

国土交通大臣が指定する教材とは，①「基礎自動車整備作業」（一般社団法人日本自動車整備振興会連合会作成），②「外国人技能実習制度自動車整備職種安全衛生教本」（外国人技能実習制度自動車整備職種WG分科会作成）を指します（特定の職種及び作業に係る技能実習制度運用要領―自動車整備職種の自動車整備作業の基準について―（以下「自動車整備要領」といいます。））。

技能実習を行わせる体制の基準に係る特則

第1 技能実習指導員

1 第１号技能実習，第２号技能実習

技能実習計画が第１号技能実習又は第２号技能実習に係るものである場合にあっては，技能実習指導員（規則７条５号）が，技能実習法施行規則12条１項２号の要件に該当するほか，①１級又は２級の自動車整備士技能検定合格者又は②３級の自動車整備士技能検定に合格した日から自動車整備作業に関し３年以上の実務の経験を有する者のいずれかに該当する者であることが，技能実習計画に係る認定基準のうちの技能実習を行わせる体制の基準（法９条６号）として加わります（規則12条１項14号，自動車整備告示２条１号）。

2 第３号技能実習

技能実習計画が第３号技能実習に係るものである場合にあっては，技能実習指導員が，技能実習法施行規則12条１項２号の要件に該当するほか，①１級の自動車整備士技能検定合格者又は②２級の自動車整備士技能検定に合格した日から自動車整備作業に関し３年以上の実務の経験を有する者のいずれかに該当する者であることが，技能実習計画に係る認定基準のうちの技能実習を行わせる体制の基準（法９条６号）として加わります（規則12条１項14号，自動車整備告示２条２号）。

3 自動車整備作業の実務経験

上記１②及び２②における自動車整備作業の実務経験とは，後記(1)に掲げる事業場等において，後記(2)のいずれかの整備作業に従事したことをいいます（自動車整備要領）。

(1)　事業場等

①　道路運送車両法78条の自動車分解整備事業の認証を受けた者の事業場

②　道路運送車両法94条の優良自動車整備事業の認定を受けた者の事業場

③　各都道府県自動車整備振興会から承認を受けた特定給油所（自家用乗用自動車の４輪主ブレーキ及び駐車ブレーキが全てディスク・ブレーキである自動車の１年ごとの定期点検整備（分解整備を除きます。）を確実に実施したとき，「定期点検整備促進運動」による点検整備済ステッカーを交付できる給油所）

④　上記①ないし③に掲げる事業場等と同等の整備作業を行い得るその他の事業場等（整備作業場所及び設備の説明が必要となります。）

(2)　整備作業

①　道路運送車両法施行規則３条に規定する分解整備作業

②　①に掲げるものと同等の自動車の点検，調整及び交換作業

※オイル，タイヤ，灯火装置，ワイパーブレード等の交換作業のみの軽微な作業は，実務経験として認められません。

第２　技能実習を行わせる事業所

技能実習を行わせる事業所が，道路運送車両法78条１項に基づき地方運輸局長から自動車分解整備事業の認証（対象とする自動車の種類として二輪の小型自動車のみを指定されたもの及び対象とする業務の範囲を限定して行われたものを除きます。）を受けた事業場であることが，技能実習計画に係る認定基準のうちの技能実習を行わせる体制の基準（法９条６号）として加わります（規則12条１項14号，自動車整備告示２条３号）。

第3節 監理団体の業務の実施に関する基準に係る特則

自動車整備作業に係る技能実習計画の作成を指導する担当の監理団体役職員（法８条４項，規則52条８号後段）は，①１級又は２級の自動車整備士技能検定合格者，②３級の自動車整備士技能検定に合格した日から自動車整備作業に関し３年以上の実務の経験を有する者，③自動車検査員（指定自動車整備事業規則４条）の要件を備える者，④道路運送車両法55条３項の自動車整備士の養成施設において５年以上の指導に係る実務の経験を有する者のいずれかに該当する者であることが，監理団体の業務の実施に関する基準（法39条３項）として加わります（規則52条16号，自動車整備告示３条）。

上記②における自動車整備作業の実務経験については，上記第２節第１ ３と同様です（自動車整備要領）。

第9章

漁船漁業及び養殖業の特則

漁船漁業職種及び養殖業職種については，事業所管大臣告示により特則があります。即ち，平成29年法務省・厚生労働省告示第５号（外国人の技能実習の適正な実施及び技能実習生の保護に関する法律施行規則の規定に基づき法務大臣及び厚生労働大臣が定める特定の職種及び作業）及び平成29年農林水産省告示第937号（漁船漁業職種及び養殖業職種に属する作業について外国人の技能実習の適正な実施及び技能実習生の保護に関する法律施行規則に規定する特定の職種及び作業に特有の事情に鑑みて事業所管大臣が定める基準等。以下「漁船漁業及び養殖業告示」といいます。）により，以下のとおり，技能実習計画に係る認定基準及び監理団体の業務の実施に関する基準等について，特則が規定されています。

なお，漁船漁業に係る監理団体の業務の運営に関する規程に最低限盛り込むべき事項を示した規程の例として，特定の職種及び作業に係る技能実習制度運用要領―漁船漁業職種及び養殖業職種に属する作業の基準について―（以下「漁船漁業及び養殖業要領」といいます。）の漁船漁業別紙①を参照して下さい。

漁船漁業の特則（漁船漁業職種に属する作業についての基準）

第1 技能実習計画の認定に関する特則

1 技能実習を行わせる体制の基準に係る特則

⑴ 企業単独型

企業単独型にあっては，技能実習生が乗り組む漁船と申請者たる実習実施者又はその役職員（技能実習生を除きます。）であって漁船に乗り組んでいないものとの間で無線その他の通信手段が確保されていることが，技能実習計画に係る認定基準のうちの技能実習を行わせる体制の基準（法９条６号）として加わります（規則12条１項14号，漁船漁業及び養殖業告示１条１号）。

⑵ 団体監理型

団体監理型にあっては，技能実習生が乗り組む漁船と監理団体との間で無線その他の通信手段が確保されていることが，技能実習計画に係る認定基準のうちの技能実習を行わせる体制の基準（法９条６号）として加わります（規則12条１項14号，漁船漁業及び養殖業告示１条２号）。

⑶ 留意点

漁業無線等の通信手段を用いて，技能実習が行われている漁船と確実に連絡を取れるよう体制を構築することが必要です。網船，探索船，運搬船等を伴って船団で操業するまき網漁業等，技能実習計画書において複数の漁船を，技能実習を行わせる事業所としている場合は，それぞれの漁船との通信手段を確保することが必要です（漁船漁業及び養殖業要領）。

2 技能実習生の待遇の基準に係る特則

申請者たる実習実施者及び監理団体が（企業単独型にあっては申請者たる実習実施者が），技能実習生の労働時間，休日，休憩その他の待遇（技能実習法施行規則14条１号から４号までに規定するものを除きます。）について，漁船漁業に係る事業協議会（法54条１項）において協議が調った措置を講じていることが，技能実習計画に係る認定基準のうちの技能実習の待遇の基準（法９条９号）として加わります（規則14条５号，漁船漁業及び養殖業告示２条）。

3 技能実習生の数の基準に係る特則

技能実習計画の認定を受けるための基準として，技能実習生の受入れ人数の上限を超えないことが必要であるところ（法９条11号），漁船漁業職種・作業については，特則として以下のとおりとなります（規則16条３項，漁船漁業及び養殖業告示３条）。

⑴　企業単独型

ア　原　則

技能実習生が乗り組む漁船１隻当たり，当該漁船に乗り組むこととしている申請者たる実習実施者の乗組員（技能実習生を除きます。）の人数の範囲内で，第１号技能実習生について２人，第２号技能実習生について４人が上限となります（漁船漁業及び養殖業告示３条１号）。

イ　申請者たる実習実施者が技能実習法施行規則15条の基準（優良基準）に適合する場合

技能実習生が乗り組む漁船１隻当たり，当該漁船に乗り組むこととしている申請者たる実習実施者の乗組員（技能実習生を除きます。）の人数の範囲内で，第１号技能実習生について４人，第２号技能実習生について８人，第３号技能実習生について12人が上限となります（漁船漁業及び養殖業告示３条３号）。

⑵　団体監理型

ア　原　則

技能実習生が乗り組む漁船１隻当たり，当該漁船に乗り組むこととしている申請者たる実習実施者の乗組員（技能実習生を除きます。）の人数の範囲内で，第１号技能実習生について２人，第２号技能実習生について４人が上限となります（漁船漁業及び養殖業告示３条２号）。

イ　申請者たる実習実施者が技能実習法施行規則15条の基準（優良基準）に適合し，かつ，監理団体が一般監理事業許可を受けている場合

技能実習生が乗り組む漁船１隻当たり，当該漁船に乗り組むこととしている申請者たる実習実施者の乗組員（技能実習生を除きます。）の人数の範囲内で，第１号技能実習生について４人，第２号技能実習生について８人，第３号技能実習生について12人が上限となります（漁船漁業及び養殖業告示３条４号）。

⑶　留意点

漁船に乗り組む技能実習生の数について，漁船漁業及び養殖業告示３条で定める上記⑴及び⑵の人数以内という基準を遵守するため，労使間で合意した取決め等（以下「取決め等」といいます。）に，漁船に乗り組む技能実習生の数について記載することが必要です。取決め等に漁船に乗り組む技能実習生の数が記載されない場合には，技能実習生の乗下船記録簿（漁船漁業参考様式第３号）を適切に作成する必要があります。なお，取決め等や技能実習生の乗下船記録簿については，機構が行う実地検査や主務大臣が行う立入検査の際にも提示できるよう備えておく必要があります（漁船漁業及び養殖業要領）。

第２　監理団体に関する特則

１　本邦の営利を目的としない法人の基準に係る特則

監理団体の許可を受けるための基準として，本邦の営利を目的としない法

人であって主務省令で定めるものであることが必要であるところ（法25条１項１号），漁船漁業職種・作業については，特則として，漁業協同組合に限られます（規則29条２項，漁船漁業及び養殖業告示４条）。

2 監理団体の業務の実施に関する基準に係る特則

(1) 定期監査における実地による確認の特則

監理団体は，実習実施者が認定計画に従って技能実習を行わせているか，出入国又は労働に関する法令に違反していないかどうかその他の団体監理型技能実習の適正な実施及び団体監理型技能実習生の保護に関する事項について，監理責任者の指揮の下に，適切に定期監査を行わなければならないところ（法39条３項），漁船漁業職種・作業については，技能実習の実施状況について実地による確認を行う方法（規則52条１号イ）に代えて，特則として，次のとおりの方法によることになります。即ち，①技能実習指導員から，毎日（技能実習が船上において実施されない日を除きます。）１回以上，各漁船における技能実習の実施状況について無線その他の通信手段を用いて報告を受けること及び②技能実習生から，毎月（団体監理型技能実習が船上において実施されない月を除きます。）１回以上，技能実習の実施状況に係る文書の提出を受けることによります（規則52条１号，漁船漁業及び養殖業告示５条）。

(2) 原則的方法による定期監査又は第１号技能実習に係る実地確認が困難な場合の適切な方法

漁獲物の水揚げの時期・場所は，各漁船の事情により多種多様であることから，業務の性質上，技能実習法施行規則52条１号ロからホまで及び３号に規定する方法により監査等を実施することが著しく困難である場合が想定されます。その場合には，他の適切な方法として，例えば，それぞれ次に記載するような方法により実施することが求められます（漁船漁業及び養殖業要領）。

ア　技能実習法施行規則52条１号ロによる監査

(ア)　技能実習責任者からの報告

ｉ　技能実習責任者が乗船中の場合

無線その他の通信手段による報告を受けること

ⅱ　監査を実施すべき時期に技能実習責任者が乗船中でない場合

面談等による報告を受けること

(イ)　技能実習指導員からの報告

ｉ　技能実習指導員が乗船中の場合

無線その他の通信手段による報告を受けること

ⅱ　監査を実施すべき時期に技能実習指導者が乗船中でない場合

面談等により報告を受けること

イ　技能実習法施行規則52条１号ハによる監査

(ア)　技能実習生が乗船中の場合

上記(1)②の文書提出に準じた報告又は無線その他の通信手段により技能実習生に対する聞き取りを行い，下船後次の出航までの間に対面による聞き取りを行うこと

(イ)　監査を実施すべき時期に技能実習生が乗船中でない場合

対面による聞き取りを行うこと。対面による聞き取りは，個別での実施に限らず，集団で実施することとしても構いませんが，１年間にできる限り全ての技能実習生に対して実施することが望まれます。

ウ　技能実習法施行規則52条１号ニ及びホによる監査

(ア)　漁船が出航中の場合

陸上の設備及び宿泊施設その他の生活環境の確認，陸上の事務所等の帳簿書類その他の物件の閲覧を行うこと

(イ)　監査を実施すべき時期に漁船が近傍に寄港中の場合

漁船内の設備及び宿泊施設その他の生活環境の確認，漁船に保管されている帳簿書類その他の物件の閲覧を行うこと。「近傍（の港）」とは，当該漁船が本拠とする港又はその近辺の港であって，監理団体の役職員が訪れるに当たって特段の支障がない港を指します。

エ　技能実習法施行規則52条３号による実地確認

漁船漁業及び養殖業告示５条（上記(1)の①，②）に準じて確認を行うこと

3 帳簿書類に係る特則

監理団体は，監理事業に関して，一定の帳簿書類を作成し，監理事業を行う事業所に備えて置かなければならないところ（法41条），漁船漁業職種・作業については，特則として，上記２(1)の①の漁船漁業での技能実習の実施状況報告記録書（漁船漁業参考様式第５号）及び②の技能実習生からの監理団体への報告書（漁船漁業参考様式第６号）も作成し，備えて置く必要があります（規則54条１項９号，漁船漁業及び養殖業告示６条）。

養殖業の特則（養殖業職種に属する作業についての基準）

第1 技能実習生の待遇の基準に係る特則

申請者たる実習実施者及び監理団体が（企業単独型にあっては申請者たる実習実施者が），技能実習生の労働時間，休日，休憩その他の待遇（技能実習法施行規則14条１号から４号までに規定するものを除きます。）について，養殖業に係る事業協議会（技能実習法54条１項）において協議が調った措置を講じていることが，技能実習計画に係る認定基準のうちの技能実習の待遇の基準（法９条９号）として加わります（規則14条５号，漁船漁業及び養殖業告示７条）。

第2 技能実習生の数の基準に係る特則

技能実習計画の認定を受けるための基準として，技能実習生の受入れ人数の上限を超えないことが必要であるところ（法９条11号），養殖業職種・作業については，申請者たる実習実施者が法人でない場合（団体監理型技能実習に係るものである場合にあっては，申請者が法人でなく，監理団体が漁業協同組合である場合）にあっては，特則として以下のとおりとなります（規則16条３項，漁船漁業及び養殖業告示８条）。この他の場合は，技能実習法施行規則16条１項及び２項に規定する原則的な人数枠が適用されます。

1 企業単独型

(1) 原　則

第１号技能実習生について２人，第２号技能実習生について４人が上限となります（漁船漁業及び養殖業告示８条１号）。

⑵　申請者たる実習実施者が技能実習法施行規則15条の基準（優良基準）に適合する場合

第１号技能実習生について４人，第２号技能実習生について８人，第３号技能実習生について12人が上限となります（漁船漁業及び養殖業告示８条３号）。

2　団体監理型

⑴　原　則

第１号技能実習生について２人，第２号技能実習生について４人が上限となります（漁船漁業及び養殖業告示８条２号）。

⑵　申請者たる実習実施者が技能実習法施行規則15条の基準（優良基準）に適合し，かつ，監理団体が一般監理事業許可を受けている場合

第１号技能実習生について４人，第２号技能実習生について８人，第３号技能実習生について12人が上限となります（漁船漁業及び養殖業告示８条４号）。

第10章

介護の特則

介護職種については，事業所管大臣告示により特則が規定される予定です。即ち，平成29年法務省・厚生労働省告示（外国人の技能実習の適正な実施及び技能実習生の保護に関する法律施行規則の規定に基づき法務大臣及び厚生労働大臣が定める特定の職種及び作業）及び平成29年厚生労働省告示（介護職種について外国人の技能実習の適正な実施及び技能実習生の保護に関する法律施行規則に規定する特定の職種及び作業に特有の事情に鑑みて事業所管大臣が告示で定める基準を定める件。以下「介護告示」といいます。）により，以下のとおり，技能実習計画に係る認定基準及び監理団体の許可基準について，特則が規定される予定です（適用日は平成29年11月 1 日の予定です。）。現時点では，介護職種に係る事業所管大臣告示の内容は確定しておらず，以下の記載は，平成29年 6 月21日付パブリックコメント関係資料に基づく内容となっています。今後，内容が変更される可能性があるので注意して下さい。

技能実習計画に係る認定基準の特則

第1　技能実習の内容の基準（規則10条２項８号）

1　技能実習生の日本語能力

⑴　第１号技能実習

日本語能力試験のＮ４に合格している者その他これと同等以上の能力を有すると認められる者であることが求められます。

「これと同等以上の能力を有すると認められる者」としては，日本語能力試験との対応関係が明確にされている日本語能力を評価する試験（「J.TEST実用日本語検定」,「日本語NAT-TEST」等）における日本語能力試験N4に相当するものに合格している者等があります。

⑵第２号技能実習

日本語能力試験のＮ３に合格している者その他これと同等以上の能力を有すると認められる者であることが求められます。

「これと同等以上の能力を有すると認められる者」として，日本語能力試験との対応関係が明確にされている日本語能力を評価する試験（「J.TEST実用日本語検定」,「日本語NAT-TEST」等）における日本語能力試験N3に相当するものに合格している者等があります。

2　申請者たる実習実施者の設立後経過年数

申請者たる実習実施者がその設立後３年を経過していることが求められます。

3 入国後講習

入国後講習については，技能実習制度本体において，①日本語，②本邦での生活一般に関する知識，③技能実習生の法的保護に必要な情報，④本邦での円滑な技能等の修得等に資する知識の４つの科目について，第１号技能実習の予定時間全体の1/6以上（入国前講習を行った場合には，1/12以上）の時間をかけて行うこととされています（法９条２号，規則10条２項７号ロハ）。介護職種においては，本体制度における上記要件を満たした上で，加えて，以下の介護固有の要件も満たす必要があります。

⑴　日本語の科目の講義

ア　総時間数等

㈠　日本語能力試験のＮ４に合格している者等が入国後講習を受ける場合

日本語の科目の講義（規則10条２項７号ロ⑴）の総時間数が240時間以上であり，一定の教育内容及び時間を標準として当該科目の講義が行われることが求められます。但し，入国前講習（規則10条２項７号ハ）を行った場合には，その内容に応じて時間数を省略することができます。

標準とされる上記の「一定の教育内容及び時間」は，次の表のとおりです。日本語学習の教育内容・時間数は，これを標準として，各監理団体において設定をすることになります。

科　目	教育内容	時間数
日本語	総合日本語	100
	聴　解	20
	読　解	13
	文　字	27
	発　音	7
	会　話	27
	作　文	6
	介護の日本語	40
合　計		240

(イ)　日本語能力試験のＮ３に合格している者等が入国後講習を受ける場合

日本語能力試験のＮ３に合格している者その他これと同等以上の能力を有すると認められる者が入国後講習を受ける場合にあっては，日本語の科目の講義の総時間数が80時間以上であり，一定の教育内容及び時間を標準として当該科目の講義が行われることが求められます。但し，入国前講習（規則10条２項７号ハ）を行った場合には，その内容に応じて時間数を省略することができます。

標準とされる上記の「一定の教育内容及び時間」は，介護現場での日本語を学習するという観点に基づく次の表のとおりです。発音，会話，作文，介護の日本語以外の教育内容については，技能実習生に応じて柔軟に設定することが可能です。

科　目	教育内容	時間数
日本語	発　音	7
	会　話	27
	作　文	6
	介護の日本語	40
合　計		80

イ　日本語の科目の講義を行う者

日本語の科目の講義は，次のいずれかに該当する者が行うことが求められます。

①　大学（短期大学を除きます。以下同じ。）又は大学院において日本語教育に関する課程を修めて当該大学を卒業し又は当該大学院の課程を修了した者

②　大学又は大学院において日本語教育に関する科目の単位を26単位以上修得して当該大学を卒業し又は当該大学院の課程を修了した者

③　日本語教育能力検定試験に合格した者

④　学士の学位を有する者で，日本語教育に関する研修であって適当と認められるもの（420単位時間（１単位時間は45分以上）以上の課程を有する

ものに限ります。）を修了したもの

⑤　その他上記に掲げる者と同等以上の能力を有すると認められる者

⑵　介護導入講習

ア　教育内容及び教育内容ごとの時間数

本邦での円滑な技能等の修得等に資する知識の科目（介護導入講習）の講義（規則10条２項７号ロ⑷）の教育内容及び教育内容ごとの時間数が一定以上であることが求められます。但し，入国前講習（規則10条２項７号ハ）を行った場合には，その内容に応じて時間数を省略することができます。

上記の「一定の教育内容及び時間」は，次の表のとおりです。

科　目	教育内容	時間数
本邦での円滑な技能等の修得等に資する知識	介護の基本Ⅰ・Ⅱ	6
	コミュニケーション技術	6
	移動の介護	6
	食事の介護	6
	排泄の介護	6
	衣服の着脱の介護	6
	入浴・身体の清潔の介護	6
合　計		42

イ　介護導入講習を行う者

本邦での円滑な技能等の修得等に資する知識の科目（介護導入講習）の講義は，次のいずれかに該当する者が行うことが求められます。

①　介護福祉士養成施設の教員として，社会福祉士介護福祉士養成施設指定規則別表第４の介護の領域に区分される教育内容（以下「介護の領域」といいます。）に関し教授した経験を有する者

②　福祉系高校の教員として，介護の領域に関し教授した経験を有する者

③　実務者研修の講師として，社会福祉士介護福祉士養成施設指定規則別表第５に定める介護の基本Ⅰ若しくはⅡ，コミュニケーション技術，生活支援技術Ⅰ若しくはⅡ又は介護過程ⅠからⅢまでのいずれかの科目を教授した経験を有する者

④　介護職員初任者研修の講師として，介護保険法施行規則22条の23第２項に規定する厚生労働大臣が定める基準（平成24年厚生労働省告示第71号）別表に定める介護の基本，介護におけるコミュニケーション技術又はこころとからだのしくみと生活支援技術のいずれかの科目を教授した経験を有する者

⑤　その他上記に掲げる者と同等以上の知識及び経験を有すると認められる者

第２　技能実習を行わせる体制の基準（規則12条１項14号）

1　技能実習指導員

⑴技能実習指導員の資格

技能実習指導員（法９条６号，規則12条１項２号）のうち１名以上は，介護福祉士の資格を有する者その他これと同等以上の専門的知識及び技術を有すると認められる者（看護師）であることが求められます。

技能実習指導員については，技能実習制度本体において，修得等をさせようとする技能等について５年以上の経験を有していることなどが要件とされていることから（規則12条１項２号），当該要件を満たす必要があります。介護職種においては，本体制度における要件を満たした上で，加えて，上記の介護固有の要件も満たす必要があります。

⑵技能実習指導員の選任割合

技能実習生５名につき１名以上の技能実習指導員を選任していることが求められます。

2　技能実習を行わせる事業所

技能実習を行わせる事業所が，技能実習生を介護等の業務（利用者の居宅においてサービスを提供する業務を除きます。）に従事させることができるものであることが求められます。

図10－1　介護職種の対象施設（技能実習を行わせる事業所）

【介護福祉士国家試験の受験資格要件において「介護」の実務経験として認める施設のうち、現行制度において存在するものについて、訪問介護等の訪問系サービスを対象外とした形で整理をしたもの】（白：対象　灰色：一部対象　白抜き：対象外又は現行制度において存在しない。）

児童福祉法関係の施設・事業

- 知的障害児施設
- 自閉症児施設
- 知的障害児通園施設
- 盲児施設
- ろうあ児施設
- 難聴幼児通園施設
- 肢体不自由児施設
- 肢体不自由児通園施設
- 肢体不自由児療護施設
- 重症心身障害児施設
- 重症心身障害児（者）通園事業
- 肢体不自由児施設又は重症心身障害児施設の委託を受けた指定医療機関（国立高度専門医療研究センター及び独立行政法人国立病院機構の設置する医療機関であって厚生労働大臣の指定するもの）
- 児童発達支援
- 放課後等デイサービス
- 障害児入所施設
- 児童発達支援センター
- 保育所等訪問支援

障害者総合支援法関係の施設・事業

- 障害者デイサービス事業（平成18年9月までの事業）
- 短期入所
- 障害者支援施設
- 療養介護
- 生活介護
- 児童デイサービス
- 共同生活介護（ケアホーム）
- 共同生活援助（グループホーム）
- 自立訓練
- 就労移行支援
- 就労継続支援
- 知的障害者援護施設（知的障害者更生施設・知的障害者授産施設・知的障害者通勤寮・知的障害者福祉工場）
- 身体障害者更生援護施設（身体障害者更生施設・身体障害者療護施設・身体障害者授産施設・身体障害者福祉工場）
- 福祉ホーム
- 身体障害者自立支援
- 日中一時支援
- 生活サポート
- 経過的デイサービス事業
- 訪問入浴サービス
- 地域活動支援センター
- 精神障害者社会復帰施設（精神障害者生活訓練施設・精神障害者授産施設・精神障害者福祉工場）
- 在宅重度障害者通所援護事業（日本身体障害者団体連合会から助成を受けている期間に限る）
- 知的障害者通所援護事業　（全日本手をつなぐ育成会から助成を受けている期間に限る）
- 居宅介護
- 重度訪問介護
- 行動援護
- 同行援護
- 外出介護（平成18年9月までの事業）
- 移動支援事業

老人福祉法・介護保険法関係の施設・事業

- 第1号通所事業
- 老人デイサービスセンター
- 指定通所介護（指定療養通所介護を含む）
- 指定地域密着型通所介護
- 指定介護予防通所介護
- 指定認知症対応型通所介護
- 指定介護予防認知症対応型通所介護
- 老人短期入所施設
- 指定短期入所生活介護
- 指定介護予防短期入所生活介護
- 養護老人ホーム※1
- 特別養護老人ホーム（指定介護老人福祉施設）
- 軽費老人ホーム※1
- ケアハウス※1
- 有料老人ホーム※1
- 指定小規模多機能型居宅介護※2
- 指定介護予防小規模多機能型居宅介護※2
- 指定複合型サービス※2
- 指定訪問入浴介護
- 指定介護予防訪問入浴介護
- 指定認知症対応型共同生活介護
- 指定介護予防認知症対応型共同生活介護
- 介護老人保健施設
- 指定通所リハビリテーション
- 指定介護予防通所リハビリテーション
- 指定短期入所療養介護
- 指定介護予防短期入所療養介護
- 指定特定施設入居者生活介護
- 指定介護予防特定施設入居者生活介護
- 指定地域密着型特定施設入居者生活介護
- サービス付き高齢者向け住宅※3
- 第1号訪問事業
- 指定訪問介護
- 指定介護予防訪問介護
- 指定夜間対応型訪問介護
- 指定定期巡回・随時対応型訪問介護看護

生活保護法関係の施設

- 救護施設
- 更生施設

その他の社会福祉施設等

- 地域福祉センター
- 隣保館デイサービス事業
- 独立行政法人国立重度知的障害者総合施設のぞみの園
- ハンセン病療養所
- 原子爆弾被爆者養護ホーム
- 原子爆弾被爆者デイサービス事業
- 原子爆弾被爆者ショートステイ事業
- 労災特別介護施設
- 原爆被爆者家庭奉仕員派遣事業
- 家政婦紹介所（個人の家庭において、介護等の業務を行う場合に限る）

病院又は診療所

- 病院
- 診療所

※1　特定施設入居者生活介護（外部サービス利用型特定施設入居者生活介護を除く。）、介護予防特定施設入居者生活介護（外部サービス利用型介護予防特定施設入居者生活介護を除く。）、地域密着型特定施設入居者生活介護（外部サービス利用型地域密着型特定施設入居者生活介護を除く。）を行う施設を対象とする。
※2　訪問系サービスに従事することは除く。
※3　有料老人ホームに該当する場合は、有料老人ホームとして要件を満たす施設を対象とする。

上記の「介護等の業務」とは，社会福祉士及び介護福祉士法40条２項５号に規定する「介護等の業務」であり，介護福祉士国家試験の受験資格認定において「介護等の業務」に従事したと認められるものです。具体的な対象施設は，図10-１のとおりです。

3 利用者の安全の確保等のために必要な措置

技能実習生に夜勤業務その他少人数の状況下での勤務や緊急時の対応が求められる業務を行わせる場合にあっては，利用者の安全の確保等のために必要な措置を講ずることとしていることが求められます。

第３ 技能実習生の数（規則16条３項）

1 一般機関（優良基準非適合）

技能実習法施行規則15条の優良基準に適合しない一般機関においては，技能実習生の数が，次の⑴又は⑵に掲げる技能実習の区分に応じ，それぞれに定める数を超えないことが求められます。また，技能実習生の総数が技能実習を行わせる事業所（以下単に「事業所」といいます。）の介護等を主たる業務として行う常勤の職員（以下「常勤介護職員」といいます。）の総数を超えないことが求められます。

⑴　企業単独型技能実習

ア　法務大臣及び厚生労働大臣が継続的で安定的な実習を行わせる体制を有すると認める（規則16条１項２号括弧書参照）企業以外

第１号技能実習生について事業所の常勤介護職員の総数に20分の１を乗じて得た数，第２号技能実習生について事業所の常勤介護職員の総数に10分の１を乗じて得た数が上限となります。

イ　法務大臣及び厚生労働大臣が継続的で安定的な実習を行わせる体制を有すると認める企業

法務大臣及び厚生労働大臣が継続的で安定的な実習を行わせる体制を有す

ると認める企業単独型技能実習（規則16条１項２号）に規定する企業単独型技能実習については，第１号技能実習生について次の表の左欄に掲げる事業所の常勤介護職員の総数の区分に応じ同表の右欄に定める数，第２号技能実習生について同表の右欄に定める数に２を乗じて得た数が上限となります。

事業所の常勤介護職員の総数	技能実習生の数
301人以上	事業所の常勤介護職員の総数の20分の１
201人以上300人以下	15人
101人以上200人以下	10人
51人以上100人以下	６人
41人以上50人以下	５人
31人以上40人以下	４人
21人以上30人以下	３人
11人以上20人以下	２人
10人以下	１人

⑵　団体監理型技能実習

第１号技能実習生について上記⑴イの表の左欄に掲げる事業所の常勤介護職員の総数の区分に応じ同表の右欄に定める数，第２号技能実習生について同表の右欄に定める数に２を乗じて得た数が上限となります。

2　優良機関（優良基準適合）

企業単独型技能実習にあっては申請者たる実習実施者が技能実習法施行規則15条の優良基準に適合する者である場合，団体監理型技能実習にあっては申請者たる実習実施者が同条の基準に適合する者であり，かつ，監理団体が後記第２節第２　２の基準に適合する者である場合には，技能実習生の数が，次の⑴及び⑵に掲げる技能実習の区分に応じ，それぞれに定める数を超えないことが求められます。また，技能実習生の総数が事業所の常勤介護職員の総数を超えないことが求められます。

⑴　企業単独型技能実習

ア　法務大臣及び厚生労働大臣が継続的で安定的な実習を行わせる体制を有すると認める（規則16条１項２号括弧書参照）企業以外

第１号技能実習生について事業所の常勤介護職員の総数に10分の１を乗じて得た数，第２号技能実習生について事業所の常勤介護職員の総数に５分の１を乗じて得た数，第３号技能実習生について事業所の常勤介護職員の総数に10分の３を乗じて得た数が上限となります。

イ　法務大臣及び厚生労働大臣が継続的で安定的な実習を行わせる体制を有すると認める企業

上記１⑴イの表の左欄に掲げる事業所の常勤介護職員の総数の区分に応じ，第１号技能実習生について同表の右欄に定める数に２を乗じて得た数，第２号技能実習生について同表の右欄に定める数に４を乗じて得た数，第３号技能実習生について同表の右欄に定める数に６を乗じて得た数が上限となります。

⑵　団体監理型技能実習

上記１⑴イの表の左欄に掲げる事業所の常勤介護職員の総数の区分に応じ，第１号技能実習生について同表の右欄に定める数に２を乗じて得た数，第２号技能実習生について同表の右欄に定める数に４を乗じて得た数，第３号技能実習生について同表の右欄に定める数に６を乗じて得た数が上限となります。

図10-２　介護職種に係る団体監理型技能実習の受入れ人数枠

団体監理型技能実習の受入れ人数枠を記載
（※企業単独型技能実習の受入れ人数枠については、事業所単位で算定するが、技能実習制度本体と同様）

事業所の常勤の介護職員の総数	一般機関		優良機関	
	1号	全体（1・2号）	1号	全体（1・2・3号）
1	1	1	1	1
2	1	2	2	2
3～10	1	3	2	3～10
11～20	2	6	4	11～20
21～30	3	9	6	21～30
31～40	4	12	8	31～40
41～50	5	15	10	41～50
51～71	6	18	12	51～71
72～100	6	18	12	72
101～119	10	30	20	101～119
120～200	10	30	20	120
201～300	15	45	30	180
301～	20分の1	20分の3	10分の1	5分の3

第４　介護職種の技能実習生の同種業務従事経験等の要件（職歴要件）

介護職種の技能実習生の同種業務従事経験等（規則10条２項３号ホ）の要件（職歴要件）については，技能実習制度本体によります。例えば，以下の者が，同種業務従事経験等の要件（職歴要件）を満たすものとして想定されます。

① 外国における高齢者や障害者の施設や居宅等において，当該者の日常生活上の世話，療養上の世話，機能訓練等の業務に従事した経験を有する者
② 外国における看護課程を修了した者又は看護師資格を有する者
③ 政府による介護士認定等を受けた者

監理団体の許可基準の特則

第1 法人形態に関する基準（規則29条２項）

監理団体の法人形態が，次のいずれかに該当するものであることが求められます。

① 商工会議所，商工会，中小企業団体又は職業訓練法人（規則29条１項１号ないし４号）であって，次のいずれかの要件を満たすこと

ⅰ 当該法人の全ての会員又は組合員が介護等の業務及びこれに関連する業務を行う事業者であること

ⅱ 一般監理事業に係る監理許可を受けていること

② 公益社団法人又は公益財団法人（規則29条１項７号，８号）であること

③ 当該法人の目的に介護事業の発展に寄与すること等が含まれる全国的な医療又は介護に従事する事業者から構成される団体（その支部を含みます。）であること

第2 監理団体の業務の実施に関する基準（規則52条16号）

1 技能実習計画作成指導担当者

技能実習計画の作成の指導（法８条４項，規則52条８号）について，次のいずれにも該当する者に担当させることが求められます。

① ５年以上介護等の業務に従事した経験を有する者であること

② 介護福祉士の資格を有する者その他これと同等以上の専門的知識及び技術を有すると認められる者（看護師）であること

2 第３号技能実習にあっては，介護職種における実績等を総合的に評価して，業務を遂行する能力につき高い水準を満たすこと

介護職種における第３号技能実習の実習監理（法25条１項７号，規則31条）を行うものにあっては，①団体監理型技能実習の実施状況の監査その他の業務を行う体制及び実施状況，②実習監理する団体監理型技能実習における技能等の修得等に係る実績，③出入国又は労働に関する法令への違反，団体監理型技能実習生の行方不明者の発生その他の問題の発生状況，④団体監理型技能実習生からの相談に応じることその他の団体監理型技能実習生に対する保護及び支援の体制及び実施状況，⑤団体監理型技能実習生と地域社会との共生に向けた取組みの状況（規則31条１号ないし５号）について，介護職種における実績等を総合的に評価して，介護職種における団体監理型技能実習の実施状況の監査その他の業務を遂行する能力につき高い水準を満たすと認められるものであることが求められます。

巻末資料

1　技能実習の適正な実施及び技能実習生の保護に関する基本方針

（平成29年４月７日法務省・
厚生労働省告示第１号）

法務大臣及び厚生労働大臣は，外国人の技能実習の適正な実施及び技能実習生の保護に関する法律（平成28年法律第89号。以下「技能実習法」という。）第７条第１項の規定に基づき，技能実習の適正な実施及び技能実習生の保護に関する基本方針（以下「基本方針」という。）を策定する。

基本方針は，技能実習法に基づき政府全体で取り組む技能実習制度の見直しの趣旨を明らかにするとともに，技能実習の適正な実施と技能実習生の保護を達成するための基本的な考え方を示すものである。

第一　技能実習の適正な実施及び技能実習生の保護に関する基本的事項

１．技能実習制度の見直しの経緯

技能実習制度は，我が国で培われた技能，技術又は知識（以下「技能等」という。）の開発途上地域等への移転を図り，当該開発途上地域等の経済発展を担う「人づくり」に寄与することを目的として創設された制度である。

平成５年の制度創設以後，平成28年末までに延べ約160万人の開発途上地域等の外国人を受け入れ，我が国の国際貢献の制度として重要な役割を果たしてきた。同年末現在では，全国に約23万人の技能実習生が在留している。

平成22年７月１日に施行された出入国管理及び難民認定法及び日本国との平和条約に基づき日本の国籍を離脱した者等の出入国管理に関する特例法の一部を改正する等の法律（平成21年法律第79号）において，新たな在留資格「技能実習」が創設され，在留の１年目から雇用関係の下，労働関係法令が適用されることとなるなど，技能実習生の法的保護及びその法的地位の安定化を図るための措置が講じられてきた。しかしながら依然として入管法令や労働関係法令の違反が発生し，技能実習制度には厳しい批判が寄せられてきた。一方で，技能実習制度の活用を促進するため，技能実習制度の拡充を図ることも求められている状況にあった。

こうした状況に鑑み，「『日本再興戦略』改訂2014」（平成26年６月24日閣議決定）において，国際貢献を目的とする趣旨を徹底するため，制度の適正化を図るとともに，実習期間の延長等の技能実習制度の抜本的な見直しを行うとの方針が示され，平成27年度中の新制度への移行を目指す等のスケジュールも示された。

法務省及び厚生労働省は，「技能実習制度の見直しに関する法務省・厚生労働省合同有識者懇談会」を平成26年11月に設置し，同懇談会は平成27年１月に報告書を取りまとめた。

この報告書を踏まえ，法務省及び厚生労働省は技能実習法案を平成27年３月に国会に提出し，技能実習法案は，衆議院で一部修正された上，平成28年11月18日に成立し，同月28日に公布された。今後，衆参両法務委員会における附帯決議の内容にも留意しながら，技能実習法を円滑に施行するとともに，対象職種の拡大等の法律事項でない施策についても着実に実行していかなければならない。

２．技能実習法の概要

技能実習法は，技能実習の適正な実施及び技能実習生の保護を図るため，技能実習計画の認定，監理団体の許可等の制度を設け，これらに関する事務を行う外国人技能実習機構（以下「機構」という。）を設ける等の所要の措置を講ずるものである。その規定事項の概要は次のとおりである。

(1)　技能実習制度の適正化

①　技能実習の基本理念及び関係者の責務を定めるとともに，技能実習に関し基本方針を策定すべきこと。

②　技能実習生ごとに作成する技能実習計画について，認定制とし，技能実習生が修得等をした技能等に係る評価を行うことなどの認定の基準や認定の欠格事由等を定めるほか，主務大臣の報告徴収，改善命令，認定の取消し等の権限を規定すること。

③　実習実施者について，届出制とすること。

④　監理団体について，許可制とし，許可の基準や許可の欠格事由等を定めるほか，遵守事項，主務大臣の報告徴収，改善命令，許可の取消し等の権限を規定すること。

⑤　技能実習生の保護に関する措置として，技能実習生に対する人権侵害行為等について，禁止規定を設け，違反に対する罰則を規定するとともに，技能実習生に対する相談対応や情報提供，技能実習生の転籍の連絡調整等を行うこと。

⑥　主務大臣の事業所管大臣に対する協力要請等について規定するとともに，地域ごとに関係行政機関等による地域協議会を設置できるものとすること。

⑦　機構を認可法人として新設し，技能実習計画の認定，実習実施者・監理団体へ報告を求め実地に検査する事務，実習実施者の届出の受理，監理団体の許可に関する調査等のほか，技能実習生に対する相談対応・援助等を行わせること。

(2)　技能実習制度の拡充優良な実習実施者・監理団体に限定して，第３号技能実習生の受入れ（４年目及び５年目の技能実習の実施）を可能とすること。

(3)　その他

技能実習の在留資格を規定する出入国管理及び難民認定法（昭和26年政令第319号。以下「入管法」という。）の改正を行うほか，所要の改正を行うこと。

3．技能実習の基本理念及び技能実習関係者の責務

開発途上地域等への技能等の移転による国際協力の推進という制度の趣旨・目的（以下単に「制度の趣旨・目的」という。）に反して，技能実習制度が国内の人手不足を補う安価な労働力の確保策として使われることのないよう，技能実習法は，基本理念として，技能実習が，①技能等の適正な修得，習熟又は熟達（以下「修得等」という。）のために整備され，かつ，技能実習生が技能実習に専念できるようにその保護を図る体制が確立された環境で行われなければならないこと，②労働力の需給の調整の手段として行われてはならないことを定めている。

この技能実習法の基本理念を国，地方公共団体，実習実施者，監理団体，技能実習生等の技能実習の全ての関係者が共有し，その上で，それぞれ技能実習法に規定された責務を全うすることが必要である。

第二　技能実習の適正な実施及び技能実習生の保護を図るための施策に関する事項

1．技能実習計画

⑴　認定制の趣旨

制度の趣旨・目的に従って技能等の移転を図るためには，実習実施者において行われる技能実習が，技能実習生が適切に技能等を修得等することができるものである必要がある。

このため，技能実習法は，実習実施者に，技能実習生ごと，かつ，技能実習の段階ごとに，技能実習計画を作成させ，その目標，内容等が適切なものであるかについて認定を行う制度を設け，技能実習は，この認定された技能実習計画に基づいて行われなければならないものとしている。

⑵　技能実習計画に関し留意すべき事項

技能実習計画の記載事項や認定基準等については技能実習法及びその下位法令等で定められているが，技能実習計画を認定制とした趣旨から，特に次の事項について留意する必要がある。

①　効果的な技能実習計画の策定

技能実習計画は，技能実習生が効果的に技能等の修得等を行うための要であることから，その策定に当たっては，講習の内容，従事させる業務の内容，時間，指導体制等についての検討を行い，技能実習の目標を確実に達成することのできる計画を策定する必要がある。

②　技能実習生への技能実習計画の説明

実習実施者は，効果的な技能等の修得等を図る観点から，技能実習生に対して技能実習計画を説明し，技能実習生が行う実習の内容と修得等をすべき技能等との関係についての理解を促しながら技能実習を行わせることが求められる。

③　技能実習計画の進捗管理

実習実施者には，認定を受けた技能実習計画に従って技能実習を行わせることが求められており，技能実習計画どおりに技能実習が進んでいるかを常に確認しながら技能実習を行わせる必要がある。

もとより，実習実施者や監理団体が技能実習計画の範囲外の業務を技能実習生に行わせるようなことがあってはならない。

④　技能実習計画の終期までの実施

実習実施者には認定を受けた技能実習計画に定める実習期間の終期まで技能実習を行わせる義務があり，団体監理型技能実習における監理団体には当該義務が適切に履行されるよう監理する義務がある。したがって，倒産等のやむを得ない場合を除いては，実習実施者や監理団体の一方的な都合により，技能実習生が実習期間の途中でその意に反して帰国させられることはあってはならない。万一，技能実習生が実習期間の途中で技能実習を中止して帰国せざるを得なくなった場合には，遅滞なく，原則として帰国前に，企業単独型技能実習にあっては，実習実施者は主務大臣に対し技能実習を行わせることが困難となった場合の届出をしなければならず，団体監理型技能実習にあっては，実習実施者は監理団体に対し技能実習を行わせることが困難となった場合の通知を，監理団体は主務大臣に対し技能実習の実施が困難となった場合の届出をしなければならない。

⑤　技能等の修得等の確認

技能実習の第一号から第三号までのいずれの段階についても，実習実施者は，技能実習生が当該段階において修得等をした技能等の評価を技能検定又は技能実習評価試験等により行うことで，指導内容，方法，体制等に改善すべき点がないか点検すべきである。

また，第二号技能実習（第二号企業単独型技能実習及び第二号団体監理型技能実習をいう。以下同じ。）又は第三号技能実習（第三号企業単独型技能実習及び第三号団体監理型技能実習をいう。以下同じ。）へ移行する技能実習生は，それぞれ，第一号技能実習（第一号企業単独型技能実習及び第一号団体監理型技能実習をいう。以下同じ。）又は第二号技能実習において技能等の修得又は習熟を遂げ，目標として定めた技能検定又は技能実習評価試験に合格していることが前提となるので，実習実施者は技能実習生に効果的に技能等の修得等を行わせるほか，技能検定又は技能実習評価試験の受検が技能実習計画の認定の申請に間に合うように計画を立てる必要がある。

2．実習実施者

(1)　実施の届出

主務大臣が，全国に多数ある実習実施者を確実に把握するため，実習実施者が技能実習を開始したときは，遅滞なく届出を行うこととされている。

(2) 実習実施者が留意すべき事項

実習実施者には，技能実習を行わせる者としての責任のほか，技能実習生を雇用する者及び技能実習生の日本での生活を支援する者としての責任がある。実習実施者は，技能実習法のほか，入管法その他の出入国に関する法令及び労働基準法（昭和22年法律第49号），労働安全衛生法（昭和47年法律第57号）その他の労働に関する法令等の関係法令を遵守する必要があることは当然であるが，特に次の事項について留意すべきである。

① 募集時の技能実習を行わせる条件の明示

技能実習生の募集に当たっては，自ら又は監理団体若しくは送出機関等を通して，技能実習生になろうとする者に対し，技能実習制度に係る関係法令について必要な説明を行うとともに，当該技能実習生になろうとする者の母国語によって作成した文書をもって，予定されている技能実習の内容，技能実習を行わせる期間における労働条件並びに第二号技能実習又は第三号技能実習への移行に当たり受検することが必要な技能検定又は技能実習評価試験及びこれまでの合格実績を明示するものとする。

特に，募集時に示した労働条件等と入国後の実態に齟齬が生じるとトラブルの原因になることから，賃金の決定，計算等の方法，食費・居住費等の賃金からの一部控除の取扱い，渡航費用の負担の有無等に関する条件の詳細についてあらかじめ明示することが必要である。

また，第二号技能実習又は第三号技能実習への移行を予定しない場合にはその旨を，第二号技能実習又は第三号技能実習への移行を予定する場合には，いずれも目標として定めた技能検定又は技能実習評価試験に合格しなければ，第二号技能実習又は第三号技能実習への移行が認められず，帰国しなければならない旨を，明記するものとする。

② 適正な雇用契約の締結

実習実施者は，技能実習生との雇用契約を技能実習生の入国前に締結する必要がある。団体監理型技能実習の雇用契約の始期については，講習の終了後とすることが原則である。実習実施者は，技能実習生が雇用契約の内容を十分に理解できるようにするため，技能実習生の母国語によって作成した文書による雇用契約の締結その他必要な措置を講ずるものとする。

技能実習生に支払う報酬については，日本人が従事する場合に支払われる報酬と同等額以上の報酬を支払う必要があり，技能実習計画の認定申請に際してはこの点についての説明をしなければならない。これに加え，第二号技能実習及び第三号技能実習の賃金が前段階の技能実習よりも上回るなど技能等の習熟度に応じた賃金の格付けを行う等，技能実習生が技能等の修得等をしようとする意欲の向上に資するようにすることが必要である。また，休日，休暇，宿泊施設等の技能実習生の待遇についても，日本人と不当に差別されることのないようにするなど，技能実習生の権利が確実に保護され適正な技能実習が行われるよう配慮する必要がある。

さらに，実習実施者又は監理団体が負担すべき費用を監理費等の名目で技能実習生の報酬から控除することはできないことはもとより，食費，居住費等を報酬から控除する場合についても，労働関係法令にのっとった労使協定の締結が必要であり，実費を勘案して不当な額が報酬から控除されることにより技能実習生の生活に支障が生じることはあってはならない。

なお，このように技能実習生と雇用契約を締結するものであることから，あらかじめ，技能実習を行わせる事業場の労働組合等と技能実習生の受入れについて協議を行うことが望ましい。

③　技能実習を行わせる環境の整備

技能実習を行わせる環境を確保するため，技能実習生については，適正に労働時間の管理を行う必要がある。技能実習の一環としてやむを得ず時間外労働や休日労働を技能実習生に行わせる場合には，労使協定の締結，割増賃金の支払等の労働関係法令で定める手続にのっとって行い，違反が行われることがないようにする必要がある。この場合においても，技能実習の適正な実施及び技能実習生の保護の観点から，恒常的な長時間労働とならないようにすべきである。

また，実習実施者は，技能実習を行わせる事業所における技能実習生の安全と健康を確保するために，安全衛生教育の実施，就業制限規定の遵守及び健康診断の実施等，労働安全衛生法に基づく必要な措置を講ずる必要がある。団体監理型技能実習にあっては，監理団体と連携して，技能実習生の安全と健康の確保に取り組むものとする。さらに，実習実施者は，技能実習生が健康で快適な実習生活を送れるようにするため，快適な住環境を確保するとともに，食生活，医療等についての適切な助言及び援助を行うことができる体制を整備する必要がある。このため，技能実習指導員及び生活指導員に対してその能力育成に資するものとして主務大臣に認められた講習を受講させることが望ましい。また，団体監理型技能実習にあっては，監理団体と連携して，当該体制の整備に取り組むものとする。なお，技能実習生が限られた実習期間の中で，効率的・効果的に技能等を修得等できるようにするため，実習実施者は，技能実習生を指導する立場にある技能実習指導員や技能実習計画の策定に携わる者の職業能力の更なる向上を図るべく，これらの者について技能検定その他の試験の受検等を積極的に推奨していくことが望ましい。

④　目標として定めた技能検定又は技能実習評価試験の適正な受検

技能実習の第一号から第三号までのいずれの段階についても，実習実施者は，技能実習生が当該段階において修得等をした技能等の評価を技能検定又は技能実習評価試験等により行うことが必要である。技能検定又は技能実習評価試験の合格に係る目標を定めた場合にはその適正な受検が必要であり，その受検費用については，実習実施者又は監理団体が負担する必要がある。

また，実習実施者が受け入れている技能実習生の確実な受検を図る観点から，実習実施者は，受検日時，受検会場，受検に必要な機材の確保等に関して技能検定又は技能実習評価試験の実施者から求めがあった場合には，必要な協力をしていくことが望ましい。

3．監理団体

(1) 許可制の趣旨

監理団体は，団体監理型技能実習において，団体監理型実習実施者と団体監理型技能実習生との間の雇用関係の成立のあっせんを行い，その後の団体監理型技能実習の実施に関する監理を担う存在であり，団体監理型実習実施者や団体監理型技能実習生へ強い影響力を有している。

そこで，技能実習法では，技能実習の適正な実施を図るため，監理事業を行おうとする者は，あらかじめ許可を受けなければならないこととされ，許可を受けた適正な監理団体のみが団体監理型技能実習に関与できる制度とされている。

(2) 監理団体が留意すべき事項

技能実習法においては，制度の趣旨・目的を踏まえ，監理団体は，営利を目的としない法人とされており，営利を目的として監理事業を行うことは認められない。このため，監理事業に通常必要となる経費等を勘案して外国人の技能実習の適正な実施及び技能実習生の保護に関する法律施行規則（平成28年法務省・厚生労働省令第３号。以下「施行規則」という。）で定められた適正な種類及び額の監理費以外の金銭を受けることは認められていない。こうした技能実習法及びその下位法令等で定められている事項のほか，監理団体は，特に次の事項について留意すべきである。

① 団体監理型実習実施者及び送出機関との関係監理団体は，団体監理型実習実施者や送出機関へ強い影響力を有していることを踏まえ，制度の趣旨・目的をこれらの者に周知し，技能実習生を安価な労働力と考え，労働力の需給の調整の手段として用いようとしている者の技能実習制度への参入を防ぐ責任を有している。無論，監理団体自らが，労働力不足解消につながるなどと広告して団体監理型実習実施者を募集する等の行為は絶対にあってはならない。

制度の趣旨・目的に沿った技能実習の実施のためには，技能実習制度を理解し，技能実習に対する意欲を持った団体監理型技能実習生を受け入れることが必要である。このため，監理団体自らが団体監理型技能実習生の受入れに実質的に関与することが必要であり，団体監理型実習実施者が事実上監理団体を関与させることなく送出機関から直接団体監理型技能実習生の受入れを行うようなことがあってはならない。団体監理型技能実習生の選抜方法，条件，受入れ方法等について，監理団体は，団体監理型実習実施者及び送出機関と綿密に連携することが求められる。

また，監理団体は，団体監理型実習実施者と団体監理型技能実習生との間の労使関係に介入することにならないように留意しつつも，団体監理型実習実施者と適正な関係を構築し，技能実習計画の作成の指導，その後の団体監理型技能実習の実施の監理等を通じて団体監理型実習実施者を適正に監理することが求められる。

特に定期的な監査に際しては，団体監理型実習実施者の担当者からの話だけでなく，通訳を同行させて団体監理型技能実習生から団体監理型技能実習の進捗状況や技能実習計画どおりに技能実習が行われているかを確認することが必要である。

② 取り扱う技能実習の職種及び作業の範囲

監理団体は，技能実習計画の作成の指導，その後の団体監理型技能実習の実施の監理等を担うことから，取り扱う技能実習の職種及び作業について高い知見を有している必要があり，技能実習計画の作成の指導や団体監理型技能実習の実施の監理を十分に行う能力を有しない職種及び作業については，取り扱うことができない。また，取り扱う技能実習の職種及び作業については，常日頃より研さんを深め，技能実習生が修得等をする技能等について高い知見を有し続ける必要がある。

4．優良な実習実施者及び監理団体

今般の技能実習制度の見直しによって，第三号技能実習の創設や受入れ人数枠の拡大がなされた。

この拡充については，高い水準を有するものとして定められた要件に適合した優良な実習実施者及び監理団体についてのみ認められたものである。

これは，技能実習生に技能等を修得等させる能力が高く，かつ，法令遵守や技能実習生の保護にも手厚く配慮している者のみが，長期・多数の技能実習を行わせる資格があるという趣旨であることから，この趣旨を踏まえて，制度の拡充部分の適用を受けようとする優良な実習実施者及び監理団体は，技能実習法や主務省令等で定められた認定基準や許可基準を充足することはもとより，その受け入れる全ての技能実習生が制度の趣旨・目的に沿って技能実習を行うことができるようにより高い水準を目指すべきものである。

また，制度の拡充部分の適用を受けない実習実施者や監理団体であっても，技能実習法や主務省令等で定められた認定基準や許可基準以上のものを目指し，制度の趣旨・目的に沿って技能実習に資するよう努めることが求められる。

5．技能実習生の保護

技能実習法においては，技能実習生の保護のため，技能実習関係者が技能実習の強制，違約金の設定，旅券又は在留カードの保管等を行うことを禁止し，罰則をもってこれを担保している。このほか，技能実習生の保護に資する施策として，法務省及び厚生労働省は，次の施策に機構と連携して取り組むこととする。

⑴　技能実習生からの通報・申告及び相談対応

技能実習法において，技能実習生は，実習実施者又は監理団体の技能実習法令違反があった場合には，当該事実を主務大臣に通報・申告することができるものとされ，また，主務大臣及び機構は技能実習生からの相談に応じるものとされている。そこで，主務大臣は，自ら又は機構によって技能実習生からの相談に応じる体制を整備する必要がある。技能実習生からの相談には，できる限り技能実習生の母国語で対応するものとする。

⑵　技能実習継続のための支援

技能実習法において，機構の業務として，技能実習を行うことが困難となった技能実習生であって引き続き技能実習を行うことを希望する者が技能実習を行うことができるよう，技能実習生からの相談に応じ，必要な情報の提供，助言その他の援助を行うとともに，実習実施者，監理団体その他関係者に対する必要な指導及び助言を行うこととされている。

そこで，機構は，技能実習制度の趣旨・目的を踏まえ，技能実習生が実習実施者から人権侵害行為等を受けた場合はもとより，実習先の変更を求めることについてやむを得ない事情があると認められる場合には，技能実習生からの相談に丁寧に応じるとともに，他の実習実施者又は監理団体の下で技能実習を行えるように調整する等の実習先変更支援を行う。

⑶　第三号技能実習への移行時における一時帰国及び実習先の選択

第三号技能実習を行う技能実習生については，母国の家族と離れている期間が長期化するという問題もあることから，第二号技能実習を修了した後，原則１箇月以上帰国しなければならないものとする。

また，第二号技能実習から第三号技能実習に進む段階では，技能実習生本人に異なる実習先を選択する機会を与えるものとする。

⑷　その他

⑴から⑶までのほか，法務省及び厚生労働省は機構と連携して，技能実習生に対し，日常生活を送る上で知っておくべき知識等を記載した技能実習生手帳の配布や，実習実施者及び監理団体へのメンタルヘルス上の問題等に係る助

言・指導，技能実習生の労災保険制度の適用に係る相談等を行う。

６．国レベルでの取決め

技能実習制度の見直し前においては，技能実習生の送出しを希望する国との間で国レベルでの取決めがなされていない状況であった。この状況の中，保証金の徴収等をしている不適正な送出機関や，制度の趣旨・目的を理解せず，技能実習を単なる出稼ぎと捉えて来日する技能実習生の存在がかねてより指摘されてきた。

そこで，技能実習生の送出しを希望する国（地域を含む。以下この６において同じ。）との間で国レベルでの二国間取決めを順次作成し，それを公表することとする。この取決めを通じて，送出国政府と協力し，不適正な送出機関の排除や，制度の趣旨・目的を理解し真に技能等の修得等に努めようとしている技能実習生に絞った受入れを目指す。取決めをした国との間では，送出国政府から適正な送出機関として認定を受けた送出機関のみから技能実習生を受け入れることとし，二国間取決めに違反する行為が認められた場合は，当該送出機関に関して認定の取消し等厳格な対応を行うよう送出国政府に要請することとする。

第三　技能実習の適正な実施及び技能実習生の保護に際し配慮すべき事項

１．国の役割

国は，技能実習法の基本理念に従って，技能実習の適正な実施及び技能実習生の保護を図るために必要な施策を総合的かつ効果的に推進する責務を有する。技能実習法に基づく技能実習計画の認定制や監理団体の許可制を適正に運用すること，特に，技能実習生の生活に支障が生じることがないよう技能実習生の報酬及び報酬からの控除の実態把握に努めつつ，長時間労働に係る労働法令違反がないよう必要な措置を講ずるべく労働時間についても調査を行うとともに，違法な時間外労働，技能実習生の意に反した実習期間の途中での帰国等の不正事案に対しては，報告徴収，改善命令，認定・許可の取消し等の監督権限を適時適切に行使する必要がある。

２．機構の役割及び業務

技能実習法で定められた主務大臣の事務のうち，技能実習計画の認定，実習実施者・監理団体へ報告を求め実地に検査する事務，実習実施者の届出の受理，監理団体の許可に関する調査等については，機構が，主務大臣の委託を受けて行うこととなる。

また，機構は，主務大臣とあいまって技能実習生に対する相談対応・援助等を行うとされている。

機構は，このように，主務大臣から委託された権限を包括的に行使し，また，主務大臣とあいまって技能実習生の保護に当たる主体として位置付けられることを踏まえ，業務を行うに当たっては，効率的で一貫した事務の実施となるよう留意する必要がある。

機構は，技能実習制度の担い手が，民間主体である実習実施者や監理団体であるため，その性質に鑑み，民間主体が発起人となり自主的に設立するとともに，設立に当たって国が関与を行う認可法人とされている。主務大臣は，機構に対し，役員の任命又は認可，毎事業年度の予算や事業計画の認可等の権限，交付金の支出，一般的監督命令等を通じ統制を行うこととなっており，主務大臣による強いガバナンスの下，機構は業務を遂行することとなる。

3．事業所管大臣等との連携

技能実習は多種多様な職種や作業において行われるため，それぞれの業種において課題や修得等をすべき技能等は異なっている。このため，主務大臣が行う業種横断的な取組に加え，それぞれの職種や作業における特有の事情を勘案し，当該業種を所管する大臣（以下「事業所管大臣」という。）が中心となって，技能実習の適正な実施及び技能実習生の保護に資する取組を行うことが求められている。

技能実習法においては，主務大臣は，事業所管大臣へ必要な協力を要請することができるものとされているほか，業種ごとに必要に応じ事業協議会を組織し，関係者間で有用な情報を共有し連携の緊密化を図るとともに，その業種の実情を踏まえた取組について協議を行うこととされている。

4．地域協議会

技能実習法の施行後は，機構に加え，各地域において，出入国管理機関，労働基準監督機関，職業安定機関，事業所管省庁の出先機関を始めとした国の機関や地方公共団体等様々な機関が相互に関係し合いながら技能実習に関与することとなる。こうした関係機関同士の連携を図り，問題事案の情報共有等が円滑に行われる体制について，地域レベルで整備することが必要である。

このため，地域協議会を設立し，技能実習の適正な実施及び技能実習生の保護に資する地域での取組の協議，技能実習の現状などのデータ・制度運用上の留意点などの把握・共有，制度の適正化等に向けた地方公共団体等との密接な連携の確保・強化といった業務を担わせることとする。

5．対象職種

技能実習の対象となる技能等は，技能実習法，その下位法令等で技能実習生の本国において修得等が困難なものであることを始めとした要件が定められている。また，第二号技能実習及び第三号技能実習の対象となる職種及び作業については，当該職種及び作業に係る技能検定又は技能実習評価試験が整備されている必要があることに留意する必要がある。

6．技能実習評価試験

技能実習評価試験の実施基準については，施行規則等で定められている。当該基準に適合するか否か，また，技能実習制度の対象職種としてふさわしいか否かについては，有識者により構成される「技能実習評価試験の整備等に関する専門家会議」において，確認されることとなる。この会議の開催に際しては，厚生労働大臣はそれぞれの職種や作業における特有の事情を勘案するために事業所管大臣の意見を聴くこととする。

7．特定の職種に係る技能実習の適正な実施及び技能実習生の保護を図るための施策

制度の趣旨・目的を適切に達成するために，特定の職種においては，他の職種では求められないその職種の特性に応じた固有要件の設定などの適切な対応策をとる必要が生じることがある。

このような特定の職種に固有の付加的な要件については，当該職種の実情を良く把握している事業所管大臣が策定することが適当であり，その際には，主務大臣が事業所管大臣と協力して取り組むことが求められる。

また，このような固有の付加的な要件の設定を行う必要性について検討するに当たって，事業所管大臣は，前述の事業協議会を組織し，事業協議会で協議を行うなど主務大臣に必要な協力を行うことが重要である。

このように付加的な要件を定める職種として対象職種への追加が予定されている介護については，介護サービスの質を担保する等のため，①移転対象となる適切な業務内容・範囲の明確化，②必要なコミュニケーション能力の確保，③適切な評価システムの構築，④適切な実習実施機関の対象範囲の設定，⑤適切な実習体制の確保，⑥日本人との同等処遇の担保，⑦監理団体による監理の徹底などの事項について，事業所管大臣である厚生労働大臣が介護固有の要件を定めること等を通じて，適切な対応を行うことが必要である。

第四　技能等の移転を図るべき分野その他技能等の移転の推進に関する事項

1．技能等の移転を図るべき分野

制度の趣旨・目的に従い，それぞれの開発途上地域等の経済発展の度合い等を踏まえ，開発途上地域等のニーズに沿った技能等を移転することができるよう，技能実習に関与する者は，開発途上地域等のニーズを把握するよう努めるものとする。

2．技能等の移転の推進に係る調査の実施

制度の趣旨・目的に従って技能実習により技能等の移転がなされているか確認するため，主務大臣は，定期的に，技能実習生が帰国後に技能実習で修得等をした技能等を適切に活用しているか等について，帰国後の技能実習生に対し追跡調査を行うものとする。この追跡調査には，実習実施者や監理団体のほか，二国間取決めを作成した送出国政府や送出機関も含めた関係者の協力を求めるものとする。

3．技能等の移転に係る好事例収集・分析の実施

制度の趣旨・目的に従って技能実習により技能等の移転がなされている好事例を主務大臣が収集・分析して広く公表することにより，実習実施者や監理団体が，好事例を参考として技能実習を行うことができるようにするものとする。

4．修得等をした技能等の見える化の実施

技能実習を修了した者が技能実習により修得等をした技能等を外国語で記載する文書のひな形を厚生労働省が作成しその活用を促進すること等により，技能実習により修得等をした技能等が送出国において理解され，評価されるような取組を推進するものとする。

第五　その他

1．技能実習生の我が国における適正な在留の確保

実習実施者及び監理団体は，技能実習生が我が国に適正に在留するよう，送出機関とも連携して制度の趣旨を理解して技能実習を行おうとする者を選定し，入国後の講習等を通じて，入管法その他の出入国に関する法令に違反しないことはもとより，不法就労を行うなどした場合の入管法上の取扱いを技能実習生に教示すること等により，行方不明者を発生させないための取組を講ずる必要がある。

また，入管法その他の出入国に関する法令に違反する事実を発見した場合や，技能実習生が行方不明となった場合には，速やかに機構に届出（団体監理型実習実施者にあっては，監理団体を通じて機構に届出）をし，機構及び出入国管理機関からの指示を受ける必要がある。

2．地域社会との共生の推進

技能実習生は，技能実習が実施される地域に技能実習を行う期間中居住し，生活するものであることから，技能実習生がより円滑に我が国での生活環境に馴染めるようにすることは必要不可欠である。

こうした観点から，実習実施者や監理団体は，技能実習生と地域社会との共生のための取組に主体的に関与することが求められる。また，法務省及び厚生労働省は，こうした実習実施者や監理団体による取組について，好事例の収集や分析，その周知広報等を通じて，推進を図ることとする。

3．関係機関との連携

技能実習については，技能実習法による規制のほか，入管法令，労働関係法令等の様々な法令に基づき，出入国管理機関，労働基準監督機関，職業安定機関を始めとした国の機関が関与することとなり，外国人技能実習機構は，技能実習法を含め，入管法令又は労働関係法令に違反する事実を把握した場合には，これら国の機関に対し，通報，情報提供等を行うとともに，事案の重大性に応じ，告発

を行うことも視野に，厳格な指導監督を行うこととなる。

また，多くの監理団体の法人としての許認可権限を有する者であること，技能実習生が地域住民として生活すること等の理由から，地方公共団体も技能実習に関与することとなる。

さらに，二国間取決めの作成については外務省，特定の職種については事業所管省庁の関与が必要である。

制度の安定的で円滑な運営に向けて，これらの関係機関が適時適切に連携していくことが求められている。

このため，国，地方公共団体及び機構は，技能実習が円滑に行われるよう，必要な情報交換を行い，相互の密接な連携の確保に努めることが求められる。

附　則

この告示は，技能実習法の施行の日（平成29年11月１日）から適用する。

2　監理団体が労働条件等の明示，団体監理型実習実施者等及び団体監理型技能実習生等の個人情報の取扱い等に関して適切に対処するための指針

（平成29年法務省・厚生労働省告示第2号）

○法務省
厚生労働省告示第二号

外国人の技能実習の適正な実施及び技能実習生の保護に関する法律（平成28年法律第89号）第27条第2項の規定により読み替えて適用する職業安定法（昭和22年法律第141号）第48条の規定に基づき，及び外国人の技能実習の適正な実施及び技能実習生の保護に関する法律を実施するため，監理団体が労働条件等の明示，団体監理型実習実施者等及び団体監理型技能実習生等の個人情報の取扱い等に関して適切に対処するための指針を次のように定め，平成29年11月1日から適用する。

平成29年4月7日

法務大臣　金田　勝年
厚生労働大臣　塩崎　恭久

監理団体が労働条件等の明示，団体監理型実習実施者等及び団体監理型技能実習生等の個人情報の取扱い等に関して適切に対処するための指針

第一　趣旨

この指針は，外国人の技能実習の適正な実施及び技能実習生の保護に関する法律（以下「法」という。）第27条第2項の規定により適用する職業安定法第5条の3に定める事項等に関し，監理団体が適切に対処するために必要な事項について定めたものである。

また，法第43条の規定により監理団体が講ずべき措置に関する必要な事項と併せ，個人情報の保護に関する法律第8条の規定に基づき監理団体が個人情報を適正に取り扱うために講ずべき措置に関する必要な事項についても定めたものである。

第二　法第27条第2項の規定により適用する職業安定法第5条の3に関する事項（労働条件等の明示）

監理団体は，法第27条第2項の規定により適用する職業安定法第5条の3第1項の規定に基づき，団体監理型技能実習生等（団体監理型技能実習生又は団体監理型技能実習生になろうとする者をいう。以下同じ。）に対し，その者が従事すべき業務の内容及び労働条件（以下「労働条件等」という。）を明示するに当たっては，次に掲げる事項に配慮すること。

一　明示する労働条件等は，虚偽又は誇大な内容としないこと。

二　団体監理型技能実習生等に具体的に理解されるものとなるよう，労働条件等

の水準，範囲等を可能な限り限定すること。

三　団体監理型技能実習生等が従事すべき業務の内容に関しては，職場環境を含め，可能な限り具体的かつ詳細に明示すること。

四　労働時間に関しては，始業及び終業の時刻，所定労働時間を超える労働，休憩時間，休日等について明示すること。

五　賃金に関しては，賃金形態（月給，日給，時給等の区分），基本給，定額的に支払われる手当，通勤手当，昇給に関する事項等について明示すること。

六　明示する労働条件等の内容が労働契約を含む技能実習に係る契約締結時の労働条件等と異なることとなる可能性がある場合は，その旨を併せて明示するとともに，労働条件等が既に明示した内容と異なることとなった場合には，当該明示を受けた団体監理型技能実習生等に速やかに知らせること。

七　監理団体は，労働条件等の明示を行うに当たって労働条件等の事項の一部を別途明示することとするときは，その旨を併せて明示すること。

第三　法第27条第２項の規定により適用する職業安定法第33条の５に関する事項（監理団体の責務）等

一　団体監理型技能実習生等の能力に適合する職業の紹介の推進

監理団体は，団体監理型技能実習生等の能力に適合した技能実習に係る職業紹介を行うことができるよう，団体監理型技能実習生等の能力の的確な把握に努めるとともに，その業務の範囲内において，可能な限り幅広い求人の確保に努めること。

二　団体監理型技能実習生等からの苦情の適切な処理

監理団体は，主務大臣の機関，外国人技能実習機構，他の監理団体その他関係者と連携を図りつつ，当該事業に係る団体監理型技能実習生等からの苦情を迅速，適切に処理するための体制の整備及び改善向上に努めること。

三　監理事業に係る適正な許可の取得

団体監理型実習実施者等（団体監理型実習実施者又は団体監理型実習実施者になろうとする者をいう。以下同じ。）に紹介するため団体監理型技能実習生等を探索した上当該団体監理型技能実習生等に就職するよう勧奨し，これに応じて求職の申込みをした者をあっせんするいわゆるスカウト行為を事業として行う場合は，監理事業に含まれるものであり，当該事業を行うためには，監理団体の許可を取得する必要があること。また，いわゆるアウトプレースメント業のうち，教育訓練，相談，助言等のみならず，技能実習に係る職業紹介を行う事業は監理事業に該当するものであり，当該事業を行うためには，監理団体の許可を取得する必要があること。

第四　法第43条に関する事項（団体監理型実習実施者等及び団体監理型技能実習生等の個人情報の取扱い）

一　個人情報の収集，保管及び使用

(一)　監理団体は，その業務の目的の範囲内で団体監理型実習実施者等及び団体監理型技能実習生等の個人情報（一及び二において単に「個人情報」という。）を収集することとし，次に掲げる個人情報を収集してはならないこと。ただし，特別な職業上の必要性が存在することその他業務の目的の達成に必要不可欠であって，収集目的を示して本人から収集する場合はこの限りでないこと。

イ　人種，民族，社会的身分，門地，本籍，出生地その他社会的差別の原因となるおそれのある事項

ロ　思想及び信条

ハ　労働組合への加入状況

(二)　監理団体は，個人情報を収集する際には，本人から直接収集し，又は本人の同意の下で本人以外の者から収集する等適法かつ公正な手段によらなければならないこと。

(三)　個人情報の保管又は使用は，収集目的の範囲に限られること。ただし，他の保管若しくは使用の目的を示して本人の同意を得た場合又は他の法律に定めのある場合はこの限りでないこと。

二　個人情報の適正な管理

(一)　監理団体は，その保管又は使用に係る個人情報に関し，次の事項に係る措置を講ずるとともに，団体監理型実習実施者等及び団体監理型技能実習生等からの求めに応じ，当該措置の内容を説明しなければならないこと。

イ　個人情報を目的に応じ必要な範囲において正確かつ最新のものに保つための措置

ロ　個人情報の紛失，破壊及び改ざんを防止するための措置

ハ　正当な権限を有しない者による個人情報へのアクセスを防止するための措置

ニ　収集目的に照らして保管する必要がなくなった個人情報を破棄又は削除するための措置

(二)　監理団体が，団体監理型実習実施者等及び団体監理型技能実習生等の秘密に該当する個人情報を知り得た場合には，当該個人情報が正当な理由なく他人に知られることのないよう，特に厳重な管理を行わなければならないこと。

(三)　監理団体は，次に掲げる事項を含む個人情報の適正管理に関する規程を作成し，これを遵守しなければならないこと。

イ　個人情報を取り扱うことができる者の範囲に関する事項

ロ　個人情報を取り扱う者に対する研修等教育訓練に関する事項

ハ　本人から求められた場合の個人情報の開示又は訂正（削除を含む。以下

同じ。）の取扱いに関する事項

ニ　個人情報の取扱いに関する苦情の処理に関する事項

㈣　監理団体は，本人が個人情報の開示又は訂正の求めをしたことを理由として，当該本人に対して不利益な取扱いをしてはならないこと。

三　個人情報の保護に関する法律の遵守等

一及び二に定めるもののほか，監理団体は，個人情報の保護に関する法律第２条第５項に規定する個人情報取扱事業者（以下「個人情報取扱事業者」という。）に該当する場合には，同法第４章第１節に規定する義務を遵守しなければならないこと。また，個人情報取扱事業者に該当しない場合であっても，個人情報取扱事業者に準じて，個人情報の適正な取扱いの確保に努めること。

3　監理団体の業務の運営に関する規程例（要領別紙⑤）

事業所名　○○○○

第１　目的

この規定は，外国人の技能実習の適正な実施及び技能実習生の保護に関する法律及びその関係法令（以下「技能実習関係法令」という。）に基づいて，本事業所において監理事業を行うに当たって必要な事項について，規程として定めるものです。

第２　求人

１　本事業所は，（取扱職種の範囲等）の技能実習に関するものに限り，いかなる求人の申込みについてもこれを受理します。

ただし，その申込みの内容が法令に違反する場合，その申込みの内容である賃金，労働時間その他の労働条件が通常の労働条件と比べて著しく不適当であると認める場合，又は団体監理型実習実施者等が労働条件等の明示をしない場合は，その申込みを受理しません。

２　求人の申込みは，団体監理型実習実施者等（団体監理型実習実施者又は団体監理型実習実施者になろうとする者をいう。以下同じ。）又はその代理人の方が直接来所されて，所定の求人票によりお申込みください。なお，直接来所できないときは，郵便，電話，ファックス又は電子メールでも差し支えありません。

３　求人申込みの際には，業務の内容，賃金，労働時間その他の労働条件をあらかじめ書面の交付又は電子メールの使用により明示してください。ただし，紹介の実施について緊急の必要があるため，あらかじめ書面の交付又は電子メールの使用による明示ができないときは，当該明示すべき事項をあらかじめこれらの方法以外の方法により明示してください。

４　求人受付の際には，監理費（職業紹介費）を，別表の監理費表に基づき申し受けます。いったん申し受けました手数料は，紹介の成否にかかわらずお返しいたしません。

第３　求職

１　本事業所は，（取扱職種の範囲等）の技能実習に関する限り，いかなる求職の申込みについてもこれを受理します。

ただし，その申込みの内容が法令に違反するときは，これを受理しません。

2　求職申込みは，団体監理型技能実習生等（団体監理型技能実習生又は団体監理型技能実習生になろうとする者をいう。以下同じ。）又はその代理人（外国の送出機関から求職の申込みの取次ぎを受けるときは，外国の送出機関）から，所定の求職票によりお申込みください。郵便，電話，ファックス又は電子メールで差し支えありません。

第4　技能実習に関する職業紹介

1　団体監理型技能実習生等の方には，職業安定法第2条にも規定される職業選択の自由の趣旨を踏まえ，その御希望と能力に応ずる職業に速やかに就くことができるよう極力お世話いたします。

2　団体監理型実習実施者等の方には，その御希望に適合する団体監理型技能実習生等を極力お世話いたします。

3　技能実習職業紹介に際しては，団体監理型技能実習生等の方に，技能実習に関する職業紹介において，従事することとなる業務の内容，賃金，労働時間その他の労働条件をあらかじめ書面の交付又は希望される場合には電子メールの使用により明示します。ただし，技能実習に関する職業紹介の実施について緊急の必要があるためあらかじめ書面の交付又は電子メールの使用による明示ができないときは，あらかじめそれらの方法以外の方法により明示を行います。

4　団体監理型技能実習生等の方を団体監理型実習実施者等に紹介する場合には，紹介状を発行します。その紹介状を持参して団体監理型実習実施者等との面接を行っていただきます。

5　いったん求人，求職の申込みを受けた以上，責任をもって技能実習に関する職業紹介の労をとります。

6　本事業所は，労働争議に対する中立の立場をとるため，同盟罷業又は作業閉鎖の行われている間は団体監理型実習実施者等に，技能実習に関する職業紹介をいたしません。

7　就職が決定しましたら求人された方から監理費（職業紹介費）を，別表の監理費表に基づき申し受けます。

第5　団体監理型技能実習の実施に関する監理

1　団体監理型実習実施者が認定計画に従って技能実習を行わせているか等，監理責任者の指揮の下，主務省令第52条第1号イからホまでに定める方法（団体監理型技能実習生が従事する業務の性質上当該方法によることが著しく困難な場合にあっては，他の適切な方法）によって3か月に1回以上の頻度で監査を行うほか，実習認定の取消し事由に該当する疑いがあると認めたときは，直ちに監査を行います。

2　第1号団体監理型技能実習に係る実習監理にあっては，監理責任者の指揮の下，1か月に1回以上の頻度で，団体監理型実習実施者が認定計画に従って団体監理型技能実習を行わせているかについて実地による確認（団体監理型技能実習生が従事する業務の性質上当該方法によることが著しく困難な場合にあっては，他の適切な方法による確認）を行うとともに，団体監理型実習実施者に対し必要な指導を行います。
3　技能実習を労働力の需給の調整の手段と誤認させるような方法で，団体監理型実習実施者等の勧誘又は監理事業の紹介をしません。
4　第一号団体監理型技能実習にあっては，認定計画に従って入国後講習を実施し，かつ，入国後講習の期間中は，団体監理型技能実習生を業務に従事させません。
5　技能実習計画作成の指導に当たって，団体監理型技能実習を行わせる事業所及び団体監理型技能実習生の宿泊施設を実地に確認するほか，主務省令第52条第8号イからハに規定する観点から指導を行います。
6　技能実習生の帰国旅費（第3号技能実習の開始前の一時帰国を含む。）を負担するとともに技能実習生が円滑に帰国できるよう必要な措置を講じます。
7　団体監理型技能実習生との間で認定計画と反する内容の取決めをしません。
8　実習監理を行っている団体監理型技能実習生からの相談に適切に応じるとともに，団体監理型実習実施者及び団体監理型技能実習生への助言，指導その他の必要な措置が講じます。
9　本事業所内に監理団体の許可証を備え付けるとともに，本事業所内の一般の閲覧に便利な場所に，本規程を掲示します。
10　技能実習の実施が困難となった場合には，技能実習生が引き続き技能実習を行うことを希望するものが技能実習を行うことができるよう，他の監理団体等との連絡調整等を行います。
11　上記のほか，技能実習関係法令に従って業務を実施します。

第6　監理責任者

1　本事業所の監理責任者は，○○○○○○○○○です。
2　監理責任者は，以下に関する事項を統括管理します。
(1)　団体監理型技能実習生の受入れの準備
(2)　団体監理型技能実習生の技能等の修得等に関する団体監理型実習実施者への指導及び助言並びに団体監理型実習実施者との連絡調整
(3)　団体監理型技能実習生の保護
(4)　団体監理型実習実施者等及び団体監理型技能実習生等の個人情報の管理
(5)　団体監理型技能実習生の労働条件，産業安全及び労働衛生に関し，技能実

習責任者との連絡調整に関すること
(6)　国及び地方公共団体の機関，機構その他関係機関との連絡調整

第7　監理費の徴収
1　監理費は，団体監理型実習実施者等へあらかじめ用途及び金額を明示した上で徴収します。
2　監理費（職業紹介費）は，団体監理型実習実施者等から求人の申込みを受理した時以降に当該団体監理型実習実施者等から，別表の監理費表に基づき申し受けます。
その額は，団体監理型実習実施者等と団体監理型技能実習生等との間における雇用関係の成立のあっせんに係る事務に要する費用（募集及び選抜に要する人件費，交通費，外国の送出機関へ支払う費用その他の実費に限る。）の額を超えない額とします。
3　監理費（講習費）は，入国前講習に要する費用にあっては入国前講習の開始日以降に，入国後講習に要する費用にあっては入国後講習の開始日以降に，団体監理型実習実施者等から，別表の監理費表に基づき申し受けます。
その額は，監理団体が実施する入国前講習及び入国後講習に要する費用（監理団体が支出する施設使用料，講師及び通訳人への謝金，教材費，第一号団体監理型技能実習生に支給する手当その他の実費に限る。）の額を超えない額とします。
4　監理費（監査指導費）は，団体監理型技能実習生が団体監理型実習実施者の事業所において業務に従事し始めた時以降一定期間ごとに当該団体監理型実習実施者から，別表の監理費表に基づき申し受けます。
その額は，団体監理型技能実習の実施に関する監理に要する費用（団体監理型実習実施者に対する監査及び指導に要する人件費，交通費その他の実費に限る。）の額を超えない額とします。
5　監理費（その他諸経費）は，当該費用が必要となった時以降に団体監理型実習実施者等から，別表の監理費表に基づき申し受けます。
その額は，その他技能実習の適正な実施及び技能実習生の保護に資する費用（実費に限る。）の額を超えない額とします。

第8　その他
1　本事業所は，国及び地方公共団体の機関であって技能実習に関する事務を所掌するもの，外国人技能実習機構その他関係機関と連携を図りつつ，当該事業に係る団体監理型実習実施者等又は団体監理型技能実習生等からの苦情があった場合には，迅速に，適切に対応いたします。

2　雇用関係が成立しましたら，団体監理型実習実施者等，団体監理型技能実習生等の両方から本事業所に対して，その報告をしてください。また，技能実習に関する職業紹介されたにもかかわらず，雇用関係が成立しなかったときにも同様に報告をしてください。
3　本事業所は，団体監理型技能実習生等の方又は団体監理型実習実施者等から知り得た個人的な情報は個人情報適正管理規程に基づき，適正に取り扱います。
4　本事業所は，団体監理型技能実習生等又は団体監理型実習実施者等に対し，その申込みの受理，面接，指導，技能実習に関する職業紹介等の業務について，人種，国籍，信条，性別，社会的身分，門地，従前の職業，労働組合の組合員であること等を理由として差別的な取扱いは一切いたしません。
5　本事業所の取扱職種の範囲等は，○○○○○○○○○です。
6　本事業所の業務の運営に関する規定は，以上のとおりですが，本事業所の業務は，全て技能実習関係法令に基づいて運営されますので，御不審の点は係員に詳しくお尋ねください。

4　個人情報適正管理規程例（要領別紙⑥）

事業所名　○○○○

1　個人情報を取り扱う事業所内の職員の範囲は，○○課及び△△課の職員とする。個人情報取扱責任者は，監理責任者○○○○とする。

2　監理責任者は，個人情報を取り扱う1に記載する事業所内の職員に対し，個人情報取扱いに関する教育・指導を年1回実施することとする。また，監理責任者は，個人情報取扱いに関する知識の修得・維持に努めるものとする。

3　取扱者は，個人の情報に関して，当該情報に係る本人から情報の開示請求があった場合は，その請求に基づき本人が有する資格や職業経験等客観的事実に基づく情報の開示を遅滞なく行うものとする。さらに，これに基づき訂正（削除を含む。以下同じ。）の請求があったときは，当該請求が客観的事実に合致するときは，遅滞なく訂正を行うものとする。また，個人情報の開示又は訂正に係る取扱いについて，監理責任者は技能実習生等への周知に努めることとする。

4　技能実習生等の個人情報に関して，当該情報に係る本人からの苦情の申出があった場合については，苦情処理担当者は誠意を持って適切な処理をすることとする。なお，個人情報の取扱いに係る苦情処理の担当者は，監理責任者○○○○とする。

5　監理団体による監査のためのチェックリスト（厚生労働省関連部分（労働関係法令の遵守））

（記入欄に，はいの場合「○」，いいえの場合「×」，該当ない場合「－」を記入してください。

実施年月日：　　　年　　　月　　　日　監査者：

実習実施機関名：

番号	項　　目	記入欄
※	**前回の監査の指摘に対する改善　状況** ○前回の監査において，改善すべき事項等の指摘がなされていた場合，指摘に基づいて適切に改善されていますか。 【確認すべき書類】　前回の監理団体による監査のためのチェックリスト	□
1	**労働条件の明示（労働基準法第15条）** ○技能実習生を雇い入れたときや雇用契約の更新を行うときには，下記の事項を示した労働条件通知書（JITCO雇用条件書を含む）（技能実習生の母国語によるもの）を交付するなど，労働条件を明示していますか。 〈書面で明示すべき労働条件〉 ・労働契約期間 ・就業場所および従事すべき業務 ・労働時間（始業・終業時刻，休憩時間，休日等） ・賃金等（賃金額，支払の方法，賃金の締め切りおよび支払日） ・退職に関する事項（解雇事由等） ・期間の定めのある労働契約（有期労働契約）を更新する場合の基準 ※　一部の母国語について，JITCO雇用条件書をダウンロードできます。 http://www.jitco.or.jp/download/download.html （中国語，英語，インドネシア語，ベトナム語，タイ語，フィリピン語のJITCO雇用条件書） 【確認すべき書類】　労働条件通知書（JITCO雇用条件書を含む）の写し 【実習生ヒアリング】　労働条件通知書（JITCO雇用条件書を含む）を受け取っていますか。	□

2	**賃金台帳の作成（労働基準法第108条ほか）** ○賃金台帳を事業場ごとに作成し，次の事項を記載していますか。 ○賃金台帳は３年間保存していますか。 ・労働者の氏名　・性別　・賃金計算期間　・労働日数　・労働時間数　・時間外労働時間数 ・深夜労働時間数　・休日労働時間数　・手当その他賃金の種類ごとにその額など 【確認すべき書類】　賃金台帳（正本（写しは不可））	□ □
3	**労働時間管理の適正化** ○労働者の出勤日ごとの始業・終業時刻を，原則として　①使用者が自ら現認，または，②タイムカードなどの客観的な記録を基礎として確認し，記録していますか。 ○賃金台帳における労働時間に関する記載は，適切ですか。 ※　労働時間管理については，「労働時間の適正な把握のために使用者が講ずべき措置に関する基準」（平成13年４月６日付け基発第339号）に基づき，労働時間を適正に把握してください。 【確認すべき書類】　賃金台帳，労働時間の客観的記録（タイムカード等），労働条件通知書（JITCO雇用条件書を含む）の写し 【実習生ヒアリング】　出勤日ごとの始業・終業時刻は正しく記録されていますか。	□ □
4	**賃金支払（労働基準法第24条）** ○賃金については，通貨で，受入れ企業から直接技能実習生に，その全額を，毎月１回以上，一定期日に支払っていますか。 ○労働契約に基づく賃金が適切に支払われていますか。 ○賃金の控除については，法令で定められているもの（税金，社会保険料など），労使協定で定めたもの（寮費や食費など）に限定していますか。（ただし，具体的な使途を明らかにできない「管理費」などは，賃金控除協定を締結していたとしても，控除することはできません。） ※　労使協定により賃金からの控除が認められるものは，社宅，寮の費用等，事理明白なものに限られます。 ※　「技能実習生の入国・在留管理に関する指針」（平成24年11月法務省入国管理局改訂）では， ・寮費や食費を控除する額は実費を超えてはならない ・実習終了時の帰国旅費や受入れ団体が監理に要する費用を技能実習生に負担させてはならないとされています。 【確認すべき書類】　賃金台帳，労働条件通知書（JITCO雇用条件書を含む）の写し，賃金控除に係る労使	□ □ □

	協定 【実習生ヒアリング】 労働契約に基づき賃金が支払日に適切に支払われていますか。賃金控除に係る労使協定のとおり控除されていますか。	
5	**強制貯金の禁止（労働基準法第18条）** ○技能実習生に対して，労働契約に付随して貯蓄金を管理する契約（技能実習生名義の口座の通帳，印鑑を使用者が保管することを含む。）をしていませんか。 ※ 「技能実習生の入国・在留管理に関する指針」では，技能実習生との合意があっても，技能実習生名義の口座の通帳などを使用者が保管してはならないとされています。 【確認すべき書類】 労働条件通知書の写し（JITCO雇用条件通知書を含む），（使用者が労働者の貯蓄金をその委託を受けて管理するために作成されている場合）貯蓄金管理規定 【実習生ヒアリング】 技能実習の条件として，貯金を契約させられていませんか。貯金の通帳や印鑑を預かってもらっていませんか。	□
6	**時間外・休日・深夜割増賃金支払（労働基準法第37条）** ○法定の労働時間を超えて労働させる場合，法定の率で計算した割増賃金を支払っていますか。 ○労働契約に基づく割増賃金が適切に支払っていますか。 ・時間外労働に対しては，25％以上 ・深夜業（午後10時～午前５時の労働）に対しては，25％以上 ・休日労働に対しては，35％以上 ・１カ月に60時間を超える時間外労働については，50％以上（ただし，中小企業については，当分の間，この引き上げが猶予されています。） ※ 時間外労働を内職と称して行わせ，これに対する報酬を法定割増賃金未満とすることはできません（入管法上，技能実習生に内職をさせることは認められていません）。 【確認すべき書類】 賃金台帳，労働時間の客観的記録（タイムカード等），労働条件通知書（JITCO雇用条件書を含む）の写し 【実習生ヒアリング】 労働契約に基づき割増賃金が適切に支払われていますか。	□ □
7	**最低賃金（最低賃金法第４条）** ○賃金は，最低賃金額以上の額を支払っていますか。	□

<table>
<tr><td></td><td>※　たとえ，使用者と労働者が最低賃金額を下回る賃金で合意し，労働契約を締結しても，その賃金額は無効となり，最低賃金額で締結したものとみなされます。
※　以下の２種類の最低賃金が同時に適用される場合は，どちらか高い方の最低賃金額以上の賃金を支払わなければなりません。（例年，10月から12月頃に改訂されます。）
①　地域別最低賃金（都道府県ごとに定められている最低賃金）
②　特定（産業別）最低賃金（特定の産業ごとの基幹的労働者を対象に定められている最低賃金）
【確認すべき書類】　賃金台帳，労働時間の客観的記録（タイムカード等），労働条件通知書（JITCO雇用条件書を含む）の写し
【実習生ヒアリング】　賃金額（時給換算）は最低賃金額を上回っていますか。</td><td></td></tr>
<tr><td>8</td><td><u>労働時間等（労働基準法第32条，第34条，第35条，第39条ほか）</u>
○所定労働時間は，週40時間，１日８時間以内ですか。
○労働契約に基づく労働時間とされていますか。
【確認すべき書類】　賃金台帳，労働時間の客観的記録（タイムカード等），労働条件通知書（JITCO雇用条件書を含む）の写し
【実習生へのヒアリング】　所定労働時間は，週40時間，１日８時間以内ですか。労働契約に基づく適切な労働時間となっていますか。</td><td>□
□</td></tr>
<tr><td></td><td>○労働時間が６時間を超える場合は少なくとも45分，８時間を超える場合は少なくとも60分の休憩を与えていますか。
【確認すべき書類】　賃金台帳，労働時間の客観的記録（タイムカード等），労働条件通知書（JITCO雇用条件書を含む）の写し
【実習生へのヒアリング】　労働時間が６時間を超える場合は少なくとも45分，８時間を超える場合は少なくとも60分の休憩を与えられていますか。</td><td>□</td></tr>
<tr><td></td><td>○少なくとも毎週１日の休日か，４週間を通じて４日以上の休日を与えていますか。
〈参考〉
農林水産省は通達（「農業分野における技能実習移行に伴う留意事項について」（平成12年３月））において，「労働基準法の適用がない労働時間関係の労働条件についても，基本的に労働基準法の規定に準拠するもの」と示しています。</td><td>□</td></tr>
</table>

〈特例措置対象事業場〉

商業，映画・演劇業，保健衛生業，接客娯楽業であって，労働者が１～９人の事業場は，１週44時間，１日８時間まで労働させることができます。

【確認すべき書類】 賃金台帳，労働時間の客観的記録（タイムカード等）労働条件通知書（JITCO雇用条件書を含む）の写し

【実習生へのヒアリング】 少なくとも毎週１日の休日か，４週間を通じて４日以上の休日を与えられていますか。

○労働契約に基づき年次有給休暇は適切に付与していますか。 □

【確認すべき書類】 賃金台帳，労働時間の客観的記録（タイムカード等），労働条件通知書（JITCO雇用条件書を含む）の写し，有給休暇請求書

【実習生へのヒアリング】 労働契約に基づき年次有給休暇は適切に付与されていますか。

○法定労働時間を超えて，または法定休日に労働させる場合には，「時間外・休日労働に関する協定」（36協定）を締結し，労働基準監督署に届け出ていますか。 □

○時間外や休日に労働させる場合は，36協定の範囲内としていますか。 □

※　時間外労働・休日労働は必要最小限にとどめてください。

○36協定は，次の限度基準に適合していますか。 □

〈時間外労働の限度に関する基準（限度基準）（平成10年労働省告示第154号）〉

・業務区分の細分化

安易に臨時の業務などを予想して対象業務を拡大しないよう，業務の区分を細分化し，時間外労働をさせる業務の範囲を明確にしなければなりません。

・一定期間の区分

「１日」のほか，「１日を超え３カ月以内の期間」と「１年間」について，時間外労働の協定をしてください。

・限度時間

36協定で定める延長時間は，最も長い場合でも次の限度時間を超えないものにしてください。

①一般の労働者		②１年単位の変形労働時間制の対象者	
１週間	15時間	１週間	14時間
１か月	45時間	１か月	42時間

	１年間　360時間など　１年間　320時間など ・特別条項 臨時的に限度時間を超えて時間外労働を行わなければならない「特別の事情」が予想される場合，特別条項付き協定を結べば限度時間を超える時間を延長時間とすることができます。ただし，この「特別の事情」は，臨時的なものに限られます。なお，限度時間を超える時間外労働に対しては，別途割増賃金率を定める必要がありますが，その率は25％を超える率とするように努めてください。 ・適用除外 工作物の建設などの事業，自動車の運転，新技術・新商品の研究開発の業務などについては，限度基準が適用されません。 ※　企業単独型で雇用契約に基づいて講習を実施する場合，講習時間は労働時間となります。 ※　「入国当初の講習」（団体監理型，企業単独型で上記以外の場合）終了後に，別の講習を義務づける場合，その講習時間は労働時間となります。 【確認すべき書類】　賃金台帳，労働時間の客観的記録（タイムカード等），労働条件通知書（JITCO雇用条件書を含む）の写し，時間外・休日労働に関する協定 【実習生へのヒアリング】　時間外や休日の労働時間は（「時間外・休日労働に関する協定」（36協定）に定められた）○○時間の範囲内ですか。	
9	**寄宿舎（労働基準法第96条ほか）** 寄宿舎に労働者を居住させる場合，次の労働基準法で定める規定を守らせる必要があります。 ※　技能実習生が，事業場内又はその付近で，労務管理上共同生活（便所，炊事場，浴室等が共同で，一緒に食事をとる等）を要請され，居住を行っている場合，寄宿舎に該当します。 ※　マンションなどで各自の部屋（個室）が設けられ，各部屋に便所，炊事場，浴室などが備わっている場合（共同生活の実態がない場合）は寄宿舎に該当しません。 ○寄宿舎規則を作成したときや，変更したときは，労働基準監督署に届け出ていますか。（届出には，寄宿舎に居住する労働者の過半数を代表する者の同意書の添付が必要です。） ○技能実習生を含め労働者を10人以上使用している場合は，寄宿舎設置届を届け出ていますか。	□ □

	○実習実施機関は，寄宿舎の設備などについて，寄宿舎に居住する労働者の安全・衛生・風紀等を守るため，次の措置を講じていますか。 ・警報装置（火災など非常事態を居住者に知らせるもの）を設置すること ・消火設備を設置すること ・寝室を２階以上に設ける場合は避難階段等を設けること ・寝室に居住する者の氏名等を掲示することなど 【確認すべき書類】 寄宿舎規則，寄宿舎設置届写し 【実習生へのヒアリング】 寄宿舎では，居住者の安全・衛生・風紀等を守るための措置が講じられていますか。	□
10	**安全衛生教育（労働安全衛生法第59条，労働安全衛生規則第35条，第36条など）** ○技能実習生を雇い入れたときや技能実習生の作業内容を変更したときには，①作業内容，②機械や原材料などの取り扱い方法，③安全装置や保護具等の取扱い方法など，技能実習生の安全衛生の確保に必要な事項について，実習生が理解できる方法で雇入れ時等の安全衛生教育を実施していますか。 ○危険有害業務に技能実習生を従事させる場合には，実習生が理解できる方法で特別教育等を実施していますか。 〈特別教育の必要な業務〉 ・アーク溶接 ・クレーン（つり上げ荷重５トン未満のもの），移動式クレーン（つり上げ荷重１トン未満のもの）の運転 ・玉掛け作業（つり上げ荷重１トン未満のクレーン，移動式クレーンに係るもの） ・フォークリフト等荷役運搬機械（最大荷重１トン未満のもの）の運転 ・動力プレスの金型等の取付け，取外し，調整など ※ これらの教育は，技能実習生がその内容を理解できる方法で行ってください。 【確認すべき書類】 技能実習計画，技能実習日誌，特別教育実施結果（法定での作成義務はないが，作成していれば）安全衛生教育の実施結果，安全衛生教育の実施計画（年間等） 【実習生へのヒアリング】 雇入れ時，作業内容変更時に安全衛生教育を受講していますか。 （危険有害業務に従事している場合）	□ □

	特別教育を受講していますか。	
11	**就業制限（労働安全衛生法第61条，労働安全衛生法施行令第20条）** ○就業制限業務に技能実習生を従事させる場合には，免許の取得，技能講習の修了などの所要の措置を取らせていますか。 〈就業制限業務〉 ①　免許 ・クレーン（つり上げ荷重５トン以上のもの） ・移動式クレーン（つり上げ荷重１トン以上のもの）の運転 ・フォークリフト等荷役運搬機械（最大荷重１トン以上のもの）の運転など ②　技能講習 ・フォークリフトの運転，ガス溶接等，床上操作式クレーンの運転，小型移動式クレーンの運転，車両系建設機械の運転など 【確認すべき書類】　技能実習計画，技能実習日誌 （法定での保管義務はないが，保管していれば）免許・技能講習修了証の写し （法定での作成義務はないが，作成していれば）安全衛生教育の実施結果，安全衛生教育の実施計画（年間等），技能講習等就業制限業務受講計画（年間等） 【実習生へのヒアリング】　（就業制限業務に従事している場合）免許の取得，技能講習の修了などの機会を与えられていますか。免許・技能講習修了証を携行していますか。（携行確認）	□
12	**健康診断の実施（労働安全衛生法第66条）** ○実習実施機関は，技能実習生を雇い入れたとき，雇入れ時健康診断を実施していますか。 ○実習実施機関は，１年に１回（常時深夜業等に従事する者については，６月に１回），定期健康診断を実施していますか。 ○実施機関は，技能実習生に有害業務を行わせる場合には，有害業務に就業開始したときと，その後，一定期間ごとに，特殊健康診断を実施していますか。 〈有害業務〉 有機溶剤の製造または取扱い業務（屋内作業場・タンクの内部などの場合），粉じん作業，特定化学物質の製造または取扱い業務，鉛業務，四アルキル鉛等業など	□ □ □

	【確認すべき書類】 （法定での保管義務はないが，保管していれば）健康診断実施結果報告書（安衛則様式）写し （可能であれば）個人ごとの健康診断の実施結果がわかるもの 【実習生へのヒアリング】 雇入れ時健康診断，定期健康診断を受診していますか。 （有害業務に従事している場合）特殊健康診断を受診していますか。	
	（参考） 労働安全衛生分野では，以下の事項についても，内容を確認することは，技能実習生の安全と健康を確保する上で，とても有効です。 ① 安全衛生管理の状況 ・安全管理者，衛生管理者，産業医，安全衛生推進者，作業主任者等の選任状況 ・安全委員会，衛生委員会，安全衛生委員会等の開催状況 ② 作業環境管理の状況（有害な業務） ・作業環境測定結果の確認	
13	**労働保険・社会保険** ○労災保険の加入手続はされていますか。 ※ 技能実習生を含め労働者を１人でも雇用している場合，労災保険に加入しなければなりません。 ※ 暫定任意適用事業（※）に該当する場合であっても，入管法令の規定により，技能実習生を受け入れる場合には，労災保険に加入するか，これに類する措置を講ずる必要があります。（暫定任意適用事業（※）：常時５人未満の労働者を使用する個人経営の農林，水産業，養殖，畜産等の一部の事業） 【確認すべき書類】 納付書や口座振替納付結果通知書等の労働保険料の納付が確認できる書類の写し（直近２年）	□
	○雇用保険の加入手続はされていますか。 ※ 関係規定に基づき，適切に届け出をしてください。 【確認すべき書類】 雇用保険被保険者資格取得確認通知書	□
	○健康保険，国民健康保険の加入手続はされていますか。 ○厚生年金，国民年金の加入手続はされていますか。 ※ 関係規定に基づき，適切に届け出をしてください。 【確認すべき書類】 健康保険・厚生年金保険資格取得確認通知書	□ □

	標準報酬決定通知書 【実習生へのヒアリング】　健康保険又は国民健康保険の被保険者証をお持ちですか。 ※　団体監理型の場合は，入国直後の「講習期間」中において，技能実習生の国民健康保険と国民年金（※国民年金は20歳以上60歳未満の者のみ）への加入が義務付けられますのでご注意ください。（講習期間後，実習実施機関に技能実習生が移ると，健康保険と厚生年金の加入へ変更となります。なお，個人経営で一定の条件の場合は，国民健康保険と国民年金の加入が継続されます。） ※　企業単独型の場合は，入国直後に講習を行う義務付けがなく（法的保護情報講習を除く），入国時から雇用関係に入る場合が多いことから，今までと同様に，入国直後から健康保険と厚生年金に加入することとなります。 ※　40歳から64歳までの国民健康保険・健康保険加入者は，技能実習生であっても，相互扶助の観点から日本人同様に介護保険の被保険者となります。保険料は，国民健康保険料や健康保険料と併せて徴収されます。 ※　なお，「講習期間」中は「講習手当」が支払われますが，講習手当は生活実費ということで所得税の対象外となっていますので，その中から保険料等を支払うことは困難です。したがって，「講習期間」中の保険料は，監理団体・実習実施機関が負担するようにJITCOでは従来から要請しています。また，国民年金については，保険料の免除制度があります。（免除申請は住所地の市区町村で手続をしてください。） ※　「技能実習生の入国・在留管理に関する指針」（法務省）において，「毎年，不慮の事故や疾病に遭遇する技能実習生が見受けられることから，（中略）公的保険を補完するものとして民間の損害保険等に加入することについても，技能実習生の保護に資するものといえます」とされており，この民間の損害保険として，外国人技能実習生総合保険が開発されております。		
	○実習実施機関は，外国人雇用状況（外国人（技能実習生）の雇入れ・離職の際，その氏名，在留資格など）を期限内にハローワークに届け出ていますか。 ※　雇用保険の加入手続と併せて届け出てください。 【確認すべき書類】　雇用保険資格取得届（複写）・資格喪失届（複写） 外国人雇用状況届（複写） ※　いずれも事業主が届出に係る控えの交付を希望した場合に交付されている。控えの交付を受けていない事業所で，届出状況について特段の疑義がある場合はハローワークに相談してください。	□	
14	**技能実習生が安心して実習を行うことができる環境づくり** ○技能実習計画について，申請の際に行うとした作業とは別の作	□	

	業にさせた場合や技能実習計画上の複数の作業項目のうち，大半の項目を実施しなかった場合はないか。	
	○「技能実習２号イ」又は「技能実習２号ロ」の技能実習生に対して，技能実習成果の評価において受験し合格した技能実習移行対象職種と異なる職種に従事させたことはないか。	□
	○技能実習計画において設定された到達目標について，所定の期間までに，所定の確認方法により，到達目標が達成されていることを確認していますか。 〈例えば１年目技能検定基礎２級又はJITCO認定初級，３年目技能検定３級又はJITCO認定専門級の到達目標〉 【確認すべき書類】　技能実習計画，技能実習日誌 【実習生へのヒアリング】　技能実習計画に基づいて，作業をしていますか。	□

監理団体の監査担当の皆さまへ

実習実施機関は，常日頃から，上記のチェック項目を含め労働関係法令の順守を徹底し，技能実習生の労働条件等の確保・改善のために，自ら措置を講じなければなりません。

○　監査の機会を有効に活用し，実習実施機関における労働関係法令の遵守について，更に一層推進してください。
○　今回の監査で用いたチェックリストについては，次回の監査において，必ず携行し，改善すべき事項の改善状況の確認などに活用してください。

ご質問・ご相談は，お近くのJITCO・関係行政機関まで。
技能実習制度全般に関すること………………JITCO本部・地方駐在事務所労働基準法，労働安全衛生法，最低賃金法，労災保険などに関すること・労働基準監督署雇用保険，外国人雇用状況届などに関すること…………ハローワーク（公共職業安定所）結婚・妊娠・出産等を理由とする不利益取扱い禁止等，セクシュアル・ハラスメントなどに関すること 都道府県労働局雇用均等室健康保険に関すること……全国健康保険協会（協会けんぽ）都道府県支部，各健康保険組合厚生年金に関すること，健康保険の加入手続に関すること……日本年金機構　年金事務所国民健康保険，国民年金に関すること………………市町村

事 項 索 引

き

け

こ

さ

す

せ

そ

た

ち

つ

て

と

に

れ

ろ

著　者　略　歴

山　脇　康　嗣（やまわき　こうじ）

昭和52年大阪府生まれ
慶應義塾大学法学部法律学科卒業
慶應義塾大学大学院法務研究科専門職学位課程修了
東京入国管理局長承認入国在留審査関係申請取次行政書士を経て，弁護士登録
現在，日本弁護士連合会人権擁護委員会特別委嘱委員（法務省入国管理局との定期協議担当），日本行政書士会連合会顧問弁護士
監理団体の外部監査人のほか，外国人に関係する企業及び入管業務・技能実習業務を手掛ける行政書士事務所の顧問を多数務める。

〈主要著書〉

『〔新版〕詳説　入管法の実務』（新日本法規出版，平成29年）—単著
『入管法判例分析』（日本加除出版，平成25年）—単著
『Q&A外国人をめぐる法律相談』（新日本法規，平成24年）—編集代表・執筆
『外国人及び外国企業の税務の基礎—居住者・非居住者の税務と株式会社・合同会社・支店の税務における重要制度の趣旨からの解説—』（日本加除出版，平成27年）—共編著
『事例式民事渉外の実務』（新日本法規，平成14年）—分担執筆
『こんなときどうする外国人の入国・在留・雇用Q&A』（第一法規，平成４年）—分担執筆

〈連絡先〉

〒100-0011
東京都千代田区内幸町１丁目１番７号日比谷U-１ビル16階
さくら共同法律事務所
TEL　03（5511）4383（直通）
FAX　03（5511）4411
E-mail：yamawaki3@gmail.com

技能実習法の実務

2017年９月29日　初版発行
2019年11月11日　初版第３刷発行

著　　者　山　脇　康　嗣
発行者　和　田　　　裕

発行所　日本加除出版株式会社
本　　社　郵便番号 171-8516
東京都豊島区南長崎３丁目16番６号
TEL（03）3953-5757（代表）
（03）3952-5759（編集）
FAX（03）3953-5772
URL www.kajo.co.jp

営 業 部　郵便番号 171-8516
東京都豊島区南長崎３丁目16番６号
TEL（03）3953-5642
FAX（03）3953-2061
組版 ㈱郁文 ／ 印刷・製本（POD） 京葉流通倉庫㈱

落丁本・乱丁本は本社でお取替えいたします。
★定価はカバー等に表示してあります。

Printed in Japan
ISBN978-4-8178-4422-4